Martial Art

普通高校非奥运特色项目系列教材

武术

（第二版）

◎主　编　吴　剑　朱　莉
◎副主编　徐　曼　孙若海
　　　　　王大庆　傅旭波

ZHEJIANG UNIVERSITY PRESS
浙江大学出版社

图书在版编目(CIP)数据

武术/吴剑，朱莉主编. —2版. —杭州：浙江
大学出版社，2020.10(2025.8重印)
ISBN 978-7-308-20325-8

Ⅰ.①武… Ⅱ.①吴… ②朱…Ⅲ.①武术—中国—
教材 Ⅳ.①G852

中国版本图书馆 CIP 数据核字（2020）第 107706 号

武　术(第二版)

吴　剑　朱　莉　主编

丛书策划	葛　娟
责任编辑	葛　娟
责任校对	杨利军　陈　欣　诸寅啸
封面设计	周　灵
出版发行	浙江大学出版社
	（杭州市天目山路 148 号　邮政编码 310007）
	（网址：http://www.zjupress.com）
排　版	杭州青翊图文设计有限公司
印　刷	杭州钱江彩色印务有限公司
开　本	787mm×960mm　1/16
印　张	20.5
字　数	458 千
版印次	2020 年 10 月第 2 版　2025 年 8 月第 4 次印刷
书　号	ISBN 978-7-308-20325-8
定　价	52.00 元

普通高校非奥运特色项目系列教材

学术顾问委员会

张　杰　中国美术学院体育部主任、浙江省大学生体育协会健美操分会秘书长

钱铁群　浙江大学公共体育与艺术部教授

董晓虹　浙江大学公共体育与艺术部教授

卢　芬　浙江大学公共体育与艺术部工会主席

董育平　浙江大学公共体育与艺术部场馆与信息建设中心主任

潘德运　浙江大学公共体育与艺术部竞赛训练管理中心主任

张　锐　浙江大学公共体育与艺术部公共体育教育中心副主任

吴　剑　浙江大学公共体育与艺术部体育竞赛训练管理中心副主任

虞松坤　浙江大学公共体育与艺术部场馆与信息服务中心副主任

鲁　茜　浙江大学公共体育与艺术部体育艺术研究中心副主任

金鸥贤　浙江大学公共体育与艺术部教育教学管理科科长

叶茵茵　浙江大学公共体育与艺术部综合办公室主任

袁华瑾　浙江大学公共体育与艺术部综合办公室副主任

普通高校非奥运特色项目系列教材

编 委 会

（以姓氏笔画为序）

序
PREFACE

  高等学校体育是整个国民体育的基础,是我国体育工作的重点。21世纪高等教育更注重促进人的全面发展,强调"健康第一",全面推进素质教育,把教育改革提高到一个新的高度。2010年《国家中长期教育改革和发展规划纲要》指出,今后十年我国教育改革发展要贯彻优先发展、育人为本、改革创新、促进公平、提高质量的方针。随着社会发展和人的需求的变化,高校的社会功能被不断拓展,体育的育人功能日益突显,目前"办特色学校 创教育品牌"已成为我国众多教育工作者的共识。时代在变,学生的兴趣爱好也在变,丰富高校体育课程资源,开创学生喜闻乐见的体育项目势在必行。

  非奥项目是相对于奥运项目而言的。中国地人物博,非奥体育项目丰富多彩,通常都是人们喜闻乐见的传统体育项目,具有广泛的传播性、娱乐性,或较强的民族色彩,显示出独特的魅力。这些源自生活的体育项目,更显亲和力,满足了人们对多样化体育的观赏和参与的需求,为促进体育文化交流提供了广阔舞台,促进全民健身活动的广泛开展。

  浙江大学公共体育部依托浙江省人民政府、浙江省体育局授予的"浙江省非奥项目发展培训基地"为契机,依据学校培育的目标,在公共体育教育中确立突出以非奥项目为特色,强调学生的参与性、普及性、趣味性和文化特色,积极发掘非奥项目其特有的健身和文化价值,推动普及和提高这一方针。将具有民间、民俗风情和富有地方特色的非奥体育项目运用到大学体育教育之中,为大学生从事终身体育打下基础。使非奥项目与奥运项目相互促进,真正形成内容丰富多彩、形式活泼多样、学生积极参与的校园体育文化氛围。

  这套非奥项目系列丛书包括《健美》《体育舞蹈与排舞》《武术》《健美操》《定向越野》《无线电测向》《大学生桥牌教程》《英式橄榄球》《软式网球》等十余种,结合健康教育理念,融知识性、趣味性与实用性于一体,选题新颖,是目前国内普通高校公共体育教育中不可多得的选修课教材。

北京体育大学副校长

前　言
FOREWORD

　　习近平在文化传承发展座谈会上强调:担负起新的文化使命努力建设中华民族现代文明。"在新的起点上继续推动文化繁荣、建设文化强国、建设中华民族现代文明,是我们在新时代新的文化使命。要坚定文化自信、担当使命、奋发有为,共同努力创造属于我们这个时代的新文化,建设中华民族现代文明。"(《人民日报》(2023 年 06 月 03 日 01版))

　　2008 年北京奥运会成功举办后,我国迎来了后奥运时代。大众意识形态从最初的金牌情结逐渐自觉地转向参与健身活动,追求体魄健壮和生活愉悦,并对体育内容、体育方法和体育手段等提出迫切和更高的要求。竞技体育的辉煌在中国有目共睹,但那是金字塔训练体制和举国体制的成果,带给大众的是视觉冲击和精神享受,但是无法提供广大人民群众时间和空间的身体体验。因此体育管理部门适时倡导非奥项目的开展和普及,具有划时代的意义。全国体育大会是中国国内综合性体育赛事之一,大会设立的项目均为非奥项目,旨在推动非奥项目运动的发展。自 2000 年首届举办以来,已成功举办四届。在 2010 年广州亚运会上有 14 个非奥项目,这些项目都是亚洲人民喜闻乐见的传统体育项目,它们为促进亚洲地区的文化体育交流提供了广阔舞台。非奥项目运动有着固有的体育方式和文化内涵,在人民群众中广泛流传,有着鲜明民族风格和地方特色的传统性的身体锻炼活动;具有娱乐性、趣味性、民俗性、游戏性、表演性、节庆性等的特点。

　　武术,作为内涵丰富、博大精深的优秀中国传统体育项目,以其强身健体、养精益神、陶冶情操、锻炼意志等实际功效,吸引了众多爱好者。本书结合我国武术套路运动发展的现状以及中国武术段位制考评的相关内容,编制出武术套路教程,分为初级、中级和高级。初级教程对应中国武术段位制二段的考试内容;中级教程对应中国武术段位制三段的考试内容;高级教程对应中国武术段位制四段的考试内容。本书设置了初级、中级和高级的武术教程,学习者可以根据自身基础,选择适合的内容。本书系统地引入了中国武术段位晋升的考试内容,旨在激发学习者更大更浓的学习兴趣。

　　在本书的编写过程中,我们挑选了浙江大学教育学院体育学系的民族传统体育专业优秀学生进行武术动作示范。具体示范者:李华(基本功、五步拳、少林连环拳、初级长拳三路、段位制套路——剑术［二段］、初级剑、第三套国际武术竞赛套路——剑术）、柯上丽（24式太极拳、42式太极拳）、刘树洋（第三套国际武术竞赛套路——长拳、杨式太极拳竞赛套路）。李鸣、田益佳和刘树洋等为武术套路动作进行拍摄和图像处理工作。

编委会
2023年7月

目 录
CONTENTS

武 术

第一章　武术运动概述

第一节　武术运动的起源与发展

武术是以技击为主要内容，以套路和搏斗为主要运动形式的中国传统体育项目。武术起源于人类的生存自卫斗争，伴随着人类的产生而萌芽，随着人类社会的演进而发展。

一、古代武术的起源与发展

时　期	发　展　概　况
夏商周	(1)原始战争推动了兵器的发展和军事战斗技能的产生。 (2)矛箭的发明促进了周代"射礼"的产生。 (3)"田猎"和"武舞"成为武技训练的重要手段。（田猎是训练各种武器的使用和驭马驾车技术；武舞是将实战的格杀经验按一定程式来训练。） (4)原始的石、骨、木制兵器向青铜器转化，极大地促进了武器的变化与发展。
春秋战国	(1)"士"阶层和"游侠"的出现标志着武技民间化发展。 (2)冶炼技术的发展促使武术器械铁剑在军队得以大量配备。 (3)佩剑活动的普及和剑术理论的发展：《庄子·说剑》《越女论剑》等。 (4)武技具有了表演性、竞技性和娱乐性，盛行"斗剑"和"角抵"。
秦汉三国	(1)秦国统一六国后实行禁武的举措，在一定时期内阻碍了武术的发展。 (2)汉代出现了"武艺"的名称。 (3)汉代尚武，刀成为军队中最主要的短兵器。 (4)刀剑之术、相扑、角抵活动开始东传日本。 (5)出现武术理论著作《手搏》6篇，《剑道》38篇。
两晋南北朝	(1)战乱频繁使得武艺在军中和民间广泛交流和发展。 (2)府兵制的实行极大地推动了武术的发展。 (3)妇女习武的气氛活跃。 (4)出现一些武术程式和套路。 (5)武术开始受到道教和佛教思想的影响。

续表

时 期	发 展 概 况
隋唐五代	(1)建立武举制,激发了人们的习武热情,使武术规范化、制度化发展。 (2)唐朝时期枪是军队的主要兵器。 (3)剑术完全退出战争的舞台,但是在民间却广泛流传,并具有自卫、健身、娱乐、表演等多种功能。 (4)武术吸取了戏曲、舞蹈的演练技巧和手、眼、身法、步等表现形式,使套路的演练更充实和丰富,效果更佳。 (5)少林武术发展的开始。
宋	(1)军中或民间盛行按规定程式、规定动作进行武艺表演。 (2)城市武艺结社以健身为目的,推动武术在民间的发展。 (3)军事武艺训练规范、系统,兵器种类大增,为后世民间武术器械的丰富和技艺的提高创造了条件。 (4)出现大量以练武卖艺为职业的民间艺人,带动武术较为广泛的传播。 (5)宋代杂剧、小说和说书等相当兴盛,其中很多涉及武艺内容,武术作为一种文化现象和其他文化艺术的发展是紧密相连的。
元	(1)元代在强化朝廷习武练兵的同时严禁民间习武,并制有法律,在很大程度上阻碍了武术在民间的发展。 (2)元代兴盛的文艺戏曲使武术的武打戏在舞台艺术上取得辉煌成就,为明、清舞台武术的发展奠定了一定的基础。
明	(1)程宗猷的《单刀法选》所绘制的套路演练步法线路图是最早的武术套路图谱,为武术的交流和传授创造了条件。 (2)武术拳种流派的出现。 (3)古代武术体系基本形成。 (4)整理、归类明确武术的范围,统称为"十八般武艺"。 (5)确立武术的基本技术由武术功法、套路技术和技击对抗三部分组成。
清	(1)在各种拳谱中都记载了练武者的道德要求,明确武德要求。 (2)将太极、五行、八卦等思想内容引入武术,出现了形意拳、太极拳、八卦掌等内家拳。 (3)武术、气功与养生功结合,促使武术内功出现,并使武术成为"内外兼修"之术。 (4)《武编》《纪效新书》《内家拳法》等与武术相关的兵书和武术专业论著,丰富了武术理论,使武术理论体系逐步完善。

二、近代武术发展概述

时 期	发 展 概 况
民国时期	(1)各种武术组织和社团纷纷建立,其中最有影响、传播最广、维持时间最长的是1910年在上海成立的精武体育会。 (2)1928年在南京成立了中央国术馆,在行政上积极干预了武术在各个地区的发展。 (3)西方兵式体操对武术的发展具有一定的影响力,并为武术进入学校体育提供了一种较为可行的方式和方法。 (4)各类武术竞赛的广泛开展,如1924年旧中国的第三届全运会,首次将武术套路列为比赛项目,标志着武术运动开始进入综合性运动会。 (5)1928年和1933年由中央国术馆组织举办的两次"国术国考"是近代影响最大的武术比赛。 (6)"土洋体育"的争论以及武术竞技活动的广泛开展使武术界某些原本披着神秘外衣的门派渐露真实面目,武术开始了科学化的征程。

三、现代武术发展概述

时 期	发 展 概 况
新中国成立后	(1)新中国成立后,武术作为民族传统体育的重要部分,受到党和国家的高度重视,1958年在北京成立了中国武术协会。 (2)1953年11月在天津举行了以武术为主要内容的全国民族形式体育表演及竞赛大会,标志着武术作为体育项目进入竞赛领域。 (3)1958年9月在北京起草了第一部《武术竞赛规程》。 (4)规则制定后全国每年举行一次武术表演赛,从此武术比赛步入正规化。 (5)1957年,一些体育院校和师范院校体育系把武术列为教育课程,武术逐步被全国大、中、小学体育课列为教学内容。 (6)20世纪60年代初期,国家体委正式提出了"难度大、质量高、形象美"的武术技术发展方向,指明了武术运动竞技化发展的方向。

四、当代武术发展概述

形 式	发 展 概 况
武术套路	(1)1984年,在武汉举行了国际太极拳邀请赛,为武术走向世界创造了一个良好开端。 (2)1985年8月,在西安举行了第一届国际武术邀请赛,加速了武术走向世界的进程。 (3)1987年第一届亚洲武术锦标赛在日本举行,1990年武术正式列入亚运会比赛项目。 (4)1990年10月,国际武术联合会在北京成立,接着各洲际武术组织纷纷成立,1991年10月在北京举行了第一届世界武术锦标赛。以上这些都标志着武术正式进入世界竞技比赛行列。 (5)1999年6月20日,在汉城举行的第109次国际奥委会会议,决定承认国际武术联合会,这是中国武术走向世界的一个重要里程碑。 (6)随着北京2008年奥运会的成功申办,以及竞技武术作为特设项目在奥运会期间举行"北京奥运会武术比赛",标志着武术运动正大步迈向奥林匹克运动的神圣殿堂。
武术散打	(1)武术对抗运动自1979年开始试点。 (2)1989年武术散打被列为正式比赛项目。 (3)20世纪90年代经过一系列从技术规范、竞赛规则、竞赛制度等方面的改革,到现在已发展成一个成熟的竞技项目。 (4)20世纪末开展的"散打王争霸赛"、中国武术与美国拳击对抗赛、中国武术与泰拳对抗赛、中法散打对抗赛、中日对抗赛等一系列赛事的商业化运作,极大地催化了武术散打的发展,也将武术竞技发展推向一个新的高潮。
武术学科	(1)1983年至1986年全国开展规模浩大的武术挖掘整理工作。查明全国武术拳种达129个。 (2)1986年成立中国武术院。 (3)1987年成立中国体育科学学会武术分会。 (4)1997年上海体育学院开始招收博士研究生,标志着传统武术步入现代学科的殿堂,成为能培养高层次研究人才的专门学科。

第二节　武术运动的内容和分类

武术内容博大精深,形式丰富多样,留传至今的具有完整体系的拳种就有129个。按其运动形式可分为套路运动、搏斗运动;按其价值功能可分为攻防技击武术、艺术表演武术和健身养生武术。因为其性质和表现功能的不同,能分别满足人们的不同需要。

一、按武术运动形式分类

(一)套路运动

套路运动是以踢、打、摔、拿、击、刺等攻防动作作为素材,遵守攻守进退、动静疾徐、刚柔虚实等矛盾运动的变化规律编成的整套练习形式。主要内容包括单练、对练、集体项目。当前竞技武术套路和传统武术套路有明显区别,当前竞技场上的套路运动是经过艺术加工的、注重难美新的形体表现类体育运动形式,包括单练、对练、集体演练。

1.单练是单人练习的套路运动形式。现在的各种武术套路竞赛活动以单练为主,它又有徒手练习和持械练习之分。徒手套路以长拳、南拳、太极拳为主,还有形意拳、八卦掌、八极拳、劈挂拳、翻子拳、通背拳、地躺拳、象形拳等。持械套路有单器械类,如刀、枪、剑、棍、大刀、仆刀等;双器械类,如双刀、双剑、双钩、双鞭等;软器械类,如单鞭、三节棍、绳镖、流星锤等。

2.对练是指两人或两人以上,按照一定的程式进行的攻防假设性练习形式。它包括徒手对练、持械对练、徒手与器械对练三类。

3.集体项目是多人集体进行的徒手、器械、徒手与器械的演练。可以变换队形、图案,也可用音乐伴奏,在竞赛中通常要求六人以上,要求队形整齐,动作协调一致。

套路运动更侧重于武术的规格、精神、节奏、布局、难美和创新,其主要功能不是技击,而是更多地展现具有攻防含义的动作、刚健有为的艺术美和惊险动人的难度美。

(二)搏斗运动

搏斗运动是在一定条件下,按一定的规则进行斗智较力的攻防性运动形式。现在武术竞赛中开展的主要是两人进行的对抗性活动,包括散打、太极推手、短兵、长兵等。

1.散打是两人按照一定的规则,使用踢、打、摔等技法制胜对方的竞技项目。

2.太极推手是两人按一定的规则,使用太极拳中的掤、捋、挤、按、采、挒、肘、靠等技法,搭手对峙,通过粘、连、随的形式,以肌肉感觉判断对方用力,从而借力发力,将对方推出,以决胜负的竞技项目。

3.短兵是两人按一定的规则,手持一种特制的类似于刀剑的器械,使用武术短器械中的劈、砍、刺、崩、点、斩等技法来决胜负的竞技项目。

4.长兵是两人按一定的规则,使用一种特制的类似于枪棍的器械,利用武术长器械中的劈、崩、挑、砸、拦、拿、扎、点等技法来决胜负的竞技项目。

搏斗运动更侧重于武术动作的力法、身法、步法及技击方法,主要讲究技击搏斗,注重攻防格斗技能。

二、按价值功能分类

(一)攻防技术武术

攻防技击武术在历史上一直是中国武术的主体,并一直作为个人和军队的防卫手段而存在发展。如今它虽然作为军事防卫的功能已不复存在,但作为个体防卫的手段仍发挥着重要作用。现代社会中的各种行凶、抢劫的犯罪,更多的是持刀械或徒手。所以,攻防技击武术仍是人们防身自卫的首选方式。攻防技击武术的内容主要有以一招制敌为特征的军警武术、流传于民间的具有较强技击性的武术套路及各种攻防对抗形式的武术,还包括现代竞技体育比赛中的简单易学、短期速成的武术散打。

(二)艺术表演武术

艺术表演武术在历史上往往被人们称为"花拳绣腿"或江湖卖艺的把式,发展到现在既包括现代竞技武术套路及近年来从传统武术发展起来的形意拳、八卦掌、通背拳、象形拳等竞赛套路,也包括挖掘整理出来的传统武术中富有艺术表现性的武术。艺术表演武术更侧重于武术的规格、精神、节奏、布局、难美和创新,其主要功能不是技击,而是更多地展现具有攻防含义的动作、刚健有为的艺术美和惊险动人的难度美。

(三)健身养生武术

健身养生武术在历史上主要包括一些与养生、导引、气功结合的,以健身养生为主要目的的武术;发展到现在,内容包括各拳种修身养性的功法、各拳种中以健身为目的而编排的套路及以活动肢体为目的的对抗性活动,包括太极拳、太极推手。

第三节　武术运动的特点和功能

一、武术运动的特点

武术在长期的历史演变中,逐渐形成了自己的运动规律和特点,它以独特的技术风格和内涵享誉于世。

(一)技击性

武术最初作为军事技术和训练手段,与古代战争紧密相连,其技击特性是显而易见的。在实用技术方面,其目的在于杀伤、制服对方。它常常以最有效的技击方式,迫使对方失去反抗能力,这些技击术至今仍在军队、公安、武警中被采用。套路运动是中国武术中一个极具特色的运动形式,尽管不少动作在技术规格、运动幅度等方面与原形动作有所变化,但是其动作方法却仍然保留了技击的特性。虽然在套路编排中由于联结贯串及演练技巧上的需要,穿插了一些非攻防技击意义的动作,但是就整体技术而言,仍然是以

踢、打、摔、拿、击、刺等技击动作为主。

（二）内外合一、形神兼备

武术"内外合一，形神兼备"的特点主要通过武术功法和技法来体现。"内练精气神，外练筋骨皮"是各家各派练功的准则，如太极拳主张身心合修，要求"以心行气，以气运身"，形意讲究"内三合，外三合"；少林拳要求精、力、气、骨、神内外兼修。此外，武术套路在技术上往往要求把内在精气神与外部形体动作紧密相合，完整一气，做到"心动形随"，"形断意连"，"势断气连"。以"手眼身法步，精神气力功"八法的变化来锻炼身心。

（三）广泛适应性

武术的练习形式、内容丰富多样，有竞技对抗性的散打、推手、短兵，有适合演练的各种拳术、器械和对练，还有与其相适应的各种练功方法。不同的拳种和器械有不同的动作结构、技术要求、运动风格和运动量，分别适应人们不同的年龄结构、性别和体质的需求，人们可以根据自己的条件和兴趣爱好进行选择练习。同时，它对场地、器材的要求及对环境条件的要求极低，练习者可以根据场地的大小变换练习内容和方式，即使一时没有器械，也可以徒手练拳、练功。一年四季，可"冬练三九，夏练三伏"，几乎不受时间、季节的限制，较之其他体育运动项目，具有更为广泛的适应性。

二、武术运动的功能

武术在中国的历史发展过程中延绵了几千年，至今它不仅发展为一项现代体育运动，从另一层意义上看，更成为中国人的一种生活方式。它从方方面面影响着成千上万习武和喜武的人群。因此我们在探讨武术的功能时，特别要以现代人的生活作为探讨的切入点来审视。

（一）健身功能

武术运动内容丰富，不仅有套路运动形式，而且有对抗运动形式，不同的人可以在武术博大精深的海洋里找到适合自己的武术运动形式。这些不同形式的练习内容和方法都各有其自身的运动特点，并且互为补充，有助于人们达到全面锻炼身体的目的。比如轻柔缓慢的太极拳运动，中等强度的运动量，不仅对人体的心血管系统、呼吸系统有良好的锻炼作用，而且对现代人快节奏的生活能起到缓解压力、调解神经系统的作用。

（二）防身功能

武术的本质特征是攻防。虽然现代武术的技击性不是很突出，但练习者还是可以通过武术专项训练，学习、了解攻防含义，领悟、熟练防身的一般技巧和技术，通过系统和规范的武术攻防技术训练，在自己所处的工作和生活的环境中对自身的安全有一定的自信心。比如职业人员在自己工作中遇到突发事件时，能够镇静面对、突然出击，通过自己所学的防身技术保证自己的人身安全和国家财产的安全。

（三）娱乐功能

武术属于体育运动项目，所有的体育运动项目都有观赏和娱乐的功能。武术运动项目的娱乐性历史悠久、经久不衰，从汉代的"角抵戏"到宋代的广场武艺表演，从现代军队的武术操练到少林寺以禅宗的名义进行的少林武术表演，无论是高级别的中央电视台春节联欢晚会上"行云流水"的太极拳表演，还是基层的"功夫扇"表演，无不贯穿着武术的观赏和娱乐功能。

（四）教育功能

武术习练者学武先学德。对现代人来说，武德教育是把握社会、实现社会价值而建立的自我约束与自律体系。崇武尚德是学练武术过程的两个重要方面，其精神可以培养青少年尊师重道、讲理守信等良好的心理素质和高尚的道德情操。同时，练武之人在追求武术技艺提高的过程中，能切身体会吃苦耐劳、坚持不懈的精神，培养坚忍不拔、自强不息的意志品质。

第二章 武术运动与健康

世界卫生组织提出："健康是人的生理、心理和社会的完满状态,而不仅仅是指无疾病或体弱的状态。"身体健康是指躯体健康、心理健康、具有良好的社会适应能力。本章主要讲述武术与人体健康的基本理论——武术与身体健康、武术与心理健康、武术与社会适应能力的关系,以及武术运动中对运动损伤的预防和处理。

第一节 武术运动与身体健康

身体健康是指生理健康、体魄强健、无疾病和体弱状态。即体重适宜、耳聪目明、牙齿完整、头发有光泽、肌肉丰满、皮肤弹性好。武术动作内容和练习形式丰富多样,不同类别的武术项目其功法方法、动作结构、技术要求、运动风格和运动负荷不尽相同。在本书中我们将武术分成四大类型,分别介绍各种类型的锻炼效果,人们可以根据自己锻炼身体的目标选择适合自己的武术项目。

一、长拳类武术的健身作用

长拳类武术动作内容有屈伸、跳跃、平衡、翻腾等,人体各部位器官几乎都参与运动,这对人体的肌肉、神经等系统产生一定的良好影响。青少年进行长拳类武术运动可以促进人体新陈代谢机能良好发展,从而有利于骺软骨最大限度的骨化,促进人体生长和发育。系统的长拳类武术锻炼对心脏血管系统良好影响的表现为:安静时脉搏次数较低,收缩压和舒张压都较低。安静时脉搏次数低,在运动生理学中,称为"脉搏徐缓"。它说明一个人的心脏在单位时间内收缩次数较少,血液循环能保证人体机能活动的需要,心脏能得到较多的休息。收缩压和舒张压低,在运动生理学中称为"低血压"现象。这是血管运动的神经调节机能改善的一种反映。长拳类武术套路静力性工作较多,强度大,时间又短,造成氧债百分位较大,达 $70\%\sim80\%$ 。氧债完全消除需 $8\sim9$ 分钟,这就是说呼吸系统机能增强的现象一直要持续 $8\sim9$ 分钟才能恢复正常。其相对代谢率为 $15.9\sim19.5$ (千焦/平方米/小时),约相当于 $5km$ 跑步的强度,因此也说明长拳类武术运动能提高呼吸系统机能,对呼吸系统是个良好的锻炼。长拳类武术讲究六合,我们常说的内外协调一致的要求,导致神经系统支配运动器官的能力提高,促使内脏器官和运动器官更趋协调,比如长拳类武术要求"动迅静定",一动就像闪电流星一样快速,静止定型,要像山岳一样安稳。做各种攻击性动作时要求快速爆发出一种"寸劲";发力结束,则要求马上放松。这些都需要中枢神经系统具有快速转换的能力。所以坚持武术锻炼的人必然能提高神经系统的灵活性。

二、太极拳类武术的健身作用

中国武术在传播和实践过程中,人们逐渐发现了它的健身作用,而后的两千多年中,中国武术的内家功太极拳类武术,就一直在为人类的养生健身服务。太极拳类武术注重调息运气和意念活动,老年人长期练习能够增强人体免疫力,对治疗多种慢性疾病和调节人体内环境平衡均有较好的医疗保健作用。

三、南拳类武术的健身作用

南拳是对流传于我国长江以南各地诸多拳种的统称,目前也是国内外武术套路比赛的重点项目之一。南拳虽然流派繁多,但是有共同的风格特点:手法多样,而且"多短拳",故有"南拳北腿"之称;动作紧凑,劲力刚健,步法稳固,重心较低;快慢相间,长短并用,刚柔相济,以刚为主。快时迅速清晰,慢时沉稳有力;身法吞吐浮沉,腰腿身手贯穿一致,手起肩随,完整一体;气沉丹田,发声吐气,以气催力,常配合发力因势发声,以助动作饱满刚劲,突出南拳的刚烈风格。南拳具有很高的健身和技击价值。由于南拳劲力饱满,以刚为主,所以经常锻炼,能使肌肉发达,筋骨强壮,力量、速度等身体素质可有显著提高。又由于南拳的蓄劲闭气与发劲开声交替使用腹式呼吸,因此对增强心血管、消化和呼吸系统的机能,促进新陈代谢都有很好的作用。

四、导引养生类武术的健身作用

武术作为一种健身手段,它和中国古代导引养生之术,从理论到实际都有着密切的关系。导引养生类武术要求调息运气,以气运身,气沉丹田,以气催力等都说明呼吸和动作的结合,不仅使动作完成得更加合理,而且通过呼吸增加了对内脏器官的锻炼。导引养生类武术强调放松,即全身心放松,很明显,松而后能活,活而后能通,从而有助于通经活络。导引养生类武术的整体性、全面性、协调性,有利于促进经脉气血在遍布全身上下、内外的经络系统中运行。其所特有的在放松的基础上圆润转动、阴阳交错的大小动作,能使经络的多层次、多功能、多形态的立体结构和经脉循行路线上 300 多个腧穴,受到广泛的、深层的触动。可见,导引养生类武术锻炼可以使经络渠道避免发生故障,保持通透通达,从而发挥经络系统调节、控制人体生命活动的重要功能,保持身体健康,防止或减少疾病的发生。

五、对抗类武术的健身作用

对抗类武术能调动全身的肌肉、器官积极参与,对于全面发展练习者各项身体素质有重大作用。对抗类武术练习强度较大,对爆发力、速度的要求较高,需要在短时间内消耗更多的能量,这一机能变化,使心肌代谢加强、收缩压升高、从而刺激心肌使血流量增加、张力增强、收缩有力;另外,耗氧量增加,对肺通气功能的提高,肺泡活性的保持、改善,心肺功能的增强有一定作用。长期的对抗类武术练习可以使肌纤维增粗,肌肉结缔组织弹性改善,肌腱弹性和韧性加强,使练习者的肌肉发达,力量增大,体格健壮。

第二节 武术运动与心理健康

一、心理健康的定义

心理健康是指一个人拥有健康的心理品质,包括智力发育正常、人格健全完整、有良好的心理承受能力和善于同别人交往等。智力发育正常是指:有良好的观察力、分析力、判断力、想象力、思维能力和实践能力。人格健全完整是指:自我意识清醒,能正确把握自己、支配自己,积极进取,对生活充满信心和希望。良好的心理承受能力是指:具有坚忍的意志和坚强的毅力,能控制不良情绪,克制不现实的欲望,保持稳定的心态,自制力和心理承受力好。善于同别人交往是指:能正确对待他人和社会,既有自信心,又善于同别人交往,有良好的人际关系。

二、心理健康的标准

世界卫生组织提出的心理健康标准是:

1. 具有健康心理的人,其人格是完整的,自我感觉是良好的,情绪是稳定的,且积极情绪多于消极情绪;有较好的自我控制能力,能保持心理平衡;自尊、自信、自爱,而且有自知之明。

2. 一个人在自己所处的环境中,有充分的安全感,能保持正常的人际关系,能受到别人的欢迎,得到别人的信任。

3. 心理健康的人,对未来有明确的生活目标,有理想和事业上的追求,并能脚踏实地,不断进取。

三、武术促进心理健康的表现

（一）武术促进人体智力的发展

经常进行武术套路运动,不仅使练习者注意力、反应能力、思维能力等得以提高,还可以促使情绪稳定、性格开朗,这些非智力因素对人们智力发展有较大的促进作用。武术对抗性练习中,练习者根据对手的攻击动作所做出的系列反应的训练,可迅速提高练习者的反应速度、缩短反应时间、增强神经系统功能。经常参加武术运动可有效促进血液循环,增强呼吸功能,使大脑获取更多的养分,从而有助于提高练习者的记忆力和想象力。

（二）武术可以培养和保持良好的情绪状态

情绪状态是衡量武术运动锻炼对心理健康最主要的指标。研究发现,有紧张、烦躁情绪的人只要练习太极拳15分钟以后紧张的情绪就会松弛下来,其原因是武术运动可增加脑部血液流量,促进体内一种能产生良好感觉的"内啡呔"的释放,从而改善情绪。而喜欢和经常参加武术运动的人,还可以在武术运动中不断获取一定程度的满意度,这种满意度会令人产生快乐和积极的情绪,并通过这种成功和满足的体验不断增强自己的自信心,进而保持良好的情感体验并更好地致力于学习和工作中。

（三）武术促进坚强意志品质的形成

练习武术是一个艰苦的过程,在此过程中,练习者需要经受身体上的痛苦和意志上的考验。如果要达到武术运动的高水平,必须经年累月,甚至用一生的时间苦练不辍才能练就。如果练习者怕苦怕累,稍有懈怠,则会半途而废。武术谚语有:"拳不离手,曲不离口""一日练一日功,一日不练十日空",由此可见,武术练习者只有锲而不舍、自强不息地坚持,才能修炼出深厚的功夫,并能培养练习者形成良好的意志品质。

第三节　武术运动与社会适应能力

良好的社会适应能力,主要是指人际关系,说明一个人能积极和谐地与他人相处。社会是人的社会,人是社会的人,人是一切社会关系的总和。人生在世,谁也免不了与他人交往,交往是人们生活的基本需要,即"我为人人,人人为我"。一个人如果能够正确把握自己,并不断追求高水平的生活状态(包括物质生活状态和精神生活状态),最大限度地发挥自己的潜能,为他人和社会做出贡献,不仅会使自己的物质生活和道德、文化、思想修养在内的精神生活水平不断提高,而且会全面提高自己的生理、心理和社会承受能力,形成一个健康的人生。所以,良好的社会适应能力是心理健康的表现,心理健康是形成良好的社会适应能力的基础和条件。

一、良好社会适应能力的表现

一个人不管拥有多少的知识，不管具备多么强的业务能力，如果不具备适应社会的能力，也终将与事业的成功无缘。社会适应是指人在一生中对不断变化的外界环境，特别是对某种社会困境所采取的态度和行为，如对新的工作环境的适应、对新生活节奏的适应、对价值观念的适应、对人际关系的适应等。良好的社会适应能力表现为：良好和谐的社会关系、积极热情的社会参与、健康稳妥的社会行为。

二、武术与社会竞争意识

现代社会进步的显著性标志是竞争。现代人不停地与自己的身体和心理竞争，更重要的是与他人生活、工作、社会资源等的竞争。武术作为一种传统的体育运动项目，不仅具有健身作用而且还有防身的功效。练习者可以在学习武术的过程中强健体魄，不断提高攻防技能，在艰苦的环境中经过不断地对身体和意志的磨炼，培养不屈不挠的精神和对环境、对手的竞争意识。武术文化贯穿于武术练习中，在儒家文化的熏陶下，练习者形成追求仁义之心、礼仪之行的竞争特点，追求精神的胜利多于比赛的成败，这种竞争有利于个人素养的提高，起到调节不良情绪、缓解竞争压力的作用；有利于形成良好的竞争环境和个人竞争心态的平衡，对正确的竞争意识培养有独特的价值和作用。

三、武术与社会人际关系

人是社会的基本构成单元，人对社会的适应从本质上来讲是自身对他人的适应，能否成功地与人交往、与人沟通是人与社会适应最直观、最客观的体现。武术运动使人们相聚在运动场上，进行平等、友好、和谐的练习和比赛，使人们相互之间产生亲切感。尤其是武术集体竞赛项目，可以使直接参与者及间接参与者结识更多的朋友，将他们之间的关系变得更加和谐友好。人们在投身于武术运动强身健体的同时，可以学会如何恰当地处理个人与集体的关系，如何融入集体之中，与他人沟通及合作，并在其中强化个人的组织性和纪律性。

四、武术与现代生活方式

武术运动融入现代生活方式是一种健康的生活方式，是与现代人生理、心理、社会健康休戚相关的特殊生活方式。武术运动与人的生命质量关系密切，指导人们形成良好的体育、生活习惯。人们选择各种各样的武术运动形式，在不同的地方、不同的舞台、不同的区域实现各自不同的健身、表演、防身、娱乐和社会交往、心理情感的需要，特别是在我国新农村的建设中，开展武术运动已经成为新农村生活不可缺少的重要部分。

第四节　武术运动常见运动损伤及其预防

运动损伤是指在体育运动过程中发生的各种损伤。武术初学者由于主观或客观的原因在练习过程中经常会发生运动损伤。为了有效地预防武术运动过程中的运动损伤，了解武术运动损伤的发生原因、常见运动损伤机理以及处理方法是十分必要的。

一、武术运动损伤发生的原因

对于武术初学者，由于主观因素影响或客观环境的变化，容易导致运动损伤，因此了解武术运动过程中运动损伤发生的原因，有利于预防运动损伤的发生。造成武术运动损伤的原因大致有以下几点。

1.缺乏准备活动或准备活动不正确

准备活动的目的是通过多种练习形式提高中枢神经系统的兴奋性，加强各器官系统协调性，增加肌肉的弹性和伸展性，克服人体机能的惰性，从而减少或避免运动损伤的发生。准备活动出现问题导致运动损伤的情况有：

(1)缺乏准备活动意识，未做准备活动即进入运动状态；

(2)准备活动时间过短，机体未达到最佳运动状态；

(3)准备活动时间过长，准备活动的作用基本消退；

(4)准备活动内容与武术运动的基本内容结合不当或缺乏武术运动专项准备活动。

2.身体素质差

武术初学者由于力量、速度、柔韧、耐力和灵敏等素质较差，表现为肌肉力量小、弹性差，反应迟钝，关节的灵活性和稳定性差，但是武术运动要求人体具有一定的柔韧性、协调性和灵活性，因此一些身体素质较差的练习者为了完成有一定难度的武术动作，就极易发生运动损伤。

3.动作技术错误

武术初学者由于对武术专项技术动作掌握不够熟练，未形成复杂的、巩固的条件反射，所以容易引起技术动作的错误。错误的武术技术动作不仅违反了身体结构与机能的特点，而且违反了运动生物力学原理，所以容易造成运动损伤，这也是刚参加武术训练或学习新动作时发生运动损伤的主要原因。

4.客观环境的变化

由于环境气候原因易引起运动损伤，比如高温环境下练习武术，容易引发中暑和疲劳；大量出汗，影响体内水盐代谢，易发生抽筋和虚脱；低温环境下，容易引起冻伤，也可因肌肉僵硬、弹性差，导致动作协调性差而引发肌肉韧带拉伤。另外，由于服装的原因，比如鞋子大小不合适，也易引起运动损伤。还有场地和器械的原因，比如武术的套路运动要求活动场地地面平整，如果地面凹凸不平，易引发运动损伤；由于武术套路中有各种器械练习，如果练习者之间、教师和学生之间未随时注意身边练习者的动作和方向的变化，也易引起擦伤等损伤。

二、武术运动中常见运动损伤及处理

武术运动中常见的运动损伤主要有以下几种。

（一）肌肉拉伤

1. 原因

当肌肉主动收缩超过了负担能力或被动拉长超过了伸展性时，就会造成肌肉微细损伤、肌肉部分撕裂或完全断裂，称为肌肉拉伤。武术运动中常见的肌肉拉伤是大腿后群屈肌的肌肉拉伤，如练习者做武术跳跃动作接劈叉动作时，如果两腿过度外展容易引起大腿内侧肌群的拉伤；当练习者在做武术跳跃动作踏跳蹬地时，大腿后侧肌群容易因主动用力而引起拉伤；运动员比赛或训练前准备活动不充分，也是造成肌肉拉伤的原因。

2. 症状

受伤后局部疼痛、压痛、肿胀、肌肉紧张、发硬、痉挛、功能障碍。严重的肌肉拉伤往往有明显的肿胀及皮下瘀血。肌肉断裂者可摸到凹陷或出现一端异常膨大。肌肉拉伤时受伤肌肉主动收缩或被动拉长时疼痛加重，肌肉抗阻力试验阳性。

3. 处理

肌肉拉伤后应马上给予冷敷、局部加压包扎、适当制动、抬高伤肢，并把患肢放在使受伤肌肉松弛的位置以减轻疼痛。肌纤维轻度拉伤及有肌肉痉挛者，再用针灸法可以取得很好的疗效，并可在 24 小时后进行按摩。肌纤维断裂者，48 小时后可开始按摩，但手法要轻缓。对怀疑有肌肉、肌腱完全断裂者，应在局部加压包扎固定患肢后，立即送医院确诊，必要时接受手术治疗。

在伤后康复期，肌纤维轻度拉伤后，伤部停训 2～3 天，而肢体运动不一定要完全停止，可做些静力性肌肉收缩练习，但避免那些重复受伤的动作。一周后可逐渐增加肌肉的力量和柔韧性练习。10～15 天后，症状基本消除，可投入正常训练，但训练时应使用保护支持带或戴上护腿。部分肌纤维断裂者应立即停止训练，最好能在肌肉松弛的状态下休息 2～3 天，第 4 天后可在无疼痛范围内做伸展性练习，3～4 周后再进行正常的专项训练。肌肉断裂经手术缝合的患者，术后固定期可做些不负重的收缩练习，拆线及去除固定后，应进行有效的伸展与提高肌力的练习，约两个月后再投入正常训练。

4. 预防

加强易伤部位的力量和柔韧性练习，并加强屈肌与伸肌的力量平衡。训练和比赛前要做好充分的准备活动，合理安排运动量，改进技术动作以防肌肉拉伤。

(二)急性腰部扭伤

急性腰部扭伤包括肌肉、韧带、筋膜及小关节扭伤。

1.原因

当运动员弯腰屈髋、伸膝突然向上爆发用力时,如武术运动员做旋风脚、腾空摆莲等跳跃动作时,下肢动作快于躯干动作,或运动员自身腰、骶部肌力不足时,或脊柱过度前屈又突然转身、脊柱超常范围运动时,均可造成腰部的急性损伤。

2.症状

肌肉轻度扭伤,患处隐痛,随意运动受限,不能弯腰,扭伤严重时因肌肉痉挛可引起脊柱曲线变形。腰扭伤时疼痛可牵涉到下肢,但仅局限于臀部、大腿后部和小腿感觉异常。

棘上韧带与棘间韧带扭伤:扭伤后局部压痛,过度前弯腰时疼痛加剧,而腰伸展时疼痛较轻,棘突上和棘突之间有局限而表浅的明显压痛点。如疼痛剧烈,压痛处韧带松弛而有凹陷,腰前屈时棘突间距增大,提示可能为韧带完全断裂。

筋膜破裂:腰部扭伤可造成腰背筋膜破裂,多发生在骶棘肌部和髂嵴上、下缘。患处有明显疼痛,弯腰和腰扭转时疼痛较重,腰伸展时疼痛较轻。其余征象与肌肉扭伤相似。

小关节交锁:往往发生于肌肉无活动准备的仓促弯腰扭转动作时,受伤当时即有腰部剧烈疼痛,呈保护性强迫体位,不敢做任何活动,亦惧怕任何搬动,尤其不能做腰后伸活动,几乎整个腰部肌肉都处于紧张僵直状态,走路时以手扶腰,步态迟缓,惧怕触动。疼痛位置较深,不易触到压痛点,但叩击伤处可引起震动性剧烈疼痛。

3.处理

急性腰扭伤的病人一般应卧床休息,仰卧于有垫子的木板床,腰部垫一些薄枕,以便放松腰部,也可以与俯卧位相间交替,避免受伤组织受牵扯,以利修复。轻度扭伤休息2～3天,较重扭伤者需休息一周左右。

伤后即可进行穴位按摩,在人中、肾俞、大肠俞、委中等穴位进行按摩,以产生较强的气感,一般都能止痛并使腰部活动增加。

此外,急性腰扭伤后还应配合外贴活络止痛膏,内服止痛药以及拔罐、针灸、理疗、局部注射等方法,以取得更好的疗效。

4.预防

正确掌握武术技术动作要领,提高腰、腹肌的协调性及反应性,避免伸膝、弯腰、屈髋的向上爆发力动作;腰部力量练习时适当使用护腰带。

(三)关节韧带扭伤

在外力作用下,使关节发生超常范围的活动而造成关节韧带的扭伤。在散打运动中常发生腕关节、踝关节、膝关节、肩关节、肘关节、脊柱椎间小关节韧带扭伤。

1.原因

由于场地不平或太滑,练习者在做连贯性动作时会引起踝关节和足底小关节扭伤。其中踝关节外侧韧带扭伤的概率大些。从解剖特点上看,足的屈肌力量比伸肌力量要大,内翻肌力量比外翻肌力量大;加上外踝比内踝长,内侧三角韧带比外侧三角韧带坚韧,因此,踝关节的内翻比外翻的活动幅度大。在踝关节扭伤中,常见腓前韧带损伤,严重者跟腓韧带也会损伤或骨折。另外,由于技术动作不正确或有错误也可能引起关节韧带扭伤。如膝关节扭伤多发生在失去平衡或对抗相持的情况下,突然发力而造成膝关节外侧副韧带的损伤,往往会造成半月板损伤;由于训练水平不够,局部肌肉力量差异或发展不平衡,关节韧带薄弱或关节稳定性差引起韧带扭伤;由于身体疲劳或技能状况不佳、运动时注意力不集中、准备活动存在问题、自我保护能力差、局部有先天畸形等原因也易引起关节韧带扭伤。

2.症状

伤后感觉局部疼痛,并出现肿胀,皮下瘀血;若损伤关节囊滑膜层,则整个关节会出现肿胀;关节功能出现障碍;局部压痛,牵拉受损韧带时疼痛加重。如韧带断裂则可出现关节松动、有拉长的现象,还会有关节间隙增加或超范围的异常活动现象。

3.处理

伤后应及时冷敷,加压包扎,适当制动和抬高伤肢,以利于减少出血和肿胀。局部用止血、消肿药。损伤较严重者可以口服云南白药、止痛药等。24小时后可进行局部按摩或理疗。如韧带断裂,应及早送医院治疗。一般单纯性下肢关节韧带扭伤,伤后经固定的情况下,可进行适宜的静力性功能活动。一般在1～2周后可以开始进行关节协调性和平衡能力的练习,逐渐进入正常训练,但必须戴有保护装置,以免再度受伤。

4.预防

加强关节周围有关肌群的力量与韧带的柔韧性,提高关节的稳定性和活动幅度;加强运动场地的安全卫生和医务监督工作;提高运动员专项技术水平,熟练掌握运动技术;充分做好准备活动,提高专项准备活动的质量。合理安排运动量,防止全身或局部疲劳;重视运动员的科学选材;提高运动员的自我保护能力;教育运动员在训练中集中精力,认真训练和比赛。

(四)擦伤

擦伤是武术运动中最轻的一种开放性损伤。

1.原因

被器械擦伤或摔倒时擦伤最为多见。比如在练习剑花动作时由于手腕力量未控制好,剑尖未划立圆,锋利的剑锋会擦到自己的脸上引起擦伤。

2.症状

表皮脱落,有小出血点和组织液渗出。

3.处理

小面积、表浅、无异物的皮肤擦伤在训练和比赛时直接喷上"好得快"等同类药物,可继续训练和比赛,待比赛、训练结束后,先用生理盐水冲洗消毒,局部涂抹 2% 的红汞药水或 1%～2% 的甲紫,不必包扎,但面部的擦伤最好不要用甲紫等染色剂涂抹。关节附近的擦伤,不宜采用干燥暴露法治疗,干裂后既影响运动又易感染,还有可能波及关节,可采用 5%～10% 的磺胺软膏或青霉素软膏涂抹。如果大面积擦伤或伤处有异物,可先用生理盐水彻底冲洗伤口,并以绷带加压包扎。对于污染严重的伤口,先将异物彻底清除,再用凡士林纱布覆敷伤口,由医生清创后,还要施用抗菌药物和注射破伤风抗毒血清。

4.预防

在进行手持器械动作练习时,注意与同伴保持适当的距离,另外自己手持器械练习时,注意动作的准确性,以免器械刮到自己。

(五)挫伤

挫伤主要出现在武术散打运动中。

1.原因

当被对方踢中、击中时有可能发生挫伤,散打运动中较易发生挫伤的部位有大腿、小腿、胸部、头部、睾丸等。

2.症状

单纯性挫伤,一般都有疼痛(先轻后重,一般持续 24 小时)、压痛、肿胀、出血、功能障碍。挫伤后的出血可为瘀点、瘀斑及皮下组织中局限性积血(血肿),挫伤重者疼痛和功能障碍比较明显。

复杂性挫伤较为严重,如头部挫伤后轻者可发生脑震荡,严重者可能会造成颅骨骨折而合并脑挫伤以至危及生命;大、小腿严重挫伤时可引起股四头肌及腓肠肌肌肉或肌腱的断裂;胸部挫伤严重时可合并肋骨骨折甚至肺脏损伤形成气胸或血胸;睾丸挫伤可因剧烈疼痛而引起休克;腰部挫伤可合并肾挫伤等。

3.处理

对于单纯挫伤,可施行局部冷敷、加压包扎、抬高伤肢、外敷新伤药等处理方法。对于复杂性的挫伤,如有休克症状时,应首先进行休克处理,采用止痛、止血等抗休克措施。同时,急送医院治疗。如睾丸挫伤,则用三角带吊起,卧床局部冷敷;肌肉、肌腱断裂者,将肢体固定包扎后,送医院治疗。

4.预防

散打训练和比赛,除戴上规定的护具外,还应加强运动员的自我保护的训练,并严格裁判,对禁踢部位要禁止粗野动作。

三、武术运动损伤的预防

在了解了武术运动损伤发生的原因以及武术运动过程中常见的运动损伤后,采取有针对性的方法和手段进行预防,这对于武术初学者学习和武术运动员训练都具有重大的意义。为防患于未然,应该采取以下方法或手段,尽量避免或减少运动损伤在武术运动中的出现。

(一)客观环境的优化

建立健全场地器材的安全检查制度,对已损坏的场地和器械应及时维修,禁止穿不合适的服装、鞋进行武术动作练习。

在高温环境下进行教学和训练时,应保证场地的通风和做好降温工作;在低温环境下进行教学和训练时,应做好运动员的防寒保暖工作。

(二)科学的训练手段

武术运动教学和训练应遵循科学的训练原则:系统性、循序渐进和区别对待的原则。教师和教练员应制订合理的教学计划和训练计划,合理安排运动量、运动时间、运动手段和方法。

(三)做好准备活动

从各种武术运动损伤产生的原因来看,大部分是由于准备活动的不充分引起的。因此不管是学生和运动员,还是教师和教练都应提高对准备活动重要性的认识。根据教学和训练的内容,以及学生和运动员的个人情况,包括气候变化的因素,有综合性、针对性和充分性地做好准备活动。做完一般性准备活动后,还应该做与武术教学和训练内容有关的专项准备活动。

(四)加强医务监督

医务监督是预防运动损伤和过度练习,保障练习者身体健康的有效措施。通过对学生和运动员的运动负荷、运动时间、运动频率以及生理、生化等指标的控制,对病后、伤后的恢复情况的检查,合理安排教学、训练和休息、调整的时间,以期减少和消除运动损伤。

第三章　武术运动初级教程(武术二段)

第一节　武术基本功

一、手型

1.拳:五指卷进,拳面要平,拇指压于食指、中指第二指节上(图3-1-1)。

2.掌:拇指外展或屈曲,其余四指伸直并拢向后伸张(图3-1-2)。

3.勾:屈腕,五指撮拢(图3-1-3)。

图3-1-1　　　　　　　　图3-1-2　　　　　　　　图3-1-3

二、主要拳法

1.冲拳:拳从腰间旋臂向前快速击出,力达拳面(图3-1-4,图3-1-5)。

图3-1-4　　　　　　　　图3-1-5

2.劈拳:拳自体前由上而下快速抡劈,力达拳轮(图3-1-6—图3-1-8)。

图3-1-6　　　　　　图3-1-7　　　　　　　　　　　图3-1-8

3.掼拳:拳由异侧弧形掼击,力达拳面(图3-1-9,图3-1-10)。

图3-1-9　　　　　　　　　　　图3-1-10

4.砸拳:拳自高处外旋屈肘,由头上向体前下砸,托于掌心(图3-1-11—图3-1-13)。

图3-1-11　　　　　　图3-1-12　　　　　　图3-1-13

三、主要掌法

1.推掌：掌从腰间旋臂向前立掌推击,速度要快,臂要直,力达掌外沿(图 3-1-14,图 3-1-15)。

2.亮掌：臂微屈,抖腕翻掌,举至体侧或头上(图 3-1-16,图 3-1-17)。

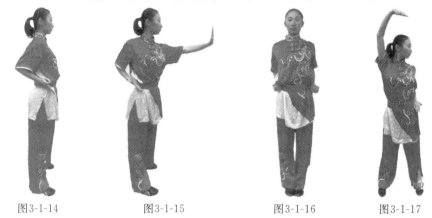

图3-1-14   图3-1-15   图3-1-16   图3-1-17

3.穿掌：手心向上,臂由屈到伸,沿身体某一部位穿出,力达指尖(图 3-1-18,图 3-1-19)。

图3-1-18   图3-1-19

4.挑掌：臂由下向上挥动翘腕,立掌上挑,力达四指(图 3-1-20,图 3-1-21)。

图3-1-20 图3-1-21

四、主要步型

1.马步：两脚左右开立距离约为脚长的三倍，全脚掌着地，脚尖正对前方，屈膝半蹲，大腿接近水平（图 3-1-22）。

2.弓步：弓出腿屈膝半蹲，大腿成水平；另一腿挺膝蹬直，脚跟不得离地（图 3-1-23）。

3.虚步：屈蹲腿大腿成水平，脚跟不得离地，另一腿脚尖点地（图 3-1-24）。

图3-1-22 图3-1-23 图3-1-24

4.仆步：全蹲腿大腿接近脚跟，另一腿接近地面仆直，两脚脚跟不得离地（图 3-1-25）。

5.歇步：两腿交叉靠拢，屈膝全蹲，前脚全脚掌着地，脚尖外展；后脚脚跟离地，臀部外侧紧贴后小腿（图 3-1-26）。

图3-1-25   图3-1-26

三、主要腿法

1.压腿：一腿置于一定的高度，勾脚尖，支撑腿脚尖朝前，两腿伸直，上体保持中正并向下压，拉动腿部韧带和肌肉（图 3-1-27，图 3-1-28）。

图3-1-27   图3-1-28

2.正踢腿：身体直立，两脚一前一后，两手侧平举，后脚脚尖勾紧（图 3-1-29，图 3-1-30）。

图3-1-29   图3-1-30

3.单拍脚：脚面绷直，直腿向额前摆腿。当摆踢至额前时，右掌心迅速向右脚面迎击（图3-1-31—图3-1-33）。

图3-1-31　　　　　　　　　图3-1-32　　　　　　　　　图3-1-33

4.弹腿：支撑腿直立或微屈，另一腿绷足由屈到伸向前挺膝弹出，力达脚尖（图3-1-34—图3-1-36）。

图3-1-34　　　　　　　图3-1-35　　　　　　　图3-1-36

5.踹腿：支撑腿直立或微屈，另一腿勾脚内扣由屈到伸向侧挺膝踹出，脚高过腰，力达脚跟（图3-1-37—图3-1-40）。

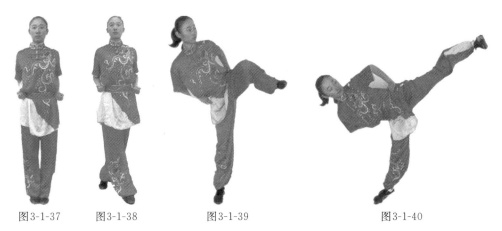

| 图3-1-37 | 图3-1-38 | 图3-1-39 | 图3-1-40 |

6.后扫腿:支撑腿脚跟提起全蹲旋转,扫转腿挺膝扫转一周或以上,脚掌不得离地(图3-1-41—图3-1-45)。

图3-1-41

图3-1-42

图3-1-43

图3-1-44

图3-1-45

第二节　武术组合动作

一、拳掌勾组合

并步预备—开步双推掌—双亮掌—双勾手—并步抱拳（图 3-2-1—图 3-2-5）。

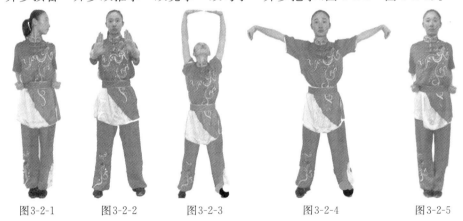

图3-2-1　　　　图3-2-2　　　　图3-2-3　　　　图3-2-4　　　　图3-2-5

二、弓马步组合

并步预备—弓步左推掌—弓步右推掌—马步冲拳—并步抱拳（图 3-2-6—图 3-2-10）。

图3-2-6   图3-2-7   图3-2-8

图3-2-9   图3-2-10

三、仆步马步组合

并步预备—仆步抱拳—搂手弓步冲拳—马步冲拳—并步抱拳（图 3-2-11—图 3-2-15）。

图3-2-11   图3-2-12   图3-2-13

图3-2-14　　　　　　　　图3-2-15

四、弓虚步组合

并步预备—右勾手甩头—弓步推掌—虚步挑掌—并步抱拳（图3-2-16—图3-2-20）。

图3-2-16　　　图3-2-17　　　　　图3-2-18　　　　　图3-2-19　　　图3-2-20

五、歇步组合

并步预备—开步推掌—插步盖掌—歇步下冲拳—并步抱拳（图3-2-21—图3-2-25）。

图3-2-21　　　　图3-2-22　　　　　图3-2-23　　　　　　图3-2-24　　　　　图3-2-25

六、跃步前穿

提膝勾手亮掌—提膝抄掌—上步预摆—腾空跃步—仆步抱拳—搂手弓步冲拳（图 3-2-26—图 3-2-31）。

图3-2-26　　　　　　　图3-2-27　　　　　　　图3-2-28

图3-2-29　　　　　　　图3-2-30　　　　　　　图3-2-31

七、仆步抢拍

向上抢臂要贴紧耳侧，向下抢臂要贴近大腿。做仆步抢拍时，眼随手动，手臂伸直（图3-2-32—图3-2-39）。

图3-2-32   图3-2-33   图3-2-34

图3-2-35   图3-2-36   图3-2-37

图3-2-38   图3-2-39

八、腾空飞脚

右脚在空中摆踢时,脚高必须过腰,左脚在击出的一瞬间,屈膝收控于右腿侧,空中上体要正(图3-2-40—图3-2-43)。

| 图3-2-40 | 图3-2-41 | 图3-2-42 | 图3-2-43 |

九、鲤鱼打挺

身体必须挺腹成反弓,两脚分开的宽度不得超过两肩,打腿振摆要快速(图3-2-44—图3-2-48)。

图3-2-44   图3-2-45   图3-2-46

图3-2-47   图3-2-48

第三节　五步拳

　　五步拳是查拳入门拳套路,也是学习国标武术入门之基本拳术组合小套。它包含了武术中最基本的弓、马、仆、虚、歇五种步型和拳、掌、勾三种手型及上步、退步步法和搂手、冲拳、按掌、穿掌、挑掌、架打、盖打等手法。练习五步拳可以增进身体的协调能力,掌握动作与动作之间的衔接要领,提高动作质量,为进一步学习武术打下基础。

　　五步拳动作名称:预备式/弓步冲拳/弹踢冲拳/马步架打/歇步盖打/提膝穿掌/仆步穿掌/虚步挑掌/收势。

　　1.预备式:两脚并拢,双手握拳抱于腰间,拳面与小腹在同一个平面,双肘后顶,向左摆头,目视左前方(图3-3-1)。

　　2.左弓步搂手冲拳:左脚向左横跨一大步成马步,同时左拳变掌向左搂出,掌指朝上,虎口撑开。左掌变拳收回腰间,拳心朝上。马步向左拧腰转胯成左弓步,右拳同时内旋击出,拳心向下,力达拳面。目视前方(图3-3-2,图3-3-3)。

图3-3-1　　　　　　　　图3-3-2　　　　　　　　　　　图3-3-3

　　3.弹踢冲拳:右拳外旋收回腰间,拳心向上。左拳拧旋击出,同时右脚向前弹出,脚面绷平,力达脚尖。左拳拳心向下。上身直立。目视前方(图3-3-4)。

　　4.马步架打:右脚前落成马步,左拳变掌向上撩架,右拳向前击出成平拳。眼看右方(图3-3-5)。

图3-3-4　　　　　　　　　　　　图3-3-5

5.歇步冲拳:向左转身,左脚后撤至右脚后方,左掌变拳收回腰间,右拳变掌从上向左下横盖。下蹲成右歇步,右掌变拳收回腰间,左拳平拳击出,目视前方(图3-3-6,图3-3-7)。

6.提膝穿掌:左拳变掌下横盖,起身右腿直立,左脚提膝,同时右拳变掌从腰间向右上方穿出,目视右掌(图3-3-8)。

图3-3-6　　　　　　　　图3-3-7　　　　　　　　图3-3-8

7.仆步穿掌:左脚向左落步成左仆步,左掌向左下方穿出。目视左方(图3-3-9)。

8.虚步挑掌:右脚向前上步成右虚步,左掌顺式向上向后成下勾手(低不过肩,高不过耳端)。右掌向前向上挑出,掌指向上,右肘微曲。目视前方(图3-3-10)。

9.收势:左脚向右脚并拢,双手变拳收回腰间。向左摆头,目视左前方(图3-3-11)。

图3-3-9　　　　　　　　　图3-3-10　　　　　　　　图3-3-11

第四节　少林连环拳

预备式

1. 当头炮猛撞双拳

2. 连环势左右击掌

3. 封喉势截手锁喉

4. 窝心脚直踹心窝

5. 硬拉弓马步侧击

6. 连珠炮急打三拳

7. 倒骑龙回身便走

8. 披身锤翻身劈砸

9. 开弓势四平架打

10. 沉香势推倒泰山

11. 弹腿势惊破敌胆

12. 擒拿势捉将擒王

13. 射箭势旁冲侧打

14. 斜飞势挨傍挤靠

15. 起飞脚直踢下颌

16. 拽横拳单风灌耳

17. 抛兜拳黑虎掏心

18. 悬脚势金鸡独立

19. 挂面脚踢打头脸

20. 拗单鞭单掌推碑
21. 左右炮冲前撞后
22. 琵琶势护守中门

收势

预备式：两手握拳，屈肘收抱于两腰侧，拳心朝上，拳轮贴身；脸向左转，眼向左侧前方注视（图3-4-1）。

1. 当头炮猛撞双拳：身体左转，左脚上步，成左弓步；同时，两拳同时从两腰侧向前直臂平伸冲出，拳心均朝下；眼向两拳前方注视（图3-4-2）。

图3-4-1　　　　　　　　　　图3-4-2

2. 连环势左右击掌：两拳变掌，左里右外在身前交叉上举，肘微屈，掌指均朝上，小指一侧均朝前；同时，左腿稍向上站起，右脚离地屈膝向左腿里侧提起，脚尖翘起（图3-4-3）。两掌直臂向上、向左右两侧弧形绕环，至两侧斜下方时屈肘收抱于两腰侧，掌指朝下，掌心朝前；与此同时，右脚在左脚侧旁踏脚震步落地，膝微屈；左脚随即屈膝向上提起，眼视前方（图3-4-4）；左脚向前落步，成左弓步；同时，右掌向前直臂平伸推出，眼视前方。

图3-4-3　　　图3-4-4　　　　图3-4-5　　　　　　图3-4-6

（图3-4-5）；右掌变拳屈肘收抱于右侧腰，拳心朝上；同时，左掌即向前直臂平伸推出，弓步不变，眼向左掌前方注视（图3-4-6）。

3. 封喉势截手锁喉：左腿稍起，右腿微屈，身躯稍向后闪；左掌以肘关节为轴，使前臂向上、向右屈肘弧形绕环，向下按掌横举于胸前，掌指朝右，掌心斜朝下；肘部成弧形，眼视左掌前方（图3-4-7）；右拳变掌，拇指张开，臂内旋使掌心朝下，从右腰侧由左掌上面向前直臂平伸，用虎口叉出，左掌随之顺着右臂下面屈肘于右腋下，前臂屈肘抬平，掌心仍朝下；与此同时，右腿挺膝蹬直，身躯前移，仍成左弓步；眼视右掌前方（图3-4-8）。

4. 窝心脚直端心窝：右掌变拳，由左掌上面抽回屈肘收抱于右腰侧，拳心朝上；左掌则在右拳抽回的时候顺右臂下面向前、向上屈肘架起位于额前上方，掌指朝右，掌心朝前；与此同时，右脚离地在身后屈膝提起，眼视前方（图3-4-9）；右脚大腿向前屈起、小腿伸直、脚尖勾紧用脚跟向前平踢蹬踹，脚尖朝上；同时，左腿站立，膝微屈；眼视右脚（图3-4-10）。

图3-4-7　　　　　　图3-4-8　　　　　　图3-4-9　　　　　　图3-4-10

5. 硬拉弓马步侧击：右脚向前跨步，身躯左转，左脚跟里转，两腿屈膝半蹲成马步；同时，左掌从身旁落下变拳，屈肘收抱于左腰侧，拳心向上；右拳即向右侧直臂平伸冲出，拳心朝下；眼视右拳前方（图3-4-11）。

图3-4-11

6.连珠炮急打三拳:身体向右转,左脚上步,左腿屈膝半蹲,右腿随之挺膝蹬直,成左弓步;同时,右拳屈肘收抱与右腰侧,拳心朝上;左拳向前直臂平伸冲出,拳心向下;眼视左拳前方(图3-4-12);弓步不变,右拳即向前直臂平伸冲出,拳心朝下;同时,左拳屈肘收抱于左腰侧,拳心朝上(图3-4-13);左拳随即向前直臂平伸冲出,拳心朝下;同时,右拳屈肘收抱于右腰侧,拳心朝上;眼向左拳前方注视(图3-4-14)。

图3-4-12   图3-4-13   图3-4-14

7.倒骑龙回身便走:左拳方位不变,右脚跟里转,右腿随之屈膝,左脚跟外展,左腿随之蹬直,身躯从右向后转,成右弓步;右拳随即直臂平伸冲出,拳心朝下;眼向右拳前方注视(图3-4-15)。

图3-4-15

8.披身锤翻身劈砸:右拳从前直臂向下,经右腿外侧向后弧形绕环摆动,反臂斜下举,拳心朝上;左拳则臂内旋从后直臂向下,经左腿外侧向前弧形绕环摆动,在身前斜下举,拳心朝下;同时,身躯前俯(图3-4-16);左拳继续臂内旋使拳轮朝上,直臂向上、向后弧形绕环摆动;同时,身躯从左向后翻上,眼视左拳(图3-4-17);左脚跟里转,右脚跟外展,身躯直起左转;左拳随之用拳轮一侧从上向身前直臂绕环劈砸,顺势屈肘收抱于左腰侧,拳心朝上;右拳臂外旋也用拳轮一侧从身后向上、向身前直臂绕环劈砸,平举于胸前,拳眼朝上;在身躯左转两拳抡臂劈砸的同时,成左弓步;眼视右拳前方(图3-4-18)。

图3-4-16

9.开弓势四平架打:右拳臂内旋,屈肘向上环举架起,拳眼朝下;同时,身躯向右转,两腿屈膝半蹲成马步;左拳随即从左腰侧向左直臂平伸冲出,拳心朝下;眼向左拳前方注视(图 3-4-19)。

图3-4-17　　　　　　　图3-4-18　　　　　　　图3-4-19

10.沉香势推倒泰山:两拳变掌,一起向两肩上方举起,拇指张开,屈腕使小指一侧向朝上,肘微屈;与此同时,左脚跟外展,身躯向右转向正西方向;两腿向上站起,膝稍屈;右脚离地屈膝在身前提起,脚尖翘起;眼向前方注视(图3-4-20);右脚在左脚侧旁踏脚震步,左脚立即离地屈膝提起,脚尖翘起;同时,两掌从上向前,向下按压,顺势屈肘收抱于两腰侧,掌心朝下,虎口朝前(图3-4-21);左脚向前落步,左腿屈膝半蹲,右腿挺膝蹬直,成左弓箭步;同时,两掌拇指并拢一起向前直臂平伸推出,掌指朝上,小指一侧朝前;眼向两掌前方注视(图3-4-22)。

图3-4-20　　　　　　　图3-4-21　　　　　　　　　　图3-4-22

11. 弹腿势惊破敌胆：左腿向上站起，膝仍屈；两掌一起从两腰侧直臂向下、向后弧形绕环，至身后时五指撮拢成勾手反臂斜举，勾尖朝上；同时，右脚从身后屈膝提起向前摆腿弹踢，脚面绷平，脚尖朝前；眼向前方注视（图3-4-23）。

12. 擒拿势捉将擒王：左脚不动，右脚收回屈膝提于左膝前，脚尖朝下；身躯向后仰，并半面向右翻转；左勾手变掌，拇指张开，在仰身的同时从身后直臂向下、向前、经左腿侧时屈肘向右、向右肩前绕环摆动抄起，肘向上抬，臂内旋使虎口朝下，掌指朝后；右勾手变掌，拇指张开，臂外旋直腕使掌指朝下，掌心朝右，从后右直臂摆向右侧外方；脸向右转，眼视右掌（图3-4-24）；右脚腿伸直在身前落步；同时，左掌从右肩经脸前向左绕环，右掌从右屈肘向上绕环，身躯从右向上、向左翻转（图3-4-25）；左掌臂外旋抓握变拳，拳心朝上，屈肘收抱于左腰侧；右掌则经右耳侧向前、向下斜伸按压，肘微屈，掌指朝左，掌心朝下；与此同时，左腿屈膝半蹲，右脚从身前正西方直腿向右正北方弧形扫转，成横裆步；眼随右掌注视（图3-4-26）。

①正面　　　　②反面

图3-4-23　　　　　　　　　图3-4-24

图3-4-25　　　　　　　　　　　图3-4-26

13.射箭势旁冲侧打：右掌变拳，臂外旋从下屈肘向左、向上、经脸前向右绕环，用前臂桡骨一侧向外格挡，眼朝右；同时，身躯直起，重心向右移动，左腿伸直，右腿屈膝（图3-4-27）。

身躯右转，两腿成右弓箭步；同时，右拳屈肘收抱于右腰侧，拳心朝上；左拳即向左侧直臂平伸冲出，拳心朝下；眼向左拳前方注视（图3-4-28）。

14.斜飞势挨傍挤靠：左脚跟里转，左腿随之屈膝，身躯从左向后转；右脚即离地屈膝提起，在左腿后面用脚面勾扣于膝弯处，脚尖勾紧；在转身的同时，右拳变掌，掌心朝上，随转身之势从右腰侧经腹前由左腋下面向左插伸；左拳也变掌，随转身之势屈肘收抱于右肩前，屈腕使掌指朝上，掌心朝右；眼视右掌（图3-4-29）；右脚向右上步，右腿屈膝半蹲，左腿挺膝蹬直，成右弓箭步；与此同时，身躯半面向右转，右掌直臂向左、向右弧形平行摆动，掌心仍朝上；左掌则直腕使掌心朝下，直臂、弧形平行摆动；右掌稍高过于肩斜上举，左掌低于水平线斜下举；眼向右掌前方注视（图3-4-30）。

图3-4-27　　　　　图3-4-28　　　　　　图3-4-29　　　　　　　　图3-4-30

15.起飞脚直踢下颌:两脚直起,右脚收回半步以脚掌虚着地,重心落于左腿;同时,右掌从前直臂向下、经右腿外侧向后环绕抡动,左掌则从后直臂向上、向前绕环抡动(图3-4-31);右脚向前上半步踏实,右膝微屈;右掌继续从后屈肘向上绕环抡动举向头顶右上方,掌心朝前;左掌则继续从前向下绕环抡动(图3-4-32);左掌变拳,顺向下绕环之势臂外旋屈肘收抱于左腰侧,拳心朝上;与此同时,右腿伸直站立,左脚从后直腿向前、向上弧形踢起,脚面绷平,脚尖朝前;右掌则直臂向前绕环,在脸前用掌心拍打左脚脚面,掌指朝前;眼视左脚(图3-4-33)。

图 3-4-31   图 3-4-32

16.拽横拳单风灌耳:左脚向前落步,身躯右转,两腿屈膝半蹲成马步;同时,左拳直臂伸向身后斜下方,从身后向左侧上方屈肘环臂横摆击打,高与眉齐,拳面朝前,拳心斜朝下;右掌则变拳,趁左拳横击之势从身前直臂向右侧横摆平举,拳心朝下;眼视左拳(图3-4-34)。

图3-4-33   图3-4-34

17.抛兜拳黑虎掏心：两拳方位不变，左脚尖外展，身躯左转向西，左腿屈膝，右腿蹬直，成左弓步；同时，左拳直臂向左、向后下方弧形绕环横摆斜下举，拳心朝下；右拳则从右直臂向下、屈肘环臂向前、向上弧形绕环抄起，在胸部前方环举，拳面斜朝前上方，拳背朝下；眼视右拳（图3-4-35）。

图3-4-35

18.悬脚势金鸡独立：右拳变掌，从身前直臂向下、经右腿外侧向后弧形绕环摆动；与此同时，身躯右转，左脚尖里扣，左腿屈膝全蹲，右腿伸直铺下，身向右脚处探伸；左拳则变掌随身转动，从身后直臂向下，绕左腿膝前屈肘向身后右侧绕环摆动；两掌均直腕使拇指一侧朝上；眼视右掌（图3-4-36）；两腿站立，左脚离地屈膝在右腿前提起，小腿向里斜垂，脚面绷平，脚尖斜朝下，成独立步；同时，右掌从右向上弧形绕环，屈肘环举于头顶上方，屈腕使掌指朝上，掌心朝右；眼向左侧前方注视（图3-4-37正、反面）。

①正面　②反面

图3-4-36

图 3-4-37

19.挂面脚踢打头脸：右腿屈膝下蹲，左脚向左侧落步，左腿屈膝；左掌从右腋处直臂向前、向左弧形绕行平摆横格，右掌则从上直臂向右落下平举，两掌均直腕使拇指一侧朝上；眼视左掌（图3-4-38）；两腿直起，右脚使踝关节向内翻屈，从右侧直腿向上踢起，用腿底向额前横摆里合；左脚掌顺势碾地为轴，身体从左向后转；同时，左掌在额前击拍右脚脚底，拇指一侧朝上；右掌则随身自然转动，眼视右脚（图3-4-39）。

图3-4-38　　　　　　　　　　　　图3-4-39

20.拗单鞭单掌推碑:紧接前动,右脚从前向下、向身后落步,右腿伸直,左腿屈膝半
蹲,成左弓箭步;同时,左掌从前直臂向下、经左腿外侧向后弧形绕环摆动,在身后五指撮拢
成勾手反臂斜下举,勾尖朝上;右掌则屈肘收抱于右腰侧,掌指朝下,掌心朝前(图3-4-40);
上动未停,右掌随即向前直臂平伸推出,掌指朝上,小指一侧朝前;眼向右掌前方注视
(图3-4-41)。

图3-4-40　　　　　　　　　　　　图3-4-41

21.左右炮冲前撞后:左勾手和右掌同时变拳,屈肘收抱于两腰侧,拳心均朝上;身躯
随之右转,两腿屈膝半蹲成马步;眼向右侧前方注视(图3-4-42);身躯向右转,左腿屈膝蹬
直,成右弓箭步;两拳随即一起向前直臂平伸冲出,拳心均朝下;眼视前方(图3-4-43);两
拳收回屈肘收抱于两腰侧,拳心均朝上;身躯随之左转,两腿屈膝半蹲成马步;眼向右侧
前方注视(图3-4-44);身躯向左转,右腿挺膝蹬直,成左弓箭步;两拳随即一起向前直臂平
伸冲出,掌心均朝下;眼视前方(图3-4-45)。

图3-4-42　　　　　图3-4-43

图3-4-44　　　　　图3-4-45

22.琵琶势护守中门:两拳变掌,臂外旋,一起从前分由两侧直臂向下、向后弧形绕环;与此同时,左腿稍向上起,右脚离地屈膝提起用脚面勾扣于左腿后面膝弯处(图3-4-46);右脚向后落步,脚尖外展45°;身躯随之半面向右转,重心落于右腿,右腿屈膝半蹲,左脚离地微收以脚尖虚点地面,左腿趁势屈膝,成左虚步;与此同时,两掌一起从后向上、向前绕环,至前方时,左掌平举,肘微屈,右掌屈肘附于左肘近侧;两掌掌指均朝上;小指一侧均朝前;眼向左掌前方注视(图3-4-47)。

收势:右脚跟里转,两腿直起,身躯半面向右转,左脚随之向右脚并步靠拢;与此同时,两掌变拳屈肘收抱于两腰侧,拳心均朝上,拳轮贴身;眼向左侧前方注视(图3-4-48)。

两拳变掌直臂下垂,脸向右转正,成立正姿势站好(图3-4-49)。

图3-4-46

图3-4-47

图3-4-48

图3-4-49

第五节　段位制套路——剑术(二段)

一、动作名称

（一）预备式

并步直立

（二）第一小节

1. 起势

2. 拗弓步刺剑

3. 弓步挂劈剑

4. 歇步截剑

5. 弓步刺剑

6. 提膝点剑

（三）第二小节

7. 弓步斩剑

8. 弓步下截剑

9. 插步下刺剑

10. 翻身挂剑

11. 下步端剑

12. 弓步刺剑

13. 抛接剑

14. 并步持剑

15. 收势

二、动作说明

预备式:并步直立,面向正前方;左手握剑柄,剑脊紧贴手臂后方,右手呈剑指(剑指:食指和中指伸直并拢,无名指和小指屈向手心,拇指压在无名指的指甲上),贴靠右腿外侧,两臂微屈。目视前方(图3-5-1—图3-5-3)。

图3-5-1　　　　　　　　图3-5-2　　　　　　　　图3-5-3

1. 起势

(1)开步持剑:右脚向右开步,右手剑指向上托起,左手持剑向体侧展开。目视右手剑指(图 3-5-4)。

(2)并步持剑:左脚并右脚成并步直立,左臂屈肘提腕,剑直立于身体左侧,右手剑指划弧按在左腕内侧。目视左斜前方(图 3-5-5)。

图3-5-4　　　　　　　　图3-5-5

2. 拗弓步刺剑

(1)半马步接剑:左脚向左上步成半马步,两手收至腰间,右手接剑正握,手心朝内。目视前方(图3-5-6)。

（2）拗弓步刺剑：身体左转，右腿蹬直成左弓步，右手握剑前刺，力达剑尖；左手向左后伸展，略高于肩，手心朝外。目视前方（图3-5-7）。

图3-5-6 　　　　　　　　　　　　　　　　图3-5-7

3.弓步挂劈剑

（1）上步挂剑：右脚上步，右手挂剑，左手附于右手腕。目视剑身（图3-5-8-1）。

图 3-5-8

（2）弓步挂劈剑：右脚上步成右弓步，右手握剑前劈，力达剑身；左手向左侧伸出，高与头平。目视剑尖方向（图3-5-9）。

图3-5-9

4.歇步截剑

（1）转身撩剑：重心上提，身体左转，右手撩剑于头部前方。目视前方（图3-5-10）。

（2）歇步截剑：重心下移，左脚向右脚斜后方退步成歇步；右手握剑向右前下方截击，左臂向左斜后方伸出。目视剑尖方向（图3-5-11）。

图3-5-10   图3-5-11

5.弓步刺剑

（1）点步带剑：起身左转，右脚点地；右手握剑收于腰间，左手剑指前指。目视前方（图3-5-12）。

（2）弓步刺剑：右脚退成左弓步，立剑前刺，力达剑尖，左手收于右臂内侧。目视剑尖方向（图3-5-13）。

图3-5-12   图3-5-13

6.提膝点剑

（1）马步举剑：左脚撤步，重心右移成右半马步；右手握剑架于头部上方，左手收于右臂内侧。目视前方（图3-5-14正反面）。

（2）提膝点剑：左腿提膝，右手握剑点击，力达剑尖，左手架于头部上方。目视剑尖方向（图3-5-15）。

①正面　　　　　　　　　②反面

图 3-5-14　　　　　　　　　　　　　　图3-5-15

7.弓步斩剑

(1)半马步举剑:左脚横向落步,右手架剑于头部上方,左手收于腋前。目视前方(图 3-5-16 正、反面)。

①正面　　　　　　　　　②反面

图 3-5-16

(2)弓步斩剑:身体左转成左横弓步,右手持剑向前斩击,左手随体转向后打开。目视剑身(图 3-5-17)。

图3-5-17

8.弓步下截剑

(1)并步撩剑：右脚并左脚，屈膝微蹲；右手握剑收于体侧，左手剑指背于身后。目视剑身(图3-5-18-1正、反面)。

①正面 　　　　　②反面

图 3-5-18

(2)弓步下截剑：身体右转，右脚上步成弓步；右手握剑向右下方截击，力达剑端，左手剑指附于右臂内侧。目视剑身(图3-5-19)。

图3-5-19

9.插步下刺剑

(1)半马步提剑：重心左移成半马步，右手提剑于胸前，左手附于右腕处。目视右前方(图3-5-20)。

(2)插步下刺剑：左脚向右脚斜后方横向插步，右手握剑经右向下刺剑，力达剑尖，左手剑指向左斜上方伸出。目视剑尖方向(图3-5-21)。

图3-5-20 图3-5-21

10. 翻身挂剑

(1)扣腕带剑:右手握剑,扣腕带剑(图3-5-22)。

(2)翻转挂剑:身体向右挂剑翻转 360°(图 3-5-23,图 3-5-24)。

图3-5-22 图3-5-23

11. 丁步端剑

右脚并于左脚内侧成丁步,右手端剑于胸前,左手附于右手腕内侧。目视剑尖方向

(图 3-5-25)。

图3-5-24 图3-5-25

12.弓步刺剑

右脚上步成右弓步,右手握剑立剑向前刺出,力达剑尖,左手架于头部上方。目视剑尖方向(图3-5-26)。

图3-5-26

13.抛接剑

(1)半马步握剑:身体左转,扣腕带剑,左手前指。目视左手剑指(图3-5-27)。

图3-5-27

(2)立身抛接剑:右手握剑由下向上抛起,左手接剑,目视剑身(图3-5-28,图3-5-29)。

图3-5-28

图3-5-29

14.并步持剑

(1)半马步持剑:左手屈肘持剑,右手剑指前指。目视右手剑指(图3-5-30)。

(2)并步持剑:右脚并左脚,右手附于左手腕。目视剑身(图3-5-31)。

图3-5-30 　　　　　　　　　　图3-5-31

15.收势

身体转正,左臂垂直下落,左手持剑,右手落于体侧。目视正前方(图3-5-32—图3-5-34)。

图3-5-32 　　　　　图3-5-33 　　　　　图3-5-34

第六节　24 式简化太极拳

一、动作名称

第一组

1.起势

2.左右野马分鬃

3.白鹤亮翅

第二组

4. 左右搂膝拗步

5. 手挥琵琶

6. 左右倒卷肱

第三组

7. 左揽雀尾

8. 右揽雀尾

第四组

9. 单鞭

10. 云手

11. 单鞭

第五组

12. 高探马

13. 右蹬脚

14. 双峰贯耳

15. 转身左蹬脚

第六组

16. 左下式独立

17. 右下式独立

第七组

18. 左右穿梭

19. 海底针

20. 闪通臂

第八组

21. 转身搬拦捶

22. 如封似闭

23. 十字手

24. 收势

二、太极拳主要动作技术要求

1. 揽雀尾："掤"出臂必须呈弧形，低不过胸，弓步时前腿膝不可超过脚尖；"捋"两手必须沿弧形运行，重心后移时两腿要虚实分明，上体保持中正；"挤"两臂向前须撑圆，前臂高不过口。"按"两臂必须弧形运行。

2. 野马分鬃：分手时两臂要保持弧形，前手高不过头，低不过肩，弓步时前腿膝不可超过脚尖。

3.搂膝拗步:搂手不可直臂,推掌须经耳旁向前推出,上步时后脚不可拖地,支撑腿不可跪膝,弓步时前腿膝不可超过脚尖。

4.云手:以腰为轴带动两手在体前翻转拧裹、立圆云拨,手高不过眉,重心不可忽高忽低。

5.左右穿梭:两手上托和前推要协调一致,两臂成弧形,前推之手高不过眉,低不过腰,沉肩垂肘,松腰敛臀。

6.倒卷肱:退步轻灵,身体平稳,不可左右歪斜,前推手指高不过眉,低不过肩。

7.搬拦捶:手臂不可伸直,搬(压)拳和拦掌动作要有明显的弧度,不可直来直往,身体转动与两臂动作要配合恰当。

三、动作要点

第一组

1.起势

(1)右脚向左开步,与肩同宽;头颈正直,下颌微向后收,不要故意挺胸或收腹;两臂自然下垂,两手放在大腿外侧;精神集中,目视前方(图3-6-1,图3-6-2)。

(2)两臂上举时,两手高于肩平,与肩同宽;下落时,两肩下沉,两肘松垂,手指自然微曲;屈膝松腰,臀部不可凸出,身体重心落于两腿中间;两臂下落与身体下蹲动作协调一致,两肘下垂与两膝相对;目视前方(图3-6-3,图3-6-4)。

图3-6-1 　　　　　图3-6-2 　　　　　图3-6-3 　　　　　图3-6-4

2.左右野马分鬃

(1)左野马分鬃定势时,成左弓步,左手高与眼平,肘微屈;右手落在右胯旁,肘也微屈,手心向下,指尖向前;目视左手(图3-6-5—图3-6-8)。

图3-6-5　　　　　　图3-6-6　　　　　　图3-6-7　　　　　　图3-6-8

（2）右野马分鬃定势时，成右弓步，右手高与眼平，肘微屈；左手落在左胯旁，肘也微屈，手心向下，指尖向前；目视右手（图3-6-9—图3-6-12）。

图3-6-9　　　　　　图3-6-10　　　　　　图3-6-11　　　　　　图3-6-12

（3）再成左野马分鬃（图3-6-13—图3-6-16）。

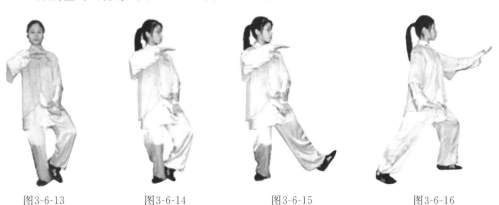

图3-6-13　　　　　　图3-6-14　　　　　　图3-6-15　　　　　　图3-6-16

3.白鹤亮翅

右脚跟进半步,上体后坐,成左虚步,左膝微屈;两臂上下都要保持半圆形,右手上提停于右额前,手心向左后方,左手落于左胯前,手心向下,指尖向前;身体重心后移与右手上提、左手下按应协调一致;定势动作时注意含胸拔背;眼平视前方(图3-6-17—图3-6-19)。

第二组

4.左右搂膝拗步

(1)推掌时都应从耳侧向前推出,沉肩垂肘、坐腕舒掌,高与鼻尖平;目视退出掌的掌指。

(2)搂手时都应搂过膝关节落于胯旁,指尖向前。

(3)在行进过程中身体保持中正,松腰松胯,上下肢协调一致。

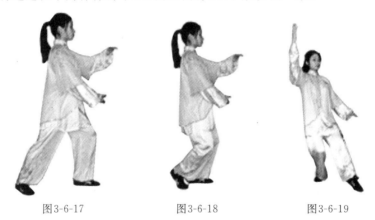

图3-6-17   图3-6-18   图3-6-19

(4)搂膝拗步成弓步时,两脚跟的横向距离保持30厘米左右(图3-6-20—图3-6-26)。

图3-6-20   图3-6-21   图3-6-22   图3-6-23

图3-6-24　　　　　　　　图3-6-25　　　　　　　　图3-6-26

5.手挥琵琶

身体要平稳自然，沉肩垂肘，胸部放松；右脚跟进时，脚掌先着地，再全脚踏实，左脚略提起稍向前移，变成左虚步，脚跟着地，脚尖翘起，膝部微屈；左手由左下向上向前挑举，略带弧形，高与鼻尖平，掌心向右；右手收回放在左臂肘部里侧，掌心向左；目视左手食指（图3-6-27，图3-6-28）。

图3-6-27　　　　　　　　　　图3-6-28

6.左右倒卷肱

前推的手和后撤手应随转体走弧线。前推时，要转腰松胯，两手速度一致，避免僵硬。退步时，后退脚的脚掌先着地，再慢慢全脚踏实，同时，前脚随转体以脚掌为轴扭正。后退时，退左脚略向左后斜，退右脚略向右后斜，避免两脚落在一条直线上；眼随转体动作先向左右看，再转看前手。最后退右脚时，脚尖外撇的角度略大些，便于接做"左揽雀尾"的动作（图3-6-29—图3-6-40）。

图3-6-29　　　　　图3-6-30　　　　　图3-6-31　　　　　图3-6-32

图3-6-33　　　　　图3-6-34　　　　　图3-6-35　　　　　图3-6-36

图3-6-37　　　　　图3-6-38　　　　　图3-6-39　　　　　图3-6-40

第三组

7. 左揽雀尾

（1）掤出时，左臂平屈成弓形，用前臂外侧和手背向前推出，高与肩平，手心向后；右手向右下落放于右胯旁，手心向下，指尖向前；目视左前臂。弓步时，两脚跟横向距离不超过10厘米（图3-6-41,图3-6-42）。

（2）下捋时，身体先微向左转，左手随即前伸翻掌，掌心向下，右手反掌，掌心向上，前伸至左前臂下方；然后两手经腹前向右后上方下捋划弧，直至右手手心向上，高与肩平，左臂平屈于胸前，手心向后；同时身体重心移至右腿；目视右手（图3-6-43,图3-6-44）。

（3）向前挤时，上体先向左转，右臂屈肘折回，右手附于左手腕里侧，双手同时慢慢向前挤出，左手心向后，右手心向前，左前臂要保持半圆；同时身体重心逐渐前移变成左弓步；目视左手腕部（图3-6-45—图3-6-47）。

（4）向前按时，先左手翻掌，手心向下，右手经左手腕上方向前、向右伸出，高与左手齐，手心向下，两手左右分开，宽与肩同；然后右腿屈膝，上体慢慢后坐，身体重心移至右腿上，左脚尖翘起；同时两手屈肘回收至腹前，手心均向前下方；最后身体重心再前移，同时两手向前、向上按出，掌心向前，左腿前弓成左弓步；目视前方（图3-6-48—图3-6-50）。

图3-6-41　　　　　　　图3-6-42　　　　　　　图3-6-43　　　　　　　图3-6-44

图3-6-45　　　　　　　图3-6-46　　　　　　　图3-6-47　　　　　　　图3-6-48

图3-6-49　　　　　　　　图3-6-50

8.右揽雀尾

（1）上体后坐并向右转，身体重心移至右腿，左脚尖里扣，左手掌向下与右手成抱球状；同时身体重心再移至左腿上，右脚收至左脚内侧，脚尖点地。眼看左手。

（2）与"左揽雀尾"相同，唯左右相反（图3-6-51—图3-6-60）。

图3-6-51　　　　　　图3-6-52　　　　　　图3-6-53　　　　　　图3-6-54

图3-6-55　　　　　　图3-6-56　　　　　　图3-6-57　　　　　　图3-6-58

图3-6-59　　　　　　　　　　图3-6-60

第四组

9.单鞭

（1）在动作运行过程中首先要注意身体重心的转变，先在左腿上，待右脚尖里扣后，再渐渐移至右腿上，以便左脚向左前侧方迈出，成左弓步。

（2）在身体转移重心的同时，两臂在体前同时划一个圆后，右手在右侧方变勾手，臂与肩平；左掌右肩处随上体的左转慢慢翻转向前推出，左肘与左膝上下相对，手心向前，手指与眼齐平，臂微屈；目视左手（图 3-6-61—图 3-6-66）。

图3-6-61   图3-6-62   图3-6-63   图3-6-64

图3-6-65   图3-6-66

10.云手

（1）下肢移动时，身体重心要稳定，两脚掌先着地再踏实，两脚并步时成小开立步，脚尖向前。

（2）两臂随腰的转动在体前划弧运行，左手逆时针划弧和右手顺时针划弧同时进行。在做第三个"云手"右脚最后跟步时，脚尖微向里扣，便于接"单鞭"动作。

（3）眼随左右手动（图3-6-67—图3-6-70）。

图3-6-67 　　　　　图3-6-68 　　　　　图3-6-69 　　　　　图3-6-70

11. 单鞭

（1）在动作运行过程中首先注意，身体重心的转换，先在左腿上，待右脚尖里扣后，再渐渐移至右腿上，以便左脚向左前侧方迈出，成左弓步。

（2）在身体转移重心的同时，两臂在体前同时划一个圆后，右手在右侧方变勾手，臂与肩平；左掌右肩处随上体的左转慢慢翻转向前推出，左肘与左膝上下相对，手心向前，手指与眼齐平，臂微屈；目视左手（图3-6-71—图3-6-73）。

图3-6-71 　　　　　图3-6-72 　　　　　图3-6-73

第五组

12. 高探马

右脚跟进半步，右勾手变成掌经右耳旁向前推出，手心向前，手指与眼同高，收至左侧腰前，手心向上；同时左脚微向前移，脚尖点地成左虚步；目视右手（图3-6-74，图3-6-75）。

图3-6-74

图3-6-75

13.右蹬脚

(1)左手手心向上,前伸至右手腕背面,两手相互交叉,随即向两侧分开向下由外圈向里圈划弧,两手交叉合抱于胸前,右手在外,手心均向后;手心斜向下,同时左脚提起向左前侧进步成左弓步后,右脚向左脚靠拢并屈膝提起;目视前方(图3-6-76—图3-6-78)。

(2)两臂左右划弧分开平举,腕部与肩齐平,肘微屈,手心均向外;同时右脚向右前方(约30°方向)慢慢蹬出,力达脚跟;目视右手(图3-6-79)。

图3-6-76   图3-6-77   图3-6-78   图3-6-79

14.双峰贯耳

右腿屈膝平举收回,向右前方落下后成右弓步;两掌掌心向上在体前向下落同时慢慢变拳,分别从两侧向上、向前划弧至面部前方,两拳拳峰相对,拳眼都斜向内下,两拳中间距离10~20厘米,高与耳齐;目视右拳(图3-6-80—图3-6-82)。

图3-6-80　　　　　　　　图3-6-81　　　　　　　　图3-6-82

15. 转身左蹬脚

与右蹬脚式相同,只是左右相反。左蹬脚方向与右蹬脚成180°(图3-6-83—图3-6-86)。

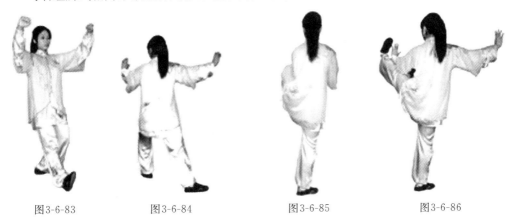

图3-6-83　　　　图3-6-84　　　　图3-6-85　　　　图3-6-86

第六组

16. 左下式独立

(1)左腿收回平屈,右腿慢慢屈膝下蹲,左腿由内向左侧伸出,成左仆步;右掌变成勾手,左掌下落于右肩前,继续向左下顺左腿内侧向前穿出;目视左手(图3-6-87—图3-6-89)。

(2)以左脚跟为轴,脚尖尽量向外撇,身体重心前移,左腿前弓,右脚尖里扣,上体微向左转并向前起身;右腿慢慢提起平屈,成左独立式;同时右勾手变掌,顺右腿外侧向前弧形挑起,屈臂立于右腿上方,肘与膝相对,手心向左,左手落于左胯旁,手心向下,指尖向前;目视右手(图3-6-90,图3-6-91)。

图3-6-87　　　　　　　图3-6-88　　　　　　　图3-6-89

图3-6-90　　　　　　　　　图3-6-91

17. 右下式独立

右脚尖触地后必须稍微提起,然后再向下仆步。其他均与"左下式独立"相同,唯左右相反(图 3-6-92—图 3-6-96)。

图3-6-92　　　　　　　图3-6-93　　　　　　　图3-6-94

图3-6-95 　　　　　　　　　　　　图3-6-96

第七组

18. 左右穿梭

(1)注意上步和成弓步的方向均为斜前方。

(2)上举手应从脸前向上举并翻掌停在额前,手心斜向上;推出手应从体前向前推出,高与鼻尖平,手心向前;目视推出手(图3-6-97—图3-6-103)。

图3-6-97 　　　　图3-6-98 　　　　图3-6-99 　　　　图3-6-100

图3-6-101 　　　　图3-6-102 　　　　图3-6-103

19.海底针

右脚向前跟进半步,身体重心移至右腿,脚尖点地成左虚步;同时身体稍向右转,右手下落经体前向后提抽至耳旁;再随身体左转,由右耳旁斜向前下方插出,掌心向左,指尖斜向下;与此同时,左手向前、向下划弧落于左胯旁,手心向下,指尖向前;目视前下方(图3-6-104,图3-6-105)。

20.闪通臂

上体稍向右转,左脚向前迈出,屈膝成左弓步;同时右手由体前上提,屈臂上举,停于右额前上方,掌心翻转斜向上,拇指朝下,左手上提经胸前向前推出,高与鼻尖平,手心向前;眼看左手(图3-6-106,图3-6-107)。

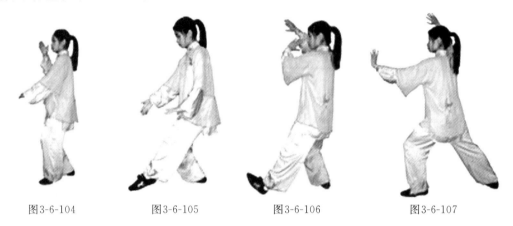

图3-6-104　　　　图3-6-105　　　　图3-6-106　　　　图3-6-107

第八组

21.转身搬拦捶

(1)上体后坐,身体重心移至右腿上,左脚尖里扣,身体向右后转,然后身体重心再移至左腿上;与此同时,右掌变拳随着转体向右、向下经腹前划弧至左肋旁,拳心向下,左掌上举于头前,掌心斜向上;眼看前方(图3-6-108)。

(2)向右转体,右拳经胸前向前翻转撇出,拳心向上,左手落于左胯旁,掌心向下,指尖向前;同时右脚收回后即向前迈出,脚尖外撇;眼看右拳(图3-6-109,图3-6-110)。

(3)身体重心移至右腿上,左脚向前迈一步;左手经左侧向前上方划弧拦出,掌心向前下方,右拳向右划弧收到右腰旁,拳心向上;眼看左手(图3-6-111,图3-6-112)。

(4)左腿前弓成左弓步;同时右拳向前打出,拳眼向上,高与胸平,左手附于右前臂里侧;眼看右拳(图3-6-113)。

22.如封似闭

(1)左手由右腕下向前伸出,右拳变掌,两手手心逐渐翻转向上并慢慢分开回收;同时身体后坐,左脚尖翘起,身体重心移至右腿;眼看前方(图3-6-114,图3-6-115)。

（2）两手在胸前翻掌，向下经腹前再向上、向前推出，腕与肩平，手心向前；同时左腿前弓成左弓步；眼看前方（图3-6-116，图3-6-117）。

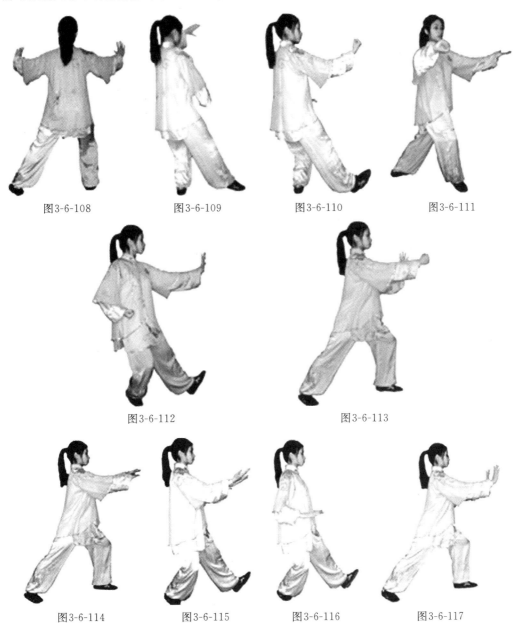

图3-6-108　　　　　图3-6-109　　　　　图3-6-110　　　　　图3-6-111

图3-6-112　　　　　　　　　图3-6-113

图3-6-114　　　　　图3-6-115　　　　　图3-6-116　　　　　图3-6-117

23. 十字手

(1) 屈膝后坐,身体重心移至右腿,右脚尖稍向外撇,左脚尖里扣,右侧弓步;右手与左手成两臂侧平举,掌心向前,肘部微屈;目视右手(图3-6-118,图3-6-119)。

(2) 身体重心慢慢移至左腿,右脚尖里扣,随即向左收回,两脚距离与肩同宽,两腿逐渐蹬直成开立步;同时两手向下经腹前向上划弧,腕部交叉环抱于胸前,两臂撑圆,腕高与肩平,成十字手,手心均向后;目视前方(图3-6-120,图3-6-121)。

图3-6-118　　　　图3-6-119　　　　图3-6-120　　　　图3-6-121

24. 收势

两手向外翻掌,手心向下,两臂慢慢下落停于身体两侧;同时气也徐徐下沉,待呼吸平稳后,左脚收到右脚旁成并步姿势;目视前方(图3-6-122—图3-6-125)。

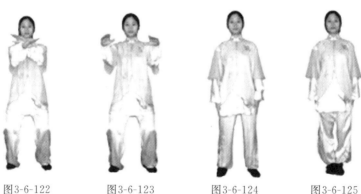

图3-6-122　　　　图3-6-123　　　　图3-6-124　　　　图3-6-125

第四章　武术运动中级教程(武术三段)

第一节　初级长拳三路

一、动作名称

起势
1.并步站立
2.虚步亮掌
3.并步对拳
第一段
1.弓步冲拳
2.弹腿冲拳
3.马步冲拳
4.弓步冲拳
5.弹腿冲拳
6.大跃步前穿
7.弓步击掌
8.马步架掌
第二段
9.虚步栽拳
10.提膝穿掌
11.仆步穿掌
12.虚步挑掌
13.马步击掌
14.叉步双摆掌
15.弓步击掌

16.转身踢腿马步盘肘

第三段

17.歇步抡砸拳

18.仆步亮掌

19.弓步劈拳

20.换跳步弓步冲拳

21.马步冲拳

22.马步下冲拳

23.叉步亮掌侧踹腿

24.虚步挑拳

第四段

25.马步顶肘

26.转身左拍脚

27.右拍脚

28.腾空飞脚

29.歇步下冲拳

30.仆步抡劈拳

31.提膝挑掌

32.提膝劈掌弓步冲拳

收势

1.虚步亮掌

2.并步对拳

3.并步站立

二、长拳主要动作技术要求

1.拳:五指卷紧,拳面要平,拇指压于食指、中指第二指节上。

2.掌:拇指外展或屈曲,其余四指伸直并拢向后伸张。

3.勾:屈腕,五指撮拢。

4.弓步:弓出腿屈膝半蹲,大腿呈水平;另一腿挺膝蹬直,脚跟不得离地。

5.虚步:屈蹲腿大腿呈水平,脚跟不得离地,另一腿脚尖点地。

6.仆步:全蹲腿大腿接近脚跟,另一腿接近地面仆直,两脚脚跟不得离地。

7.弹腿:支撑腿直立或微屈,另一腿绷足由屈到伸向前挺膝弹出,力达脚尖。

8.踹腿:支撑腿直立或微屈,另一腿勾脚内扣由屈到伸向体侧挺膝踹出,脚高过腰,力达脚底。

9.后扫腿：支撑腿脚跟提起全蹲旋转，扫转腿挺膝扫转一周或以上，脚掌不得离地。

10.顶肘：屈肘握拳，手心向下，肘尖前顶或侧顶，力达肘尖。

三、动作说明

起势

1.并步站立

(1)两脚并步站立，两臂垂于身体两侧，五指并拢贴靠腿外侧；眼向前平视。

(2)头要端正，颌微收，挺胸、塌腰、收腹（图4-1-1）。

2.虚步亮掌

(1)右脚向右后方撤步成左弓步；右掌向右前向上方划弧，掌心向上；左掌提至腰侧，掌心向上；目视右掌（图4-1-2）。

(2)左掌经胸前从右臂上向前穿出，右掌收至左腋下，掌心向下；目视左掌（图4-1-3）。

(3)重心继续后移，成左虚步；左臂内旋向后划弧成勾手，勾尖向上；右手在头前上方屈肘抖腕成亮掌（即横掌），掌心向前（上），掌指向左；向左甩头定势干脆；目视左前方（图4-1-4）。

图4-1-1 图4-1-2 图4-1-3 图4-1-4

3.并步对拳

(1)右腿蹬直，左腿提膝，左脚向前落步，重心前移；两臂前伸，两掌同高，掌心均向上（图4-1-5，图4-1-6）。

(2)上右步，后摆两臂（图4-1-7）。

(3)左脚向右脚并步；两掌变拳，两拳相对，拳心向下，停于小腹前；向左甩头（图4-1-8）。

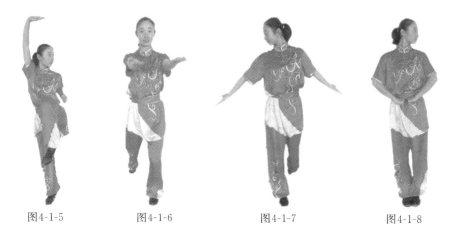

图4-1-5　　　　　图4-1-6　　　　　图4-1-7　　　　　图4-1-8

第一段

1. 弓步冲拳

（1）左脚向左上一步，成半马步；左臂向左格打，拳眼向后，拳与肩同高，右拳收至腰侧，拳心向上；目视左拳（图4-1-9）

（2）右腿蹬直成左弓步；冲右拳与收拉左拳要完整一致，拳心向上，右拳与肩平，拳眼向上；目视右拳（图4-1-10）。

2. 弹腿冲拳

重心前移至左腿，右腿屈膝提起，脚面绷直，猛力向前弹出伸直，高与腰平；右拳收至腰侧，左拳向前冲出，目视前方（图4-1-11）。

图4-1-9　　　　　　图4-1-10　　　　　　图4-1-11

3. 马步冲拳

右脚向前落步，脚尖里扣，上体左转；左拳收至腰侧，两腿下蹲成马步，右拳向前冲出；目视右拳（图4-1-12）。

正面　　　　　　　　　　反面

图 4-1-12

4.弓步冲拳

（1）上体右转90°，成半马步；右臂向右格打，拳眼向后；目视右拳（图4-1-13）。

（2）左腿蹬直成右弓步；右拳收至腰侧，左拳向前冲出；目视左拳（图4-1-14）。

5.弹腿冲拳

重心前移至右腿，左腿屈膝提起，脚面绷直，猛力向前弹出伸直，高与腰平；左拳收至腰侧，右拳向前冲出；目视前方（图4-1-15）。

图4-1-13　　　　　　图4-1-14　　　　　　图4-1-15

6.大跃步前穿

（1）左腿屈膝；右拳变掌内旋，以手背向下挂至左膝外侧，上体前倾；目视右手（图4-1-16）。

（2）左脚向前落步，两腿微屈；两掌向后向下伸直；目视右掌（图4-1-17）。

（3）右腿屈膝向前提起，左腿立即猛力蹬地向前跃出；两掌向前向上划弧摆起；目视左掌（图4-1-18）。

（4）右腿落地全蹲，左腿随即落地向前铲出成仆步；右掌变拳抱于腰侧，左掌停于右胸前；目视左脚（图 4-1-19）。

图 4-1-16   图 4-1-17   图 4-1-18

7. 弓步击掌

右腿猛力蹬直成左弓步；左掌经左脚面在身后成勾手，左臂伸直，勾尖向上，右拳由腰侧变掌向前推出，掌指向上，掌外侧向前，目视右掌（图 4-1-20）。

图 4-1-19   图 4-1-20

8. 马步架掌

（1）上体右转，左脚脚尖里扣成马步；左勾手变掌从右臂内向前上穿出，掌心均朝上；目视左手（图 4-1-21）。

（2）右掌立于左胸前，左臂屈肘抖腕亮掌于头部左上方，掌心向前；摆头、亮掌一致，目视前方（图 4-1-22）。

图4-1-21　　　　　　　　　　图4-1-22

第二段

9. 虚步栽拳

（1）右腿屈膝提起，左腿伸直，以左脚掌为轴向右后转体180°；右掌向下经右屈膝腿外侧向后划弧成勾手，左掌心朝右；目视右手（图 4-1-23）。

（2）右脚向右落地，下蹲成左虚步；左掌变拳落于左膝上，拳眼向里，右勾手变拳架于头右上方，拳心向前；目视左方（图 4-1-24）。

图4-1-23　　　　　　　　　　图4-1-24

10. 提膝穿掌

（1）右腿稍伸直；右拳变掌收至腰侧，掌心向上，左拳变掌盖压于头前上方，掌心向前；目视左掌（图 4-1-25）。

（2）右腿蹬直，左腿屈膝提起；右掌经左臂内向右前上方穿出，掌心向上，左掌收至右胸前成立掌；目视右掌（图 4-1-26）。

11. 仆步穿掌

右脚全蹲，成左仆步；右臂不动，左掌向左脚面穿出；目随左掌转视（图 4-1-27）。

图4-1-25　　　　　　图4-1-26　　　　　　图4-1-27

12. 虚步挑掌

(1)右脚蹬直,成左弓步;左掌向前挑起(图4-1-28)。

(2)右脚向前上步,成右虚步;身体随上步左转180°;在右脚上步的同时,左掌由前向上向后划弧成立掌,右掌向下、向前上挑起成立掌,指尖与眼平;目视右掌(图4-1-29)。

图4-1-28　　　　　　　　图4-1-29

13. 马步击掌

(1)右脚落地,脚尖外撇;左掌变拳收回腰侧,右掌俯掌向外捋手;目随右手转(图4-1-30)。

(2)以右脚为轴向右后转体180°,左脚上一步下蹲成马步;左掌从右臂上成立掌向左侧击出,右掌变拳收至腰侧;目视左掌(图4-1-31)。

图4-1-30   图4-1-31

14.叉步双摆掌

右脚向左腿后插步，前脚掌着地；两臂划立圆大幅度由右向上向左摆，停于身体左侧，均成立掌，右掌停于左肘窝处；目随双掌转视（图4-1-32，图4-1-33）。

图4-1-32   图4-1-33

15.弓步击掌

（1）两腿不动；左掌收至腰侧，掌心向上；右掌向上向右划弧，掌心向下（图4-1-34）。

（2）左脚后撤一步，成右弓步；右掌向后伸直摆动，成勾手，勾尖向上，左掌成立掌向前推出；目视左掌（图4-1-35）。

图4-1-34   图4-1-35

16.转身踢腿马步盘肘

（1）两脚以前脚掌为轴向左后转体 180°；在转体的同时，左臂向上在体前划半立圆，右臂向下在体后划圆（图4-1-36）。

（2）上动不停，右臂顺势在右体侧划半立圆，向后成反臂勾手，左臂顺势在左体侧划半立圆，向上成亮掌；同时右脚向前额踢；目视前方（图4-1-37，图4-1-38）。

图4-1-36   图4-1-37   图4-1-38

（3）右脚向前落地，脚尖里扣；右手不动，左臂屈肘下落至胸前，左掌心向下；目视左掌（图4-1-39）。

（4）上体左转90°，两腿下蹲成马步；同时左掌向前向左平搂变拳收至腰侧，右勾手变拳，右臂伸直，由体后向右向前平摆，至体前时屈肘，肘尖向前，高与肩平，拳心向下；目视肘尖（图4-1-40）。

图4-1-39   图4-1-40

第三段

17.歇步抡砸拳

（1）右臂由胸前向上向右抡直，左拳向下向左，左臂抡直；目视右拳（图4-1-41）。

（2）上动不停，两脚以前脚掌为轴，向右后转体180°；右臂向下向后抡摆，左臂向上向前随身体转动；目视左拳（图4-1-42）。

（3）紧接上动，两腿全蹲成歇步；左臂随身体下蹲向下平砸，拳心向上，左臂微屈，力达拳面，右臂伸直向上举起；目视左拳（图4-1-43）。

图4-1-41 　　　　　　　　　图4-1-42 　　　　　　　　　图4-1-43

18.仆步亮掌

（1）左脚由右腿后抽出前上一步，成右弓步；上体微向右转，左拳收至腰侧，右拳变掌向右横击掌；目视右掌（图4-1-44）。

（2）右脚蹬地屈膝提起，上体右转；左拳变掌从右掌上向前穿出，掌心向上，右掌平收至左腋下（图4-1-45）。

（3）右脚向右落步，成仆步；左掌向下在体后成勾手，勾尖向上，右掌向右上划弧，抖腕成亮掌，掌心向前；头随右手转动，至亮掌时，目视左方（图4-1-46）。

图4-1-44 　　　　　　　　　图4-1-45 　　　　　　　　　图4-1-46

19.弓步劈拳

（1）左腿收回并向左前方上步；右掌变拳收至腰侧，左勾手变掌经胸前向左做搂手（图4-1-47）。

（2）右腿经左腿前方向左绕上一步，成右弓步；左手向左平搂后，右拳向后平摆

（图4-1-48）。

（3）上动不停，右拳向前向上做抡劈拳，拳高与耳平，拳心向上，左掌外旋接扶右前臂；目视右拳（图4-1-49）。

图4-1-47　　　　　　　图4-1-48　　　　　　　图4-1-49

20.换跳步弓步冲拳

（1）重心后移，右脚稍向后移动；右拳变掌臂内旋划弧挂至右膝内侧，左掌背贴靠右肘外侧（图4-1-50）。

（2）右腿自然上抬，上体稍向左扭转；右掌挂至体左侧，左掌伸向右掌下；目随右掌转视（图4-1-51）。

（3）右脚以全脚掌用力向下震踩，与此同时，左脚急速离地抬起；右手由左向上向前搂盖而后变拳收至腰侧，左掌伸直向下向前屈肘下按，掌心向下；上体右转，目视左掌（图4-1-52）。

（4）左脚向前落步，成左弓步；右拳向前冲出，拳高与肩平，左掌藏于右腋下，掌背贴靠腋窝；目视右拳（图4-1-53）。

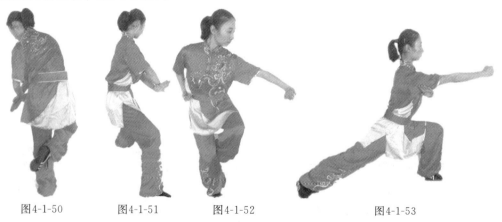

图4-1-50　　　　图4-1-51　　　　图4-1-52　　　　　　图4-1-53

21.马步冲拳

上体右转90°,成马步;右拳收至腰侧,左掌变拳向左冲出,拳眼向上,目视左掌（图4-1-54）。

22.马步下冲拳

右脚蹬直,成左弓步;左拳变掌向下经体前向上架于头左上方,掌心向上,右拳自腰侧向左前斜下方冲出;目视右拳（图4-1-55,图4-1-56）。

图4-1-54   图4-1-55   图4-1-56

23.叉步亮掌侧踹腿

（1）上体稍向右转;右拳变掌,两手交叉成十字;目视双手（图4-1-57）。

（2）左腿后插步,以前脚掌着地;左掌由体前向下向后划弧成勾手,勾尖向上,右掌由前向右向上划弧抖腕亮掌,掌心向上;目视左侧（图4-1-58）。

（3）左腿屈膝提起,向左上方猛力蹬出;上肢姿势不变;目视左侧（图4-1-59）。

图4-1-57   图4-1-58   图4-1-59

24.虚步挑拳

（1）左脚在左侧落地;左勾手变拳由体后向左上挑,拳心向上（图4-1-60）。

（2）上体左转180°,微含胸前俯;左拳继续向前向下划弧上挑,右拳向下向前划弧挂至右膝外侧,同时右膝提起;目视右拳(图4-1-61)。

(3)右脚向左前方上步,成右虚步;左拳向后划弧收至腰侧,拳心向上,右拳向前屈臂挑出,拳眼斜向上,拳与肩同高。目视右拳(图4-1-62)。

图4-1-60　　　　　　图4-1-61　　　　　　图4-1-62

第四段

25.马步顶肘

(1)右脚踏实;右臂内旋向下以拳背下挂至右膝内侧,左拳不变;目视前下方(图4-1-63)。

(2)右腿屈膝上抬;左拳变掌,右拳不变,两臂向前向上划弧摆起;目随右拳转视(图4-1-64)。

(3)左脚蹬地起跳,身体腾空;两臂继续划弧至头上(图4-1-65)。

(4)右脚先落地,右腿屈膝,左脚向前落步,以前脚掌落地;同时两臂向右向下屈肘停于右胸前,右拳变掌,左掌变拳,右掌心贴靠左拳面(图4-1-66)。

(5)左脚向左上一步,成左弓步;左肘尖向左顶出,与肩平;目视前方(图4-1-67)。

图4-1-63　　　　　　图4-1-64　　　　　　图4-1-65

图4-1-66   图4-1-67

26. 转身左拍脚

(1)向右后转体180°；随着转体，右臂向上向右向下划弧抡摆，同时左拳变掌向下向后向前上抡摆(图4-1-68)。

(2)左掌变拳收至腰侧，右掌由体后向上向前拍击左脚面(图4-1-69)。

27. 右拍脚

左脚向前落地，右掌变拳收回腰侧，左拳变掌向下向后摆后向前拍击右脚面(图4-1-70，图4-1-71)。

图4-1-68   图4-1-69   图4-1-70   图4-1-71

28. 腾空飞脚

(1)右脚落地左脚向前摆起，右脚猛力蹬地跳起；同时右拳变掌向前向上摆起，左掌先上摆而后下降拍击右掌背(图4-1-72，图4-1-73)。

(2)右掌拍击右脚面，左掌由体前向后上举(图4-1-74)。

图4-1-72　　　　　　图4-1-73　　　　　　　　图4-1-74

29.歇步下冲拳

左、右脚先后相继落地;身体右转90°,成歇步;右掌抓握、外旋变拳收至腰侧,左掌由腰侧向前下方冲出,拳心向下;目视左拳(图4-1-75,图4-1-76)。

30.仆步抡劈拳

(1)重心升高,右臂向体后伸直,左臂向上摆起(图4-1-77)。

(2)左腿屈膝提起,上体左转270°;左拳由前向后下划立圆一周,右拳由后向下向前上划立圆一周(图4-1-78)。

(3)左腿向后落一步,成右仆步;右拳由上向下抡劈,拳眼向上,左拳后上举,拳眼向上;目视右拳(图4-1-79)。

图4-1-75　　　　　　　　　图4-1-76

图4-1-77   图4-1-78   图4-1-79

31. 提膝挑掌

左、右臂在垂直面上由前向后各划立圆一周；右臂伸直停于头上，掌心向左，掌指向上；左臂伸直停于身后成反勾尖；同时右腿屈膝提起成独立；目视前方（图 4-1-80—图 4-1-82）。

图4-1-80   图4-1-81   图4-1-82

32. 提膝劈掌弓步冲拳

（1）下肢不动；右掌由上向下猛劈伸直，停于右小腿内侧，用力点在小指一侧，左勾手变掌，屈臂向前停于右上臂内侧，掌心向左；目视右掌（图 4-1-83）。

（2）右脚向右落地；身体右转 90°，成右弓步；同时左掌变拳收至腰侧向左前方冲出，右臂内旋向右划弧做捋手，抓握变拳收至腰侧；目视左拳（图 4-1-84，图 4-1-85）。

图4-1-83   图4-1-84   图4-1-85

收势

1. 虚步亮掌

（1）右脚扣于左膝后；右拳变掌，两臂右上左下屈肘交于体左前；目视右掌（图 4-1-86）。

（2）右脚向右后落步，右腿半蹲，上体稍右转；同时右掌顺时针划弧停于左腋下，左掌逆时针划弧停于右臂上与胸前，两掌心左下右上；目视左掌（图 4-1-87）。

（3）左脚尖稍向右移，成左虚步；左臂伸直向左向后划弧成勾手，右臂伸直向下向右向上划弧抖腕亮掌，掌心向前；目视左方（图 4-1-88）。

图4-1-86   图4-1-87   图4-1-88

2. 并步对拳

（1）左腿开始后撤两步，同时两掌掌心向上向前穿出后向体后下摆（图 4-1-89，图 4-1-90）。

（2）左脚后退半步向右脚并拢；两臂由后向上经体前屈臂下按，两掌变拳，停于腹前，拳心向下，拳面相对；目视左方（图 4-1-91）。

3.并步站立

两臂自然下垂,目视正前方(图 4-1-92)。

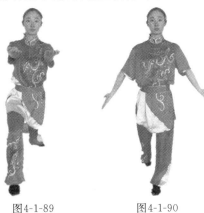  

图4-1-89　　　　　图4-1-90　　　　　图4-1-91　　　　　图4-1-92

第二节　初级剑术

一、动作名称

起势

第一段

1.弓步直刺

2.回身后劈

3.弓步平抹

4.弓步左撩

5.提膝平斩

6.回身下刺

7.挂剑直刺

8.虚步架剑

第二段

9.虚步平劈

10.弓步下劈

11.带剑前点

12.提膝下截

13. 提膝直刺

14. 回身平崩

15. 歇步下劈

16. 提膝下点

第三段

17. 并步直刺

18. 弓步上挑

19. 歇步下劈

20. 右截腕

21. 左截腕

22. 跃步上挑

23. 仆步下压

24. 提膝直刺

第四段

25. 弓步平劈

26. 回身后撩

27. 歇步上崩

28. 弓步斜削

29. 进步左撩

30. 进步右撩

31. 坐盘反撩

32. 转身云剑

收势

二、剑术主要动作技术要求

1. 刺剑：剑直向刺出，力达剑尖，臂与剑身呈一直线。

2. 挂剑：立剑由前向上、向后或向下、向后贴身划立圆环绕，力达剑身前部。

3. 撩剑：立剑由下向前上方弧形撩击，力达剑身前端。

4. 点剑：立剑提腕，使剑尖猛然向前下点击，力达剑尖。

5. 劈剑：立剑由上向下劈击，力达剑身。

6. 崩剑：立剑坐腕，使剑尖猛然向前上方崩击，力达剑尖。

7. 截剑：剑身斜向上或向下截击，力达剑身前部。

三、动作说明

起势

（1）身体正直，并步站立，沉气敛神，集中注意力准备练习。注意在整套练习中都要保持正直的身型（图4-2-1）。

图4-2-1   图4-2-2

（2）左手持剑时，前臂与剑身要紧贴并垂直于地面；右手握成剑指；两肩松沉，上身微挺胸、收腹，两膝挺直。目向左平视（图4-2-2）。

（3）右脚向右上一步成右弓步；右手剑指从身体右侧经胸前屈肘上举，至左肩后向右前方平伸指出，拇指一侧在下，左手持剑直臂上举，向右侧划弧至与肩同高，腰向右拧转（图4-2-3，图4-2-4）。

两脚并步，使右手剑指从左手背上穿出成立指，左手持剑继而下落于身体左侧，剑身垂直于地面。注意剑刃不能触及臂部和身体。目视剑指（图4-2-5）。

图4-2-3   图4-2-4   图4-2-5

（4）左脚向左上一步成左弓步，上身随之向左转，同时，左手提剑屈肘经胸前向上、向前弧形绕环，平举于身体左侧，拇指一侧在下（图4-2-6）。

（5）右脚向前并步，左手持剑随之从身前下落，垂于身体左侧；同时，右手剑指屈肘沿右耳侧向前平伸指出，拇指一侧在下；目视剑指（图4-2-7）。

图4-2-6　　　　　　　　　　　　　　　　　图4-2-7

（6）上身右转，右脚向右侧跨步成右弓步；左手持剑由右手剑指上面向前平伸穿出，拇指一侧在下；右手剑指经身前向右侧平伸指出，拇指一侧在上；成右弓步时，左腿要挺直，两脚的全脚掌均着地；上身略向前倾，挺胸、塌腰；左手剑指伸平，左肩放松。目视剑指（图4-2-8，图4-2-9）。

（7）做左虚步时，右大腿接近水平，上身要挺胸、塌腰，并稍前倾；左手持剑向胸前屈肘，手心朝外，右手剑指也向胸前屈肘，手心向里，准备接握左手之剑，剑尖稍高于左肘；目视剑尖（图4-2-10）。

图4-2-8　　　　　　　图4-2-9　　　　　　　图4-2-10

第一段

1.弓步直刺

右手接剑后随着上步即向前刺，成左弓步立剑直刺；左手剑指随之伸向身后平举，拇指一侧在上，上下肢动作要协调；目视剑尖（图4-2-11）。

2.回身后劈

右脚向前上步，腰向后拧转，右手持剑经上向后平劈和剑指向上侧举必须协调一致；左脚不要移动，剑身和持剑臂呈直线；目视剑尖（图4-2-12）。

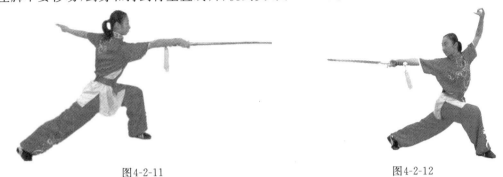

图4-2-11　　　　　　　　　　　　　图4-2-12

3.弓步平抹

左脚向左前方上步成左弓步；同时，左手剑指由胸前下降，经左下向上弧形绕环，在头顶上方屈肘侧举，拇指一侧在下；右手持剑（手心转向上）向前平抹时手腕用力要柔和，剑尖稍向左斜；目视前方（图4-2-13）。

4.弓步左撩

右腿屈膝后向右前方落步成右弓步，右手持剑贴身由前向后由后向前弧形撩起，左手剑指附于右手腕处并随右手运动。形成定势动作后，上身略向前倾，直背、收臀，右手持剑反手撩起小指一侧在上，剑尖低于剑指。目视剑尖（图4-2-14，图4-2-15）。

图4-2-13　　　　　　图4-2-14　　　　　　图4-2-15

5.提膝平斩

左脚向前上一步，右手持剑在头部前上方云剑后（云剑：剑由右向左画圆），右腿随之向前屈膝提起成独立；右手持剑再用力向前平斩，左手剑指由下向左向上弧形绕环，屈肘横掌举于头部左上方；目视前方（图4-2-16，图4-2-17）。

6.回身下刺

右手持剑要先屈肘收于身前,在右脚向前落步和上身右转的同时,使剑用力刺出;叉步时,腰向右拧转,左腿伸直,右腿稍屈,剑指、两臂和剑身须呈一条直线;目视剑尖(图4-2-18)。

图4-2-16   图4-2-17   图4-2-18

7.挂剑直刺

左脚向右上步后抬右腿;右手持剑向前上摆,使剑向左向上抄挂,随之转身使剑向下插,再继续转身落步后成右弓步刺剑;眼随剑动,定势时上身稍向前倾,挺胸、塌腰;目视剑尖(图4-2-19—图4-2-21)。

图4-2-19   图4-2-20   图4-2-21

8.虚步架剑

(1)臂内旋使持剑手的拇指一侧朝下;同时,以右脚后脚跟和左脚前脚掌为轴碾地,上身从右向后转,左脚向前收拢半步,两膝均略屈成交叉步;在转身的同时,右手持剑反手向后方屈肘上架;左手剑指屈肘经左肩前附于右手腕处。目向左平视(图4-2-22)。

(2)右腿屈膝不动,右脚尖外撇,左脚向前进一步,成左虚步;右手持剑先将剑尖向左向右搅一小圈后,屈肘使剑身成立剑架于额前上方,左手剑指向前平伸指出,剑指稍高过肩,手心朝下;目视剑指(图4-2-23)。

第二段

9.虚步平劈

左脚脚跟外展，上身右转，成为右虚步；在转身的同时，右手持剑向下平劈，拇指一侧在上，左手剑指即向上屈肘，手心向左上方；目视剑尖（图4-2-24）。

图4-2-22   图4-2-23   图4-2-24

10.弓步下劈

(1)右脚踏实，左手剑指先伸向右腋下，然后右手持剑臂内旋架于头上方，剑尖朝后；目视剑尖（图4-2-25）。

(2)左脚向左前方上步成左弓步；右手持剑向右向前下方劈剑，剑尖高与膝平，左手剑指在头顶上方屈肘侧举。上下肢注意协调配合，定势时上身略前俯，右肩前顺，左肩后引，剑尖与手、肩呈一直线；目视剑尖（图4-2-26）。

图4-2-25   图4-2-26

11.带剑前点

右脚向左脚靠拢，右脚前脚掌虚着地面，两腿均屈膝略蹲。右手持剑向上屈腕使剑向右耳际带回，左手剑指附于右手腕处。右脚向右前方跃一步，落地后左脚随之跟进，向右脚并步屈膝成丁步，同时，右手持剑向前点击。定势时，右腿大腿尽量蹲平，左脚脚背绷直，脚尖点在右脚脚弓处，两腿必须并拢。上身稍前倾，挺胸、直背、塌腰。目视剑尖

（图 4-2-27，图 4-2-28）。

图4-2-27   图4-2-28

12. 提膝下截

右手持剑做云剑时上身要后仰，云剑和提膝下截是一个完整动作，必须连起来做。定势时，左膝尽量高提，脚背绷直；右腿膝部挺直，站立要稳；右臂和剑身呈直线，剑身斜平。目视剑尖（图 4-2-29，图 4-2-30）。

图4-2-29   图4-2-30

13. 提膝直刺

落左脚抱剑时，注意是合抱于胸前，手心朝里，剑尖高与肩平；提右腿刺剑时，右膝尽量高提，脚背绷直；右手持剑成立剑刺出并和剑身呈直线。在整个动作中抱剑与落步，直刺与提膝，必须协调一致。目视剑尖（图 4-2-31，图 4-2-32）。

图4-2-31

图4-2-32

14.回身平崩

落右脚身体向右转，成交叉步，同时收剑于胸前，剑身与左肩呈水平直线，左手剑指附于右手心上面；上身继续右拧转，右腕猛力外展将剑向右平崩，用力点在剑的前端；同时左臂屈肘左手剑指向额前部左上方侧举；目视剑尖（图4-2-33，图4-2-34）。

15.歇步下劈

右脚蹬地起跳，左腿横跨一步，右腿向左腿后侧插步成歇步。在跃步的同时，右手持剑向上举起，并在形成歇步时向左下劈，拇指一侧在上，剑身与地面平行，剑尖与踝关节同高；目视剑身（图4-2-35）。

图4-2-33

图4-2-34

16.提膝下点

身体向右转体360°，右手持剑随身体扫转一周后上身稍后仰，剑尖接近右耳处，左手向上屈肘侧举。上动不停，右腿膝部挺直左膝尽量上提，上身向右侧下探俯，同时右手持剑向前下点击，拇指一侧在上。目视剑尖（图4-2-36，图4-2-37）。

图4-2-35   图4-2-36   图4-2-37

第三段

17. 并步直刺

以右脚前脚掌为轴向左后转180°,同时右臂内旋并向拇指一侧屈腕,使剑尖指向转身后的身前,左手剑指随之向正前方指出,手心朝下,左脚向前落步,右脚随之跟进并步,右手持剑直刺,左手随后顺势附于右手腕处。完整动作完成时注意两腿半蹲时大腿要平,两膝、两脚须紧靠并拢。上身前倾,直背、落臀。两臂伸直,剑尖与肩相平。目视剑尖(图 4-2-38,图 4-2-39)。

18. 弓步上挑

右脚上步成右弓步;左臂伸直,左肩前顺,剑指略高过肩,手心朝下,右手持剑直臂向上挑举,剑刃朝前后,上身稍微前倾;目视剑指(图 4-2-40)。

图4-2-38   图4-2-39   图4-2-40

19. 歇步下劈

左脚向前上步，随之两腿交叉屈膝全蹲，成歇步；同时，右手持剑向前向下劈，拇指一侧在上，剑尖与踝关节同高，左手剑指屈肘附于右手腕里侧，上身稍前俯，目视剑身（图4-2-41）。

20. 右截腕

上身右转，左脚上步前脚掌虚着地面，成左虚步；在前臂内旋使剑尖划弧，后再向右上方托起。在完成整个动作时注意剑尖方向始终向前方。定势时，虚步可稍高，上身稍向前倾，剑身平衡于右额前上方，剑尖稍高与剑柄。右手剑指始终在右腕外，目视剑的前端（图4-2-42）。

21. 左截腕

左脚向前上半步，成左实右虚之右虚步；在右脚进步的同时，右臂外旋，使剑身的前端向左前上方划弧并翻转，手心朝上，剑身与地面平行，左手剑指随之离开右手腕，屈肘向上侧举；目视剑的前端（图4-2-43）。

图4-2-41　　　　　　　　　图4-2-42　　　　　　　　　图4-2-43

22. 跃步上挑

上左脚抬右脚和剑向上向左划弧同时完成，左脚蹬地起跳时剑向下向右划弧，右脚落地成望月平衡和右手腕外展使剑向上挑击同时完成。左手剑指向左上方屈肘横举拇指一侧在下。注意在挑剑时，腕部要猛然用力上屈，在跳步时应轻巧向上，不宜过远，以便完成望月平衡时易于维持平衡。在形成平衡动作后，右腿略屈膝站稳，左小腿尽量向上抬起；上身向右拧转，剑身斜举于右侧上方，持剑手略松，便于手腕上屈；右腿膝关节可微屈，以降低身体重心。目视右侧方（图4-2-44，图4-2-45）。

图4-2-44   图4-2-45

23.仆步下压

左腿屈膝上提,右手抱剑,剑尖经头上向身后,平绕一周后屈肘收抱于胸部前下方。成仆步同时,左手剑指经身前下按在右腕上,右手持剑用剑身平面向下带压,两肘略屈环抱于身前,剑尖斜向右上方,手心朝上。上身前探挺胸,目向右平视(图4-2-46,图4-2-47)。

24.提膝直刺

右腿独立挺膝站稳,上身稍右倾,右手持剑向身前平伸直刺,左臂屈成弧形架于头上方。目视剑尖(图4-2-48)。

图4-2-46   图4-2-47   图4-2-48

第四段

25.弓步平劈

左脚向左后侧落一大步,身体由左向后转,成左弓步;右手持剑直臂向上,向身前平劈,左手剑指随右手持剑臂的运行向下、向左、向上绕环架于头上方。注意向前劈剑和剑指绕环这两个动作必须协调一致,剑尖略高于肩;目视剑尖(图4-2-49)。

26.回身后撩

右脚向前上一步，左腿后抬成望月平衡；右手持剑随右脚上步而向后反撩，剑尖斜向下方，拇指一侧在下；左手剑指前伸成侧上举，拇指一侧在下。目视剑尖（图4-2-50）。

图4-2-49   图4-2-50

27.歇步上崩

身体向右后转180°，右脚蹬地左脚跃步向后插，蹲成下歇步；右臂外旋、沉腕做崩剑。左手剑指随之屈肘在头部左上方侧举，拇指一侧在下向前跃步、歇步和剑尖上崩三个动作要连贯协调。跃步要远，不宜过高，落地要轻（前脚掌先着地）；上崩时腕部要猛然用力上屈，剑尖高与眉平。目视剑身（图4-2-51，图4-2-52）。

图4-2-51   图4-2-52

28.弓步斜削

左脚脚尖里扣，上身右转，右脚随之向前上步成右弓步；削剑时，手心微向上翻，右臂稍低于肩，剑尖斜向脸前右上方，略高于头，左手剑指在身后侧平举，剑指指尖略高于肩部；目视剑尖（图4-2-53，图4-2-54）。

图4-2-53　　　　　　　　　　　　　　图4-2-54

29.进步左撩

上身向左转,右手持剑先由上向左划弧,再和左腿上步一起向前上撩。撩剑时剑所走的立圆需靠近身体,左手剑指附于右腕处;撩剑后,右腿微屈,左腿伸直,身体重心落于右腿,剑尖稍微朝下;眼随剑动,目视剑尖(图4-2-55,图4-2-56)。

30.进步右撩

右手持剑先向上向右摆,随后和右脚上步一起向前撩起。撩剑时剑所走的立圆需靠近身体;左手剑指随右臂一起协调绕环,屈肘侧举于头部左上方;撩剑后,左腿微屈,右腿伸直,身体重心落于左腿,剑尖稍微朝下;眼随剑动。目视剑尖(图4-2-57,图4-2-58)。

图4-2-55　　　　　　　　　图4-2-56　　　　　　　　　图4-2-57

31.坐盘反撩

右脚踏实后向前上一小步,左脚经右腿后侧向右插步成坐盘;右手持剑向上经体前向右上方反手绕环斜上撩,剑尖高过头顶;左手剑指随之经体前向下、向后上方划弧,屈肘横举于左耳侧,拇指一侧在下。坐盘时,左腿盘坐地面,左脚背外侧着地;右腿盘坐于左腿上,全脚掌着地,脚尖朝身前。目视剑尖(图4-2-59)。

图4-2-58　　　　　　　　　　图4-2-59

32.转身云剑

上身向左后转；剑先随身体转动一周，然后上身后仰，剑在脸上方云绕一周；随后左手手心向上靠近右手准备接剑。转身和云剑动作必须连贯，云剑要平、要快，腕关节放松使之灵活。目视左手（图 4-2-60—图 4-2-62）。

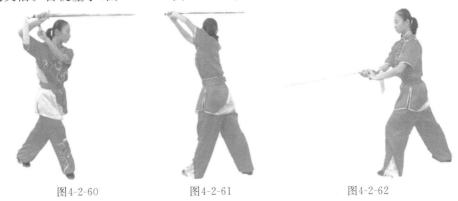

图4-2-60　　　　　　图4-2-61　　　　　　图4-2-62

收势

（1）左手接剑后向前向下摆起至身体左侧，左肘略向上提，剑身紧贴左手前臂后侧，并与地面垂直；右手随即成剑指架于头顶上方，重心落于右腿，左脚前脚掌虚着地面，上身前倾，挺胸、塌腰、两肩松沉；目向左平视（图4-2-63）。

（2）右腿伸直，右脚向左脚靠拢，并步站立；右手剑指下落于身体右侧，手心朝下；目向正前方平视（图4-2-64）。

图4-2-63   图4-2-64

第三节 杨式太极拳竞赛套路

一、动作名称

预备式

第一段

1. 起势

2. 揽雀尾

3. 单鞭

4. 提手上势

5. 白鹤亮翅

6. 搂膝拗步

7. 手挥琵琶

8. 搬拦捶

9. 如封似闭

第二段

10. 斜飞势

11. 肘底捶

12. 倒卷肱

13. 左右穿梭

14. 左右野马分鬃

第三段

15.云手

16.左单鞭

17.高挥马

18.右蹬脚

19.双峰贯耳

20.左分脚

21.转身右蹬脚

22.海底针

23.闪通臂

第四段

24.白蛇吐信

25.右拍脚

26.左右伏虎势

27.右下势

28.金鸡独立

29.指裆捶

30.揽雀尾

31.单鞭

32.左下势

33.上步七星

34.退步跨虎

第五段

35.转身摆莲

36.弯弓射虎

37.搬拦捶

38.如封似闭

39.十字手

40.收势

二、动作说明

预备式

身体自然直立，两脚并拢，身正体松。头颈端正，下颌内收，舌抵上腭；含胸拔背，松腰敛臀；双臂自然下垂，沉肩坠肘，两手轻贴大腿外侧。精神集中，表情、呼吸自然，目平视正前方(图4-3-1)。

第一段

1.起势

(1)左脚向左侧横开步,两脚间距离与肩同宽,两脚尖向正前方(图4-3-2)。

(2)两臂向前平举,与肩同宽,两掌高与肩平,手心向下,两肘微下垂(图4-3-3)。

(3)两肩松沉,两肘下沉,带动两臂下落,按至两大腿外侧,掌心向下,掌指向前。目视前方(图4-3-4)。

图4-3-1　　　　图4-3-2　　　　图4-3-3　　　　图4-3-4

2.揽雀尾

(1)重心右移,身体右转,右脚尖翘起,向右摆脚约45°;左脚跟外碾提起。同时右臂上抬,屈臂置于胸前,掌心向下,掌指向正前方;左臂外旋,向右划弧至腹前,掌心向后,两手上下相对如抱球状,两臂成弧形。头随体转,目视右掌(图4-3-5)。

(2)重心仍在右腿,上体左转,提左脚经右脚内侧向正前方上步,脚跟着地,脚尖上翘。同时两手上下相合。目平视正前方(图4-3-6)。

(3)上体微左转,重心前移,左脚尖下落,内扣约45°,全脚踏实,屈左膝绷右腿成左弓步。同时左臂稍内旋,左掌和左前臂向前上方掤出,高与眼平,掌心向后;右臂内旋,右掌划弧形按于右胯前,掌心向下。头部右转,目视右前方(图4-3-7)。

(4)重心右移再左移,紧接着上体左转,重心全部移向左腿,右脚收至左脚内侧,两膝微屈成丁步。同时左臂内旋屈臂横于胸前,左掌心翻转向下,与肩同高,指尖向右;右臂外旋,右掌向左划弧至左腹前,掌心向上,指尖向左,两手相对如抱球状。头部左转,目视左斜下方地面(图4-3-8)。

(5)上体微右转,左腿立稳重心,右脚向右前上步,脚跟着地。同时两手上下相合。头部右转,目平视右前方(图4-3-9)。

(6)上体微右转,右脚掌踏实,重心前移,屈右膝绷左腿成右弓步。同时右臂微内旋上掤至胸前,掌心向里,指尖向前;左掌附于右掌下侧,掌心向前掌指朝上。两臂呈弧形(图4-3-10)。

（7）重心左后移，上体后坐，左转体；两手同时向左下方捋至腹前，右掌心斜向下，指尖斜向上；左掌心向内，指尖向右。头部微左转，目视右前方（图4-3-11）。

（8）上体微向右转，同时右臂稍外旋，屈肘横于胸前，掌心向正前方，指尖斜向上；左掌内旋上提，掌心转向斜下方，以掌指扶于右腕内侧，两臂呈弧形撑圆（图4-3-12）。

图4-3-5　　　　　　　　　图4-3-6　　　　　　　　　图4-3-7

图4-3-8　　　　　　　　　图4-3-9　　　　　　　　　图4-3-10

图4-3-11　　　　　　　　　图4-3-12

（9）重心前移，屈右膝绷左腿成右弓步。同时两掌以右前臂外侧为力点向前徐徐挤出，两臂前撑（图4-3-13）。

（10）重心左后移，上体微微左沉转，屈左膝，坐胯；右膝微屈，似直非直。同时两掌向后回收于胸腹前，掌心均斜向下，指尖均斜向上（图4-3-14）。

（11）重心前移，屈右膝绷左腿成右弓步。同时两掌向前按出，腕同胸高，掌心向前，指尖向上，两臂微屈，沉肩坠肘（图4-3-15）。

图4-3-13   图4-3-14   图4-3-15

3. 单鞭

（1）身体左转，右脚内扣，两脚踏实，重心逐渐移向左腿，屈左膝绷右腿。同时两掌向前经胸前向左弧形平抹至左侧方，左掌在前、右掌在后，掌心推向左前方，指尖均向上，指尖与鼻齐高。头部左转，目视左前方（图4-3-16）。

（2）上体右转，重心全部移至右腿，左脚收至右脚内侧，前脚掌着地成丁步，两膝微屈。同时两掌向右划弧平抹至身体右侧，右掌向右前方探出变勾手，腕略高于肩，勾尖向下；左掌变挑掌至右胸前。头部右转，目视右勾手方向（图4-3-17）。

（3）上体微左转，左脚向左侧上步，脚跟先着地，再全脚着地，随即屈左膝绷右腿成左弓步。同时左臂内旋，左掌经体前向左推出。头随体转，目视左掌方向（图4-3-18）。

图4-3-16   图4-3-17   图4-3-18

4. 提手上势

（1）上体右转，重心稍右移，左脚尖稍内扣。同时左掌微向内向下摆掌；右勾手变掌，微向内向下摆掌，两臂微屈，两手腕齐高。头部右转，目视右斜前方（图4-3-19）。

（2）上体微微左转，提右脚向右斜前方上步，脚跟先着地，再全脚踏实，重心仍在左腿，两膝微屈。同时右掌外旋伸举于右前方，腕与鼻同高；左掌微外旋，向右划弧至右肘内侧，与右掌、右臂相合，掌心斜向下，指尖斜向上。目视右掌前方（图4-3-20）。

图4-3-19　　　　　　　　　　　　图4-3-20

5. 白鹤亮翅

（1）身体左转，右脚尖内扣，重心在左腿。同时左臂内旋，屈肘横于胸前，左掌心翻转向下，指尖朝前；右臂外旋，右掌向下向左划弧下落至胸腹前，掌心斜向上，指尖向后，两手上下相对如抱球状。头随体转，目视左掌方向（图4-3-21）。

（2）重心右移，上体右转，左脚跟微外碾提起，右膝微屈。同时两手边合边提举至右肩前；左掌运至右小臂内侧，掌心向下。头部右转，目视右斜前方（图4-3-22）。

（3）上体左转，重心立稳于右腿，左脚向左前方微微上步，两膝微屈。同时右臂内旋，右掌向上举至头的右上方，掌心向体前；左掌向下向左按于左胯旁，掌心向下，指尖向体前。头部左转，目视身体正前方（图4-3-23）。

图4-3-21　　　　　　　　图4-3-22　　　　　　　　图4-3-23

6.搂膝拗步

(1)上体微左转,重心在右腿。同时右臂外旋,右掌自头前划弧下落,掌心向上,指尖高与鼻平;左掌稍向后划弧。目视右掌(图4-3-24)。

(2)上体右转,重心稍后移,上体稍后坐。同时右掌向下划弧至胸腹前,掌心向上,指尖斜向前;左臂外旋,左掌向上、向右划弧摆至面前,掌心向正前方,指尖斜向上,与头同高。目视左掌(图4-3-25)。

(3)上体继续右转,重心全部移至右腿;左脚收至右脚内侧,前脚掌着地成丁步,两膝微屈。同时右掌向右侧上方挑托,腕部与鼻同高,掌心斜向左侧,指尖向右侧斜上方;左掌向右、向下划弧至右胸前,掌心向下,指尖斜向上,头随体转,目视右掌(图4-3-26)。

(4)上体左转,重心仍立稳于右腿;左腿向左侧前方上步,脚跟轻轻着地,两膝微屈。同时右臂屈肘,右掌收至右耳旁,掌心斜向下,指尖斜向上;左掌向下、向前划弧至体前,掌斜向后,指尖斜向下。头随体转目视左侧前方(图4-3-27)。

(5)重心前移,左脚前脚掌踏实,屈左膝绷右腿成左弓步。同时右掌向前推出,腕同肩高,指尖约与眼平;左掌经左膝前划弧形搂至左膝外侧,掌心向下,指尖向前。目视右掌(图4-3-28)。

(6)上体微微左转,重心左前移;右脚收至左脚内侧,前脚掌着地成丁步,两膝微屈。同时左臂外旋,左掌向左、向上划弧托举至左侧上方,腕与鼻同高,掌心、指尖斜向上;右掌向左、向下划弧至左胸前,掌心向下,指尖向左。目视左掌方向(图4-3-29)。

图4-3-24　　　　　　图4-3-25　　　　　　图4-3-26

图4-3-27　　　　　　　　图4-3-28　　　　　　　　图4-3-29

（7）上体右转，重心仍立稳于左腿；右脚向身体右前方上步，脚跟轻轻着地。同时左臂屈肘，左掌收至左耳旁，掌心斜向下，指尖斜向上；右掌向下、向前划弧至体前，掌心斜向后，指尖斜向下。头随体转，目视身体正前方（图4-3-30）。

（8）重心前移，右脚前脚掌踏实，屈右膝绷左腿成右弓步。同时左掌向前推出，掌心向前，指尖向上，腕同肩高，指尖约与眼平；右掌经左膝前划弧形搂至右膝外侧，掌心向下，指尖向前。目视左掌（图4-3-31）。

（9）上体继续右转，重心全部移至右腿；左脚收至右脚内侧，前脚掌着地成丁步，两膝微屈。同时右掌向右侧上方挑托，腕部与鼻同高，掌心斜向左侧，指尖向右侧斜上方；左掌向右、向下划弧至右胸前，掌心向下，指尖斜向上。头随目视右掌（图4-3-32）。

（10）上体左转，重心仍立稳于右腿；左腿向左侧前方上步，脚跟轻轻着地，两膝微屈。同时右臂屈肘，右掌收至右耳旁，掌心斜向下，指尖斜向上；左掌向下、向前划弧至体前，掌心斜向后，指尖斜向下。头随体转目视左侧前方（图4-3-33）。

（11）重心前移，左脚前脚掌踏实，屈左膝绷右腿成左弓步。同时右掌向前推出，掌心向前，指尖向上，腕同肩高，指尖约与眼平；左掌经左膝前划弧形搂至左膝外侧，掌心向下，指尖向前。目视右掌（图4-3-34）。

图4-3-30　　　　　　　　图4-3-31　　　　　　　　图4-3-32

图4-3-33　　　　　　　　　　图4-3-34

7. 手挥琵琶

（1）重心前移，右脚向左脚后方跟进半步，脚前掌着地。同时右掌随重心前移，向前探掌，掌心向下，指尖斜向上；左掌仍按于左膝外侧上方，掌心向下，指尖向前。目视右掌方向（图4-3-35）。

（2）上体微右转，右脚踏实，上体重心移至右腿。同时左掌向前方弧形挑举于体前，掌心斜向下，指尖向体前，约与胸同高；右掌随转体向后划弧形附于左肘内侧，掌心向下，指尖向前。目视左掌方向（图4-3-36）。

（3）重心稍降低，后坐于右腿；左脚尖上翘，变脚跟着地，成左虚步。同时左掌外旋向内合举，掌心向正前方，指尖斜向上，腕同肩高；右臂外旋，右掌稍向内划弧，与左臂相合，两掌心斜相对。目视左掌前方（图4-3-37）。

图4-3-35　　　　　　　图4-3-36　　　　　　　图4-3-37

8. 搬拦捶

（1）身体左转，左脚尖外摆踏实，重心微前移；右脚跟提起外碾，右膝微屈。同时左掌微内旋，掌心斜向下，指尖斜向前，高与胸平；右掌变拳向内微收于腹前，拳心向前，拳眼向内。目视身体前方（图4-3-38）。

（2）重心前移，上体稍向前方伸探，右脚向前上步，脚跟着地，重心稍后坐。同时左掌微内旋经右臂外侧下落至左腹前,掌心向下,指尖向身体右前方;右臂外旋,右拳经左臂内侧向上、向前搬打,拳心斜向内,高与眼平。目视右拳(图4-3-39)。

(3)重心前移,身体右转,右脚尖外摆,左脚跟外碾。同时左掌前推,腕与胸同高,掌心斜向前,指尖斜向上;右拳回抽收至腰间,拳心向上。目视左掌(图4-3-40)。

(4)上体左转,重心前移,左脚向前上步,脚跟先着地,紧接着全脚踏实,屈左膝绷右腿成左弓步。同时左掌向右、向内弧形划收至右小臂内侧,掌心向右,指尖斜向上;右拳内旋向前冲打,拳心向左,拳眼向上,与胸同高。目视右拳(图4-3-41)。

图4-3-38　　　　图4-3-39　　　　图4-3-40　　　　图4-3-41

9.如封似闭

(1)左掌微内旋,由右小臂下向前穿出至右腕下方,掌心向下,指尖斜向右前;右臂内旋,右拳变掌,手心向下,指尖斜向左前,两腕交叉,两掌伸向前。目视身体前方(图4-3-42)。

(2)重心后坐,屈右膝,左腿先伸直再微屈膝。同时两臂稍外旋,两掌向内收于面前,掌心斜相对,指尖斜向上,指尖与鼻齐高。目视身体前方(图4-3-43)。

(3)沉身体重心仍坐于右腿。同时两掌内旋,微微向下落至腹前,掌心斜向下,指尖斜向上。目视身体前方(图4-3-44)。

(4)重心前移,屈左膝绷右腿成左弓步。同时两臂稍内旋,两掌向前弧形推按出,两掌心向前,指尖向上,腕与肩同高。目视身体前方(图4-3-45)。

图4-3-42

图4-3-43 　　　　　　　　图4-3-44 　　　　　　　　图4-3-45

第二段

10.斜飞势

（1）身体右转，右脚跟内碾，重心右后移；左脚尖微翘起，内扣踏实，成横裆步。同时两掌随转体向右划弧摆掌，右掌划至右侧，掌心斜向前，指尖斜向上，腕略高于肩；左掌划至左肩前，掌心斜向前，指尖斜向上，腕与肩同高。目视右掌右前方（图4-3-46）。

（2）上体微左转回正，重心全部移至左腿；右脚收至左脚内侧，前脚掌着地成丁步。同时右臂外旋，右掌向下向左划弧至腹前，掌心斜向上，指尖斜向下；左掌微外旋下落至胸前，掌心向下，指尖向右，两掌心相对成抱球状。头部左转，目视左臂方向（图4-3-47）。

（3）身体右转，重心仍立稳于左腿，右脚向右前方上步，脚跟轻轻着地，右膝微屈；左腿保持屈膝，坐胯。同时右臂微上抬，掌心斜向上指尖斜向下；左臂稍外旋，左掌微微下落，掌心斜向下，指尖斜向上。两掌斜相对，两臂合抱于体前。头部右转，目视右侧前方（图4-3-48）。

（4）上体微微右转，重心缓缓前移，右脚掌下落踏实，左脚跟外碾，屈右膝绷左腿成右弓步。同时右掌向右前上方分举，与头同高，掌心斜向前，指尖斜向上；左掌向左下方划弧落至左胯旁，掌心向下，指尖斜向右前方。头部微右转，目视右掌方向（图4-3-49）。

图4-3-46 　　　　　　图4-3-47 　　　　　　图4-3-48 　　　　　　图4-3-49

11.肘底锤

（1）身体左转，重心左移，右脚尖内扣，屈左膝，右膝微屈。同时右臂内旋，掌心翻转向上，指尖向斜前方旋举至约与头同高；左掌随转体向左向上划弧至左侧，掌心斜向下，指尖斜向正前方。目视右掌方向（图4-3-50）。

（2）上体微右转，重心全部移至右腿；左脚收至右脚内侧，前脚掌着地成丁步。同时右臂内旋，右掌翻转向下，指尖向左前，与胸同高；左臂外旋，左掌向右向下划弧至右腹前，掌心斜向上，指尖斜向下，两掌上下相对如抱球状。目视右臂方向（图4-3-51）。

（3）重心立稳于右腿，身体微左转，左脚向左斜前方上步，脚尖外摆踏实。同时左掌向左前划弧分举，掌心斜向右前，指尖斜向上约与头同高；右掌向右向下划弧落至右胯旁，掌心向下，指尖向前。头部左转，目视左掌方向（图4-3-52）。

（4）右脚跟落地踏实，上体后坐，重心移至右腿，屈右膝，左脚向前上步。同时右臂内旋，右掌微下落至胸前，掌心斜向下，指尖斜向体前，腕与胸同高；左掌向内划至左腰侧，掌心向下，指尖斜向正前方。头部微左转，目平视身体正前方（图4-3-53）。

（5）保持身体姿势，右掌稍下落并握拳，沿左小臂外侧收至左胸前，拳眼向内，拳心向下；左臂内旋，左掌由腰间经右腕上方向前上方穿出，掌心向体前，指尖斜向上，腕约与肩同高。目视左掌前方（图4-3-54）。

图4-3-50　　　　　　　　图4-3-51　　　　　　　　图4-3-52

图4-3-53　　　　　　　　图4-3-54

12.倒卷肱

(1)身体右转,重心仍落于右腿。同时右拳变掌,右臂外旋,掌心翻转向上,随体转经腹前向上向右侧划弧平举,臂微屈,掌心斜向上,指尖向右斜前方;左臂微微内旋,左掌微向左侧前方伸推,臂微屈,掌心斜向下,指尖斜向左前。两腕高与肩平。头随体转,目视正前方(图4-3-55)。

(2)身体左转,重心仍立稳于右腿,左脚向身体后方撤步,脚前掌着地。同时右臂屈肘回收,右掌收至右耳侧,掌心斜向下,指尖斜向上;左掌微微向前伸举,掌心向上,指尖向前。目视左掌方向(图4-3-56)。

(3)身体微左转,左脚跟内碾踏实,重心左后移;右脚跟微离地,外碾踏实,两膝微屈成半步马。同时右掌经右耳侧向前推至体前,腕同胸高,掌心向前,指尖向上;左掌向下回抽至左腹前,掌心向上,指尖向右前。目视右掌方向(图4-3-57)。

(4)上体微左转。同时左掌向左、向上划弧托举至身体左前方,掌心斜向体前,指尖向身体左斜前方;右掌稍外旋托举至身体右前方,掌心斜向下,指尖斜向身体右侧,两臂微屈,两腕高与肩平。头随体转,目视左掌方向(图4-3-58)。

(5)身体右转,重心立稳于左腿,右脚向身体右后方撤步,脚前掌着地。同时左臂屈肘回收,左掌收至耳侧,掌心斜向下,指尖斜向上;右掌向前伸举,掌心向上,指尖向前。目视右掌方向(图4-3-59)。

(6)身体微右转,右脚跟内碾踏实,重心右后移;左脚跟微离地,外碾踏实,两膝微屈成半步马。同时左掌经左耳侧向前推至体前,腕同胸高,掌心向前,指尖向上;右掌向下回抽至右腹前,掌心向上,指尖向左前。目视左掌方向(图4-3-60)。

图4-3-55　　　　　　　图4-3-56　　　　　　　图4-3-57

图4-3-58   图4-3-59   图4-3-60

13.左右穿梭

（1）身体继续右转，重心移至左腿立稳，右脚提起，脚尖外摆，向左脚前盖落步，屈右膝，重心偏落于右腿。同时右臂内旋，右掌伸举至左肩前，掌心向下，指尖向正前方，与肩齐平；左臂外旋，左掌微微向右移伸。掌心向上，指尖向右。两掌心相对如抱球状（图4-3-61）。

（2）身体微微左转，重心移向右腿；提左脚经右脚内侧向身体左斜前方上步，脚跟着地成虚步，两膝微屈。同时左臂稍内旋，左掌向前向上掤托至体前，指尖与额齐高，掌心斜向右，指尖斜向上；右掌向右下方微微回落至右腹前，掌心向下，指尖向体前（图4-3-62）。

（3）上体继续左转，左脚掌落地踏实，重心前移，屈左膝绷右腿成左弓步。同时左臂内旋，左掌向上架至左前额上方，掌心斜向上，指尖斜向右；右掌向前向上推出，掌心向前指尖向上，腕同肩高，指尖约与鼻尖平。目视右掌方向（图4-3-63）。

图4-3-61   图4-3-62   图4-3-63

（4）身体微左转，重心移至左腿，右脚尖内扣踏实，屈左膝绷右腿。同时左臂稍内旋，左掌下落至右胸前，掌心向下，指尖向右；右臂外旋，右掌向左抄划至左腹前，掌心向上，指尖向左，两手心相对如抱球状。头部左转，目视左臂方向（图4-3-64）。

（5）身体微右转，重心移至左腿；提右脚经左脚内侧向身体右前方上步，脚跟着地成虚步。同时右臂稍内旋，右掌向前向上托至体前，指尖与额齐高，掌心斜向左，指尖斜向上；左掌向左向下微微回落至左腹前，掌心向下，指尖向体前。头部随体转，目视右掌方向（图4-3-65）。

（6）上体继续右转，右脚掌落地踏实，重心前移，屈右膝绷左腿成右弓步。同时右臂内旋，右掌向上架至右前额上方，掌心斜向上，指尖斜向左；左掌向前向上推出，掌心向前，指尖向上，腕同肩高，指尖约与鼻尖平。目视左掌方向（图4-3-66）。

图4-3-64　　　　　　图4-3-65　　　　　　图4-3-66

14. 左右野马分鬃

（1）上体左转，右脚支撑作为重心，左脚收至右脚内侧，前脚掌着地成丁步，两膝微屈。同时右臂微外旋，右掌下落至右胸前，掌心向下，指尖斜向体前；左臂微内旋，左掌向右向下划弧至右腹前，掌心斜向上，指尖斜向左，两掌心相对如抱球状。头部微右转，目视右臂方向（图4-3-67）。

（2）身体继续左转，重心仍落于右腿；左脚向身体左前方上步，脚跟着地成虚步。同时两臂微微向内相合，两掌心斜相对。头部左转，目视身体左斜前方（图4-3-68）。

图4-3-67　　　　　　图4-3-68

（3）身体微左转，左脚前掌着地踏实，重心前移，屈左膝绷右腿成左弓步。同时左掌向前、向左、向上划弧至左前方，腕与肩同高，掌心斜向右，指尖斜向上；右掌向右、向下划至右胯旁，掌心向下，指尖斜向前。目视左掌方向（图4-3-69）。

（4）身体左转，重心移至左腿；右脚收至左脚内侧，前脚掌着地成丁步。同时左臂内旋，左掌回收至胸前，掌心向下，指尖向右；右臂外旋，右掌向左划弧抄至左腹前，掌心向上，指尖向左，两掌心相对如抱球状。目视左臂前方（图4-3-70）。

图4-3-69　　　　　　　　　　　图4-3-70

（5）上体微右转，重心仍落至左腿；右脚向右前上步，脚跟着地成虚步。同时两臂微微向内相合，两掌心斜相对。头部左转，目视身体右斜前方（图4-3-71）。

（6）身体微右转，右脚前脚掌着地踏实，重心前移，屈右膝绷左腿成右弓步。同时右掌向前、向右、向上划弧掤至右前方，腕与肩同高，掌心向前，指尖斜向上；左掌向左、向下划至左胯旁，掌心向下，指尖向前。目视右掌方向（图4-3-72）。

图4-3-71　　　　　　　　　　　图4-3-72

第三段

15.云手

（1）身体左转，左脚外摆，重心移至左腿；右脚随之内扣踏实，屈左膝，右腿伸直成横裆侧弓步。同时左掌向上、向左划弧挑至面前，掌心向内，指尖向右；右臂微内旋，右掌向下划弧落至右胯侧，掌心向下，指尖向前。目视左掌（图4-3-73）。

（2）上体继续左转，右脚收至左脚内侧落地，两膝微屈。同时右掌经下腹向上向左划弧至左肋前,掌心斜向上,指尖斜向后;左臂内旋,左掌向左、向下划弧云转至左侧方,腕与肩同高,掌心向指尖斜向上。目视左掌方向(图4-3-74)。

图4-3-73　　　　　　　　　　　　图4-3-74

（3）重心右移,上体右转,左脚向左横开步,左腿伸直;保持右膝的弯曲度。同时右掌经左肘内侧向上经面前划弧至右前方,腕与肩同高,掌心斜向外,指尖斜向上;左掌随转体向下、向右、向上划弧至右肋旁,掌心向后,指尖斜向下。目视右掌方向(图4-3-75)。

（4）左脚踏实,重心左移,上体左转,右脚收至左脚内侧踏实,两膝微屈,重心在两腿之间。同时左掌向上、向左经面前划弧云转至左前方,掌心斜向外,指尖斜向上,约与眼同高;右掌向下、向左、向上划弧云转至右肋前,掌心向后,指尖斜向下。目视左掌方向(图4-3-76)。

图4-3-75　　　　　　　　　　　　图4-3-76

16. 单鞭

（1）重心右移,上体右转,保持两膝的弯曲度。同时右掌经左肘内侧向上经面前划弧伸举至右前方,腕约与眉同高,掌变勾手,勾尖向下;左掌随转体向下、向右、向上划弧至右肋旁,掌心向里,指尖向右。头部右转,目视右勾手(图4-3-77)。

（2）上体微左转,左脚向左前方上步,脚跟着地,继而全脚踏实,屈左膝绷右腿成左弓步。同时左掌向左、向上伸挑并向左立掌推出,掌心向前,指尖向上,约与鼻尖同高,右勾手微向右后摆吊,腕略高于肩。目视左掌方向(图 4-3-78,图 4-3-79)。

图4-3-77　　　　　　　　图4-3-78　　　　　　　　　　图4-3-79

17.高探马

(1)重心全部移至左腿,右脚向左脚内侧跟进半步,落于左脚后方,着地踏实,随即重心稍后坐。同时左臂外旋,左掌心翻转向上,指尖向左前;右臂外旋,右勾手变掌伸托至右上方,掌心斜向上,指尖向右前,两腕略高于肩,两肘微屈。头部右转,目视右掌方向(图 4-3-80)。

(2)上体左转,重心在右腿。屈右肘,右臂微内旋,右掌经右耳侧向前探伸至体前,掌心斜向下,指尖斜向上;左掌向下回抽收至腹前,掌心斜向内,指尖向身体右侧。头随体转,目视右掌方向(图 4-3-81)。

图4-3-80　　　　　　　　图4-3-81

18.右蹬脚

(1)上体微右转再微左转,提左腿向身体左前方上步。同时右掌向下向左再向上向右上划弧至身体右前方,掌心斜向前,指尖斜向上;左掌向左向上再向右下向左划弧至左小臂内侧上方,掌心向下,指尖向左前。两眼随两掌划弧转视,最后目视右掌(图 4-3-82)。

(2)上体微左转,重心前移屈左膝绷右腿成左弓步。同时两掌由两侧外旋向下向内划弧交叉抱至胸前,两臂相交,左上右下。头部微右转,目视身体右侧方向(图 4-3-83,

图4-3-84)。

（3）重心立稳于左腿，右脚屈膝上提，右脚尖向内回勾，以脚跟领先向前蹬出。同时两臂内旋，两掌转掌心向前，并微微上抬向两侧分掌，掌心均斜向外，指尖均斜向上，两腕与肩同高，目视右掌前方（图4-3-85）。

图4-3-82　　　　　图4-3-83　　　　　图4-3-84　　　　图4-3-85

19. 双峰贯耳

（1）重心继续立稳于左腿；右膝放松，小腿自然下落，脚尖自然下垂。同时两臂外旋，两掌向内合于右膝上方，约与肩同高、同宽，掌心向上，指尖向前。目视两掌前方（图4-3-86）。

（2）重心前移，屈右膝绷左腿成右弓步。同时两臂内旋，两拳经两侧向前上方划弧贯击，合举于头前，拳眼斜相对，高与太阳穴平，两臂呈弧形。目视两拳方向（图4-3-87）。

图4-3-86　　　　　　　　　图4-3-87

20. 左分脚

（1）重心向左后移，右脚尖随之翘起。同时两拳变掌向两侧分举至身前两旁，两掌心向前外，指尖斜向上，约与头同高（图4-3-88）。

（2）右脚尖微内扣踏实，重心前移至右腿；左脚跟随之提起，脚前掌着地成虚步。同时两掌经身体两侧向内划弧，两腕相叠合抱于腹前，右上左下。头部左转，目视身体左侧（图4-3-89）。

（3）重心移至右腿；左脚屈膝上提，小腿上抬，脚面展平，以脚尖向前上伸踢。同时两臂内旋，两掌向两侧分掌，指尖均斜向上，两腕与肩同高。目视左掌前方（图4-3-90）。

图4-3-88　　　　　　　　　图4-3-89　　　　　　　　　图4-3-90

21.转身右蹬脚

（1）右腿微屈，重心立稳于右腿；身体右转，左脚向右脚外侧盖落步，脚跟着地，左膝微屈。同时两臂划弧下落，两掌仍分举于左右两侧，两腕略低于肩。头随体转，目视左掌方向（图4-3-91）。

（2）身体继续右转，两脚以脚跟为轴，随转体碾转至起势的左斜后方落地。同时两掌经身体两侧向下、向内划弧合臂，两腕交叉于腹前，左上右下，左掌心向上，指尖向体右，右掌心向上指尖向体左（图4-3-92）。

（3）重心立稳于左腿；右脚屈膝上提，小腿上抬，脚尖向内勾，以脚跟领先向前上蹬出。同时两臂内旋，两掌上抬，向两侧分掌，指尖均斜向上，两腕与肩同高。目视右掌方向（图4-3-93，图4-3-94）。

图4-3-91　　　　　　图4-3-92　　　　　　图4-3-93　　　　　　图4-3-94

22.海底针

（1）重心立于左腿，右腿向身体右后方落步，前脚掌先着地，再全脚踏实，重心后移，两膝微屈。同时右掌向前向下落至腹前，掌心斜向上，指尖斜向下；左掌向左侧划弧伸举,腕同肩高,掌心向正前方,指尖向上,目视左掌方向(图4-3-95)。

(2)重心全部移向右腿,右腿稳立于地,膝微屈;左脚屈膝上提,膝不过胯。同时右掌向后、向上再向前划弧提至右耳侧,掌心向里,指尖斜向前上方;左臂内旋,左掌向下划按至左膝上方,腕与膝相对,掌心向下,指尖向体前。目视身体前方(图4-3-96)。

(3)身体微左转,左脚向体前下落,前脚掌先着地,再全脚踏实,接着重心降低,两膝微屈,上体前倾。同时右掌向前下方插掌,掌心向体左,指尖向前下方;左掌经左膝前划弧按至左膝外侧,掌心向下,指尖向体前。目视右掌方向(图4-3-97)。

图4-3-95　　　　　　　图4-3-96　　　　　　　图4-3-97

23.闪通臂

上体直起,微微右转,重心仍立稳于右腿;左脚收至右脚内侧,前脚掌着地成丁步。同时右掌随起身向上抬举至胸前,掌心斜向下,指尖斜向前;左掌向右向上划弧,抬至右腕内侧下方,掌心向正前方,指尖斜向上。紧接着左脚向左侧前方上步,脚跟先着地,再全脚踏实,脚尖向前,随即重心前移,屈左膝绷右腿成左弓步。左脚收至右脚内侧,前脚掌着地成丁步。同时右臂内旋,右掌向上架至右前额上方,掌心向外,指尖斜向上;左臂稍内旋,左掌向前推出,腕略低于肩,掌心向体前,指尖向上。目视左掌方向(图4-3-98—图4-3-100)。

图4-3-98　　　　　　　图4-3-99　　　　　　　图4-3-100

第四段

24.白蛇吐信

（1）身体右转,左脚尖翘起内扣踏实,左膝微屈。同时左掌随转体向上划立圆至头前上方,掌心向正前方,指尖向右;右掌随转体经面前下落至右腹前变拳,拳心向下,拳眼向里。头随体转,目视身体右斜前方（图4-3-101）。

（2）上体继续右转,左脚踏实,重心全部移至左腿;微提右脚回收至左脚内侧,再迅速向右前上步,脚跟先着地,再全脚踏实。同时左掌经右小臂外侧向下、向内收落至左腰前侧,掌心向下,指尖向体前;右拳变掌,经胸前向上划弧变掌伸举至身体前方,与面部同高,掌心斜向里,指尖斜向上。目视右掌方向（图4-3-102）。

（3）上体继续右转,重心前移;左脚跟外碾,屈右膝绷左腿成右弓步。同时左掌推至体前,腕同肩高,掌心向体前,指尖向上;右掌向下回收至右腰侧,掌心向上,指尖向前。目视左掌方向（图4-3-103）。

图4-3-101　　　　　图4-3-102　　　　　图4-3-103

25.右拍脚

（1）上体微左转,重心向右前移,提左脚向右脚前方盖步,屈左膝,右脚跟离地。同时右臂内旋,右掌向前伸托至体前,与肩齐高,掌心斜向下,指尖斜向上;左臂外旋,左掌向下向后划弧至左胯旁,掌心斜向上,指尖斜向下。目视右掌方向（图4-3-104）。

（2）右脚提膝,同时右掌向左下、右前按弧形向里抹转一周,左掌向上向右划弧抹转,两掌交叉合于胸前,两腕相叠,左上右下,掌心均斜向里。目视身体前方（图4-3-105）。

（3）右脚屈膝上提,小腿上抬,脚面展平向前上踢出。同时两臂内旋,两掌左右分开,右掌向前、向下拍击右脚面,发出"啪"的响声,右臂与右腿上下相对;左掌向上、向下分举至身体左后方,腕约与肩同高,掌心斜向下,指尖向正前。目视拍脚处（图4-3-106）。

图4-3-104　　　　　　图4-3-105　　　　　　图4-3-106

26.左右伏虎势

（1）上体微右转，右脚下落于左脚内侧。右掌随转体微向右前方摆伸，左掌向前向右划弧举于身体右前方，左腕与胸同高，两臂微屈，两掌心均斜向下。目视右掌方向（图4-3-107）。

（2）身体左转回正，左脚向前上步，右脚支撑重心。同时两掌向下、向左捋至腹前，两掌变拳，拳眼斜相对，拳心均斜向里。头部左转，目视身体左斜前方地面（图4-3-108）。

（3）上体微左转，重心前移，屈左膝绷右腿成左弓步。同时左臂内旋，左拳向左、向上、向右做弧形架举于左侧头顶上方，拳心斜向上，拳眼向下；右臂稍外旋，右拳微向左划弧抱于右腹前，拳心向里，拳眼向上，两拳眼上下相对。头部右转，目视右侧前方（图4-3-109）。

（4）左膝微屈支撑重心，右脚屈膝上提，脚尖自然下垂。同时右臂稍内旋，右拳稍向右划弧伸至右膝上方，拳心向下，拳眼向体左（图4-3-110）。

（5）右脚向右侧前方上步，脚跟先着地，继而全脚踏实，重心前移，屈右膝绷左腿成右弓步。同时右臂稍内旋，右拳向右、向上、向左架于右侧头顶上方，拳心斜向体前，拳眼向下；左臂外旋，左拳向右划弧抱至左腹前，拳心向里，拳眼向上，两拳眼上下相对。头部左转，目视身体左斜前方（图4-3-111—图4-3-113）。

图4-3-107　　　　　　图4-3-108　　　　　　图4-3-109

图4-3-110 　　　　 图4-3-111 　　　　 图4-3-112 　　　　　 图4-3-113

27.右下势

（1）身体左转，左脚外摆踏实；右脚跟外碾踏实，重心左移，屈左膝绷右腿。同时左拳变勾手，向下经腹前向左、向上划弧至左侧上方，腕高于肩，勾尖向下；右拳变掌向左下划弧至左臂内侧，掌心向左，指尖向上。头随体转，目视左勾手方向（图4-3-114）。

（2）上体右转，重心立稳于左腿；右脚尖外摆踏实，右腿仆步下蹲，上体前俯。同时左勾手微微下摆，腕略低于肩，勾尖仍向下；右掌随仆步划弧下落，顺右腿内侧向前伸穿至右小腿内侧，掌心斜向前，指尖斜向下。头部右转，目视右掌方向（图4-3-115）。

图4-3-114 　　　　　　　　　　　　 图4-3-115

28.金鸡独立

（1）起身，上体微右转，右脚外摆，左脚内扣，两脚踏实，重心前移，屈右膝绷左腿成右弓步。同时右掌向前上方挑举，腕同肩高，掌心斜向下，指尖斜向上；左臂内旋，左勾手向左后向上举伸，勾尖向后。目视右掌方向（图4-3-116）。

（2）上体继续右转，重心前移，右腿支撑全部重心；左膝随之提起。同时左勾手变掌向前上伸举，腕与肩同高，掌心斜向右，指尖向上，左肘与左膝上下相对；右臂内旋，右掌划落按至右胯旁，掌心向下，指尖向体前。目视左掌方向（图4-3-117）。

（3）上体微左转，左脚下落至右脚内侧，两膝微屈站立，两脚尖微外开。同时左掌下

129

落至左腹前,掌心向下,指尖向前。目视身体前方(图4-3-118)。

(4)上体微左转,重心全部移至左腿;右腿屈膝上提。同时右掌向右上伸举,腕同肩高,掌心向正前方,指尖斜向上,右肘与右膝上下相对;左掌下落按至左胯旁,掌心向下,指尖向前。目视右掌方向(图4-3-119)。

图4-3-116　　　　　图4-3-117　　　　图4-3-118　　　　图4-3-119

29.指裆锤

(1)右脚向左脚前方落步成盖步,脚跟先着地,接着全脚踏实,重心稍前移,提左脚跟成右虚步。同时右掌向下落至右腹前,掌心斜向前,指尖斜向上;左掌向前、向上划弧拦至体前方,掌心向后,指尖斜向上。目视左掌方向(图4-3-120)。

(2)身体微右转,重心移向右腿;左脚经右脚内侧向体前上步,脚尖微翘,两膝微屈。同时右掌变拳,收于右侧腰间,拳心向上;左臂内旋,左掌向右、向下、向左划弧至身体左侧前方横拦掌,掌心向下,指尖向体右。目视身体前方(图4-3-121)。

(3)上体左转,左脚踏实,重前移,屈左膝绷右腿成左弓步。同时左掌向后经左膝前上方划弧搂至左大腿外侧,掌心向下,指尖向体前;右拳由腰间向前上方打出,拳眼向上,拳心向正前方。目视右拳前方(图4-3-122)。

图4-3-120　　　　　　图4-3-121　　　　　　图4-3-122

30.揽雀尾

（1）身体左转，重心左移，右脚向左脚内侧跟步，前脚掌着地成丁步，两膝微屈。同时右拳变掌，右臂外旋右掌向左划弧至右腹前，掌心斜向里，指尖向体左；左臂内旋，左掌向左、向上、向右划弧，左臂屈收于胸前，掌心翻转向下，与胸同高，指尖向右，两掌上下相对如抱球状。头部左转，目视左臂方向（图4-3-123）。

（2）上体微右转，左腿立稳重心，右脚向右前上步，脚跟着地。同时两手上下微微相合。头部右转，目平视左手（图4-3-124）。

（3）上体微右转，右脚掌踏实，重心前移，屈右膝绷左腿成右弓步。同时右臂微内旋上掤至胸前，掌心向里，指尖向前；左掌附于右掌下侧，掌心向前，掌指朝上。两臂呈弧形（图4-3-125）。

图4-3-123　　　　　　图4-3-124　　　　　　图4-3-125

（4）上体微右转。同时右掌内旋向身体右前上方划弧伸举，翻手心斜向下，指尖斜向上，与头同高；左臂稍外旋，左掌向身体右前方引推、外旋，转手心斜向下，指尖向后，左手附于右肘内侧下方。头部稍右转，目视右掌方向（图4-3-126）。

（5）上体微向右转，同时右臂稍外旋屈肘横于胸前，掌心向正前方，指尖斜向上；左掌内旋上提，掌心转向斜下方，以掌指扶于右腕内侧，两臂呈弧形撑圆（图4-3-127）。

（6）重心前移，屈右膝绷左腿成右弓步。同时两掌以右前臂外侧为力点向前徐徐挤出，两臂前撑（图4-3-128）。

（7）重心左后移，上体微微左沉转，屈左膝，坐胯；右膝微屈，似直非直。同时两掌向后回收于胸腹前，掌心均斜向下，指尖均斜向上（图4-3-129）。

（8）重心前移，屈右膝绷左腿成右弓步。同时两掌向前按出，腕同胸高，掌心向前，指尖向上，两臂微屈，沉肩坠肘（图4-3-130）。

图4-3-126   图4-3-127   图4-3-128

图4-3-129   图4-3-130

31.单鞭

（1）重心左后移，身体左转，右脚内扣踏实。同时两掌由右前经胸前向左弧形平抹摆
至左侧方，左掌在前，右掌在后，掌心均斜向左前方，指尖均斜向正前方，两掌与胸同高。
头随体转，目视左掌方向（图 4-3-131）。

（2）上体右转，重心移至右腿，左脚收至右脚内侧，前脚掌着地成丁步，两膝微屈。同
时两掌向右划弧平抹至身体右侧，右掌向右前方探出变勾手，腕略高于肩，勾尖向下；左
掌变挑掌至右胸前，掌心向内，虎口向上。头部右转，目视右勾手方向（图 4-3-132）。

（3）上体微左转，左脚向左侧上步，脚跟先着地，再全脚着地，随即屈左膝绷右腿成左
弓步。同时左臂内旋，左掌经体前向左推出，掌指向上，掌心向左侧。头随体转，目视左
掌方向（图 4-3-133）。

图4-3-131　　　　　　　　　图4-3-132　　　　　　　　图4-3-133

32.左下势

（1）身体稍右转，右脚尖翘起外摆踏实；左脚尖翘起，重心移向右腿。同时左掌向内摆收至左胸前，指尖斜向上；右勾手腕与额齐平，勾尖仍向下。目视身体左侧方向（图4-3-134）。

（2）上体微左转，重心立于右腿；左膝微屈，右腿屈膝，仆步下蹲，上体前俯。同时右勾手微微下摆，腕略低于肩，勾尖仍向下；左掌随仆步划弧下落，顺左腿内侧向前伸穿至左小腿内侧，掌心斜向正前方，指尖斜向下。头部左转，目视左掌方向（图4-3-135）。

图4-3-134　　　　　　　　　　　　　　　　图4-3-135

33.上步七星

（1）上体微左转，左脚尖外摆踏实，右脚尖内扣踏实，重心前移身体起立，屈左膝绷右腿成左弓步。同时左掌经体侧向前上方挑举，腕约与肩同高，掌心向正前方，指尖斜向上，左肘与左膝上下相对；右臂稍内旋，右勾手稍向右上方举伸，勾尖向体后。目视左掌方向（图4-3-136）。

（2）上体微微左转，重心前移，提右脚经左脚内侧向前上步，前脚掌着地成虚步，两膝微屈。同时右勾手变拳，经腰际向上向前穿举，拳眼向外；左掌变拳，左臂稍向内屈收，右拳置于左拳外侧，拳眼斜向里，拳心斜向下，两腕相交，左内右外。目视身体前方（图4-3-137）。

图4-3-136 图4-3-137

34.退步跨虎

（1）重心立于左腿，上体右转；右脚向身后撤步，前脚掌先着地，继而全脚踏实，重心后坐，两膝微屈。同时两拳变掌，左臂稍内旋，左掌稍向外划弧，立掌于体前，掌心向正前方；右臂外旋，右掌下落至腹前，掌心向上，指尖向体内。目视左掌方向（图4-3-138）。

（2）上体先右转再左转，重心右后移；同时右掌向右、向上划弧架于右前额上方，掌心斜向正前方，指尖斜向上；左臂内旋，左掌向下划落至左胯外侧，掌心向下，指尖向体前。目视身体前方（图4-3-139）。

图4-3-138 图4-3-139

第五段

35.转身摆莲

（1）身体右转，重心立于右腿；左脚跟外碾，两胯内合，两膝微屈。同时右掌向下、向右划弧至体右侧，掌心斜向下，指尖斜向上；左掌向左、向上、向前划至体左侧，掌心斜向下指尖斜向正前方，两腕约与胸同高。头随体转，目视右斜前方（图4-3-140）。

（2）身体继续右转，右脚尖翘起外摆踏实，重心移向右腿。两臂随体转而抹转。头随体转，目视右掌方向（图4-3-141）。

（3）身体继续右转，重心右前移，左脚向右脚前方上步，脚跟先着地，随即内扣踏实，两膝微屈。同时左肘内屈收于胸前，右掌向左向上穿至左掌上方，两腕相交，两掌心均向下。头随体转，目视身体右斜前方（图4-3-142）。

图4-3-140　　　　　　　　　图4-3-141　　　　　　　　　图4-3-142

（4）身体继续右转，重心在两腿之间。同时右臂内旋，右掌向右向上划弧摆至身体右侧，掌心向正前方，指尖向上；左臂外旋，左掌向右划弧至右胸前，附于右肘下方，掌心斜向下，指尖斜向上。头随体转，目视右掌（图4-3-143）。

（5）上体左转，左脚立稳，支撑重心；右腿提起向左、向上、向右扇形摆踢，脚面展平。同时右臂外旋，左臂内旋，两掌自右向左平摆，在头前先左手后右手依次拍击右脚面。目视拍击方向（图 4-3-144，图 4-3-145）。

图4-3-143　　　　　　　　　图4-3-144　　　　　　　　　图4-3-145

36. 弯弓射虎

（1）右脚向身体右前方落步，脚跟着地，身体右转，屈左膝，右腿伸直。同时两掌向右、向下划弧下落至腹前，两掌心均向斜下方，指尖相对。头部右转，目视身体右斜前方（图4-3-146）。

（2）上体微右转，重心前移，同时两掌向右、向上划弧变拳，右拳握于身体右侧，拳心向下，拳眼斜向上；左拳握于胸前，拳心向下，拳眼向里。头部左转，目视身体左斜前方（图4-3-147）。

（3）上体左转，右脚掌落地踏实，屈右膝绷左腿成右弓步，同时左拳经胸前向身体左前方打出，略低于肩，拳心斜向下，拳眼斜向上；右拳向上、向左打至右前额上方，拳心向外，拳眼向下。目视左拳前方（图4-3-148）。

图4-3-146　　　　　图4-3-147　　　　　图4-3-148

37. 搬拦捶

（1）上体微左转，重心移向左腿，左脚尖外摆踏实；右脚收至左脚内侧，前脚掌着地成丁步。同时右拳向下划弧至腹前，拳心向内，左拳变掌向下、向左再向上、向右划弧，左肘屈收于胸前，掌心向下，掌指向体右，拳心、掌心上下相对如抱球状。目视身体前方（图4-3-149）。

（2）身体稍右转，重心前移，上体稍向前方伸探，右脚经左脚内侧向前上步，脚跟先着地，继而全脚踏实。同时左掌微内旋经右臂外侧下落至左腹前，掌心向下，指尖向身体右前方；右臂外旋，右拳经左臂内侧向上、向前搬打，拳心斜向内，高于眼平。目视右拳（图4-3-150）。

（3）重心前移，身体右转，右脚尖外摆，左脚跟外碾。同时左掌前推，腕与胸同高，掌心斜向前，指尖斜向上；右拳回抽收至腰间，拳心向上。目视左掌（图4-3-151）。

（4）上体左转，重心前移，左脚向前上步，脚跟先着地，紧接着全脚踏实，屈左膝绷右腿成左弓步。同时左掌向右、向内弧形划收至右小臂内侧，掌心向右，指尖斜向上；右拳内旋向前冲打，拳心向左，拳眼向上，与胸同高。目视右拳（图4-3-152）。

图4-3-149　　　　图4-3-150　　　　　图4-3-151　　　　　　图4-3-152

38.如封似闭

(1)左掌微内旋，由右小臂下向前穿出至右腕下方，掌心向下，指尖斜向右前；右臂内旋，右拳变掌，手心向下，指尖斜向左前，两腕交叉，两掌伸向前。目视身体前方（图4-3-153）。

(2)重心后坐，屈右膝，左腿先伸直再微屈膝，左脚尖翘起。同时两臂稍外旋，两掌向内收于面前，掌心斜相对，指尖斜向上，指尖与鼻齐高。目视身体前方（图4-3-154）。

(3)身体重心仍坐于右腿。同时两掌内旋，微微向下落至腹前，掌心斜向下，指尖斜向上。目视身体前方（图4-3-155）。

(4)重心前移，屈左膝绷右腿成左弓步。同时两臂稍内旋，两掌向前上弧形推按出，两掌心向前，指尖向上，腕与肩同高。目视身体前方（图4-3-156）。

图4-3-153　　　　　　　　　　　　图4-3-154

图4-3-155　　　　　　　　　　　　图4-3-156

39.十字手

(1)身体右转，重心右移，左脚尖翘起内扣踏实，屈右膝，左膝微屈。同时两掌稍向右划弧举至身体左侧，掌心均向外，指尖均斜向上。头部稍右转，目视左掌方向（图4-3-157）。

(2)身体继续右转，重心继续右移。右掌继续向右划弧摆至身体右侧，腕同肩高，掌心斜向外,指尖斜向上;左掌稍向外划弧摆至身体左侧,腕同肩高,掌心斜向外,指尖斜向上。头随体转,目视身体右斜下方(图4-3-158)。

(3)上体继续左转,重心继续左移,右脚向左移步,成小开步,两脚之间与肩同宽,平行分立,两膝微屈。同时两臂外旋,两掌由两旁向内、向上划弧抱于胸前,两腕交叉,左内右外,掌心均斜向里,指尖分别斜向左、右上方。头部回正,目平视正前方(图4-3-159)。

图4-3-157 　　　　　　　图4-3-158 　　　　　　　图4-3-159

40.收势

(1)两脚蹬地,立稳重心,身体重心缓缓升起,直立站稳。同时两臂内旋,两掌心翻转向下,两掌向两旁平分,与肩同宽、同高,指尖均向前目平视正前方(图4-3-160)。

(2)两掌同时缓缓下落至两腿外侧,掌心向下,指尖向前。目平视正前方(图4-3-161)。

(3)右腿立稳重心,提左脚向右脚靠拢,两脚并步站立。同时两臂外旋,指尖下落,两掌附于两大腿外侧。目视前方(图4-3-162)。

图4-3-160 　　　　　　　图4-3-161 　　　　　　　图4-3-162

第五章　武术运动高级教程(武术四段)

第一节　第三套国际武术竞赛套路——长拳

一、第三套国际武术竞赛套路——长拳简介

新编第三套国际武术竞赛套路——长拳,是在吸取了查拳、滑拳、炮拳、华拳等传统拳种经典动作的基础上,严格遵循武术套路运动技术的发展规律创编而成的。该套路内容丰富,编排涉及合理,组合形式多变,难度适中。全套动作布局巧妙,连接顺畅,起伏转折,动迅静定,极具竞技性和观赏性,充分体现了长拳动作舒展大方、快速有力、灵活多变、蹿蹦跳跃和节奏鲜明的运动特点。

二、动作名称

第一段

1. 虚步亮掌
2. 上步对拳
3. 弓步撩推掌
4. 弹腿击掌
5. 后点步冲拳
6. 歇步挑掌
7. 并步冲拳
8. 腾空摆莲 360°
9. 并步拍地
10. 单拍脚
11. 提膝跳冲拳
12. 腾空飞脚
13. 侧空翻
14. 旋风脚 360°

第三段

33. 正踢腿
34. 燕势平衡
35. 弓步十字拳
36. 弓步左冲拳
37. 提膝挑掌
38. 弧形步
39. 扣腿双摆掌
40. 击步劈打
41. 弓步靠掌
42. 弓步双钩手
43. 垫步蹬腿
44. 弓步劈拳
45. 马步托打
46. 插步抓肩

15. 跌竖叉

第二段

16. 盖步冲拳

17. 单拍脚

18. 侧踹腿

19. 抢臂拍地

20. 震脚按掌

21. 弓步冲拳

22. 横裆步亮掌

23. 踢腿撩掌

24. 跳提膝钩手推掌

25. 腾空箭弹

26. 插步双摆掌

27. 弓步钩手推掌

28. 跳转身仆步切掌

29. 弓步架冲拳

30. 弓步贯拳

31. 后扫腿

32. 仆步亮掌

47. 马步架打

第四段

48. 提膝架掌

49. 提膝冲拳

50. 旋子

51. 坐盘

52. 外摆腿击响

53. 打虎势

54. 弓步顶肘

55. 抢臂砸拳

56. 虚步挑掌

57. 转身云手

58. 并步摆拳

59. 收势

三、长拳套路动作图解

预备式

两脚并步站立,脚尖向前;两臂垂于身体两侧,两手成掌自然贴靠腿外侧;眼向前平视(图 5-1-1)。

图5-1-1

要点:头正颈直,下颌微收,挺胸、收腹、塌腰、夹腿。

第一段

1.虚步亮掌

（1）接上势，右脚向右后方撤步，左腿微屈；同时，右掌经体侧向胸前上方划弧砍掌，掌心向上；左臂屈肘，左掌提至腰侧，掌心向上；目视右掌（图5-1-2）。

（2）重心后移，右腿屈蹲；左脚尖点地，成左虚步；同时，左掌经胸前从右臂上方向前。上划弧穿出伸直，右掌收至腰侧，掌心均向上；随即左臂内旋经左侧向后下方划弧成勾手，勾尖向上，右手继续向后、向右、向前上划弧于头前上方屈肘抖腕成亮掌（即横掌），掌心向上；目视左方（图5-1-3）。

图5-1-2 图5-1-3

要点：肩松腰活，动作连贯，两手路线走圆。虚步重心落于右腿，右大腿与地面平行，上体保持正直。

2.上步对拳

（1）接上势，右脚蹬地，重心前移，左脚向左前上步；同时，左勾手变掌，右掌下落，两掌向前撩出，两臂斜向下，两掌心向前上；目视前方（图5-1-4）。

（2）右脚向右前上步，重心偏右；同时，两掌收经腹前向左右两侧以弧形分开（图5-1-5）。

（3）左脚向右脚并步，两腿直立；同时，两手握拳继续以弧形向里绕举于腹前，拳心均向下，两拳之间约两拳距离；目视左方（图5-1-6）。

图5-1-4 图5-1-5 图5-1-6

要点:步法灵敏,手法敏捷,快慢相间,动静分明,上下配合要完整一致。

3.弓步撩推掌

(1)接上势,左腿屈膝提起,右腿自然伸直;同时,两拳变掌,右掌向右后下方摆举;左臂外旋,左掌向前上方托举,掌心向上;目视左前方(图5-1-7)。

(2)左掌继续向前上方托举;左脚向左前方落地,两腿屈膝下蹲,成马步;同时,左臂内旋同屈,左手虎口向内按于左膝上方,左肘外撑;目视左前方(图5-1-8,图5-1-9)。

(3)上体左转,重心左移;左腿屈膝前弓,成左弓步;同时,右手由后向下、向前弧形撩举,手心向左,手指向前;目视前方(图5-1-10)。

(4)上体右转,重心右移;右腿屈膝,成马步;同时,右手经上回屈于右腰侧,左手姿势不变;目视右手(图5-1-11)。

(5)右腿蹬伸,左腿屈膝前弓,成左弓步;上体左转;同时,右掌随转体向前推击,掌指高与肩平,力达小指一侧;目视前方(图5-1-12)。

图5-1-7

图5-1-8

图5-1-9

图5-1-10

图5-1-11   图5-1-12

要点：动作用力顺达，上下肢协调，缓而不松，力点准确。

4.弹腿击掌

接上势，右掌外旋成拳；随即左腿蹬伸，重心前移，右腿屈膝提起，小腿迅速向前弹踢，右腿伸直与腰平，脚面绷平；同时，右拳收于腰间，拳心向上；左掌向前推击，手指向上，力达小指一侧；目视前方（图 5-1-13，图 5-1-14）。

图5-1-13   图5-1-14

要点：手法敏捷，力点准确。弹腿、击掌上下配合，协调一致。

5.后点步冲拳

接上势，右脚向后落地，前脚掌着地；同时左手握拳收于腰间，拳心向上；右拳向前冲出，拳眼向上，力达拳面；目视前方（图 5-1-15）。

要点：撤步轻灵，冲拳迅速，力点准确。

图 5-1-15

6.歇步挑掌

（1）接上势，重心后移，左脚向左撤步，身体右移；同时，左拳变掌，迅速向左前上方砍出，右拳收至右腰间；目视左掌（图5-1-16）。

图5-1-16

（2）右腿蹬伸抬起，重心左移，右脚向左腿后落步，两腿交叉屈膝下蹲，成左歇步；同时，右拳变掌向右前弧形上挑，回收腰间变拳，拳心向上；左手先收至腰后再由下向前弧形挑掌，力达小指一侧；目视左前方（图5-1-17，图5-1-18）。

图 5-1-17   图5-1-18

要点：手法清晰、敏捷，刚柔相济，动迅静定，起伏转折协调一致。

7.并步冲拳

接上势，两脚蹬地，身体直立，左脚向左前上一步，右脚向左脚迅速并拢；同时，右拳向前冲击，拳眼向上，力达拳面；左掌附于右肘内侧，掌指向上，掌心向里，左肘尖下垂；上体微前倾；目视前方（图5-1-19，图5-1-20）。

图5-1-19 　　　　　　　　　　　图5-1-20

要点：步法灵敏，并步快速，身体微前倾，冲拳力点准确，形神兼备。

8.腾空摆莲360°

（1）接上势，身体右转；左脚向右前方上步脚尖微内扣，右脚向右以弧形上步；同时，两臂分别向左右两侧下摆（图5-1-21，图5-1-22）。

（2）右脚蹬地向上跳起腾空，身体在空中向右后转360°，左腿向右前上方直腿摆起，右腿向左上摆起经面前向右外摆；同时，两臂上摆至头上方，左右掌依次击拍右脚面；目视右脚（图5-1-23）。

图5-1-21 　　　　　　　图5-1-22 　　　　　　　　　图5-1-23

要点：助跑起跳迅速，腾空高，幅度大。空中击响腿脚尖过肩，击拍准确。

9.并步拍地

接上势，左右脚同时落地，两腿屈蹲；同时，两掌由上向下击拍地面；目视两掌（图5-1-24）。

图5-1-24

要点:落地全蹲,屈肘下拍,短促有力。

10.单拍脚

(1)接上势,重心上升;两腿直立,右脚向前方上步;同时,两臂向前后分开上摆;头向右转,目视右后方(图5-1-25)。

(2)左脚向右脚前上步;同时,左臂向上、向后摆至头左上方,右臂经下向前、向上摆起至头右上方;目视前方(图5-1-26)。

(3)重心移至左腿,右脚向前上方摆起;同时,两臂向头前上方直臂摆举,右掌背拍击左掌心,随即右掌心拍击右脚面;目视拍击方向(图5-1-27,图5-1-28)。

图5-1-25   图5-1-26   图5-1-27   图5-1-28

要点:上步、抡臂协调一致。支撑腿全脚着地,击拍脚过肩,击响准确。

11.提膝跳冲拳

(1)接上势,右脚落地,两臂前后下落;随即左脚上步,上身左转;同时,左掌变拳收抱于左腰侧,拳心向上;右掌向后、向下经体右侧向前撩掌,掌心向左;目视右掌(图5-1-29,图5-1-30)。

图5-1-29

图5-1-30

（2）右脚向前上步蹬地跳起腾空，左腿提膝收于腹前；同时，左拳变掌向前撩出，随即左掌内旋向头左上方架掌，左臂撑圆、上举，掌心向上；右卷向右直臂冲出，高与肩平；目视右方（图 5-1-31，图 5-1-32）。

图5-1-31

图5-1-32

要点：身体中正，腾空展体，动作连贯，协调一致。

12. 腾空飞脚

（1）接上势，右脚落地支撑，右腿屈膝半蹲；同时，右拳变掌，两掌由上向下摆至胸前交叉；随即身体左转，左脚向前上步；两臂下落经腹前分别向前后上方直臂摆起，立掌；目视前方（图 5-1-33，图 5-1-34）。

图5-1-33

图5-1-34

（2）右脚向前上步，蹬地向上跳起腾空，左腿向前上摆起，屈膝收回；同时，两臂依次向上向后划立圆摆动至头前上方，右掌背拍击左掌心；随即右腿向前上弹出，右掌拍击右脚面；目视前方（图5-1-35，图5-1-36）。

图5-1-35　　　　　　　　　　　图5-1-36

要点：腾空后右腿向前上弹，击响腿，脚尖过肩，左腿提膝收于腹前。空中立身击掌、拍脚迅速准确。

13. 侧空翻

接上势，右脚落地，左脚上步蹬地，右腿向后、向上摆起，身体前屈，两腿在空中分开（在空中做向左侧翻动作），随即右脚落地；目视右下方（图5-1-37—图5-1-39）。

图5-1-37　　　　　　　　　图5-1-38　　　　　　　　　图5-1-39

要点：空中两腿伸直、依次迅速摆腿，翻转要快，腾空高、飘。

14. 旋风脚360°

（1）接上势，上体立起左转，左脚向前落步；右手握拳收至右腰侧，左掌向左前方推出；右左脚连上3步，身体左转，两腿微屈下蹲；同时，两臂向右上摆起；目视前方（图5-1-40—图5-1-43）。

（2）右脚蹬地跳起，左腿向左上方摆动，在空中右腿里合；左手在头前迎击右脚前脚掌；身体旋转360°（图5-1-44）。

图5-1-40　　　　　　　图5-1-41　　　　　　　图5-1-42

图5-1-43　　　　　　　图5-1-44

要点：空中身体中正，击响腿脚过肩，立身旋转，击拍准确。

15.跌竖叉

接上势，两腿齐，前后分开落地，成竖叉，左脚尖勾起在前，右腿伸直、脚面绷平在后；同时，两掌在身体左右两侧立掌伸出；目视右掌前方（图 5-1-45）。

图5-1-45

要点：两腿同时落地时上体塌腰前倾，前脚掌向内勾收，后腿伸直。

第二段

16．盖步冲拳

（1）接上势，两脚蹬地起身，随即左脚上步，两腿屈膝半蹲；同时，两臂屈肘内收，两掌交叉置于胸前，掌心向上；目视前方（图5-1-45，图5-1-47）。

图5-1-46 　　　　　　　　　　　　　图5-1-47

（2）左腿伸直，身体左转；右脚经体前向左侧盖步落地，脚尖微外展，右腿屈膝半蹲；同时，左掌向前经右向左后划弧经左腰侧向右前摆至右肩前，掌心向右，指尖向上；右掌向右后划弧经右腰侧变拳向右前冲出，拳眼向上，高与肩平；目视右拳（图5-1-48，图5-1-49）。

图5-1-48 　　　　　　　　　　　　　图5-1-49

要点：分掌盖步协调，动作开合缓而不松。

17．单拍脚

（1）接上势，身体左转，左脚向前上步；同时，右拳变掌；左掌向下经腹前向上摆起，虎口向上，指尖向前；头向左转，目视左掌（图5-1-50）。

（2）右脚向前上步；同时，左臂向前上摆至头部前上方，掌心向前，指尖向上；右臂下摆；目视前方（图5-1-51）。

（3）左脚向前上步；同时，右臂由下向前上摆起，在头前上方，右掌背拍击左掌心；目视前方（图5-1-52）。

（4）左腿支撑，右腿伸直，脚面绷平向前上方摆起；右脚摆至面前时，右掌心拍击右脚面；左臂上摆，掌心斜向前；目视右脚（图5-1-53）。

图5-1-50　　　　　图5-1-51　　　　　图5-1-52　　　　　图5-1-53

要点：上步迅速，击响腿脚部过肩，击拍准确。

18.侧踹腿

（1）接上势，身体右转；右脚经左脚前向左落地，脚尖外展，屈膝半蹲；同时，两臂向下在腹前交叉上摆至胸前成十字掌，右掌在外，左掌在内，掌心向外，指尖向上；目视前方（图5-1-54）。

（2）重心移至右腿并伸直独立支撑，上体向右侧倾；左腿由左侧屈膝向上抬起，勾脚尖向左侧上方蹬出，脚高于腰；同时，两臂由屈到伸，两掌向左右两侧推出，掌心向外，高与肩平；目视左脚（图5-1-55）。

图5-1-54　　　　　　　　　　图5-1-55

要点：支撑腿直立，展胯向左侧挺膝踹出与双分掌完整一致。

19.抡臂拍地

（1）接上势，重心右上移，身体右转；同时，左脚向后方落步；随即右臂下摆至右侧下方，左臂向下经体前向上摆至头左上方；目视前方（图5-1-56）。

（2）身体左转；右脚上步，两腿平行，屈膝全蹲；同时，左臂向下、向后上方摆起，左掌变成勾手,勾尖向上;右臂由下向上、向前下拍地,掌心向下;目视右掌(图5-1-57)。

图5-1-56　　　　　　　　　　图5-1-57

要点:落步、转体、屈蹲连贯,肩松抢臂立圆,全蹲、屈肘拍地短促有力。

20.震脚按掌

(1)接上势,身体右转90°,重心上移;两脚跟抬起,前脚掌着地;同时,左臂向下经体左侧向前摆动,右臂向下经体右侧向前上摆起;目视前方(图5-1-58)。

(2)身体继续右后转90°右臂随转体由上向后划立圆摆至身体右腰侧抱拳,拳心向上;左臂随转体向前、向上摆起下落至体前,掌心向下,指尖向右;同时,右腿屈膝抬起向左脚内侧用力下落震踏;左腿屈膝抬起,脚面绷平贴扣于右膝腘窝处;目视前方(图5-1-59)。

图5-1-58　　　　　　　　　　图5-1-59

要点:以髋为轴,转身协调,转身震脚与抱拳按掌同时完成。

21.弓步冲拳

(1)接上势,左脚向前上步,左腿屈膝前弓,右腿伸直,成左弓步;同时,右拳内旋向前冲出,拳心向左,拳面向前,高与肩平;左掌变拳,左臂屈肘,左拳收于左腰侧,拳眼向上;目视前方(图5-1-60)。

(2)右腿屈膝,上体微右转,成马步;同时左前臂内旋,左拳向前冲出,拳眼向上,拳面向前;右臂外旋屈肘,右拳收于右腰侧;目视前方(图5-1-61)。

图5-1-60

图5-1-61

（3）身体右转90°；左脚跟外展，左腿伸直，右脚跟内转，右腿屈膝前弓，成右弓步；同时，右臂内旋，右拳向前冲出，拳眼向上，拳面向前，高与肩平；左臂动作不变；目视前方（图 5-1-62）。

要点：弓出腿大腿呈水平，后腿挺膝蹬直，全脚掌着地；两手立冲拳迅捷。

22. 横裆步亮掌

（1）接上势，左腿支撑，右腿提膝；身体左转180°；同时，两拳变掌，右掌随转体向左平行砍掌，左臂屈肘收回，两掌交叉于胸前；目视两手（图 5-1-63）。

图 5-1-62

（2）右腿落于左腿外侧，右腿屈膝半蹲，左脚贴扣于右膝腘窝处；随即左脚向左侧横铲一步，成左横裆步；同时，两手由下向上、向左右两侧撩掌，高与肩平；随即右手随右臂屈肘抖腕成亮掌，掌心斜向上，左掌成勾手，勾尖向下；目视前方（图 5-1-64，图 5-1-65）。

图5-1-63

图5-1-64

图5-1-65

要点：两脚内扣，重心落于髋部，右掌、前臂撑圆，左手屈腕，五指撮拢。

23.踢腿撩掌

(1)接上势,重心上升右移至右腿;同时,两臂由两侧向上直臂摆起上举交叉,右手在外,左手在内,掌心向内;随即左脚向右脚并拢,两腿屈膝全蹲;两臂屈肘交叉下落于胸前;目视两手(图5-1-66,图5-1-67)。

图5-1-66

图5-1-67

(2)右腿伸直支撑,左腿斜踢于左耳侧;同时,右手随踢腿沿大腿外侧至左脚外侧贴身上撩于脑后,左掌向下、向左侧撩掌;目视左前方(图5-1-68,图5-1-69)。

图5-1-68

图5-1-69

要点:斜踢腿的同时右掌沿左腿髋外侧上撩,身体中正,开肩扬臂协调一致。

24.跳提膝钩手推掌

(1)接上势,左腿下落于右腿内侧,两腿屈膝并拢;同时,右臂由上向下、左臂由后向前交叉于两膝前,右手在下,掌心向上,左掌心向下;目视前下方(图5-1-70)。

(2)两脚蹬地跳起腾空,右腿提膝收于腹前;同时,右掌变钩由下向后上摆,略高于肩;左掌前推,高与肩平,力达小指一侧;目视前方(图5-1-71)。

图5-1-70   图5-1-71

要点：腾空提膝过腰，上体正直，勾手、推掌完整一致。

25.腾空箭弹

（1）接上势，左脚落地，右脚上步，上体保持不变，随即左右脚上步；目视前方（图 5-1-72—图 5-1-74）。

图5-1-72   图5-1-73   图5-1-74

（2）左腿提膝；右手勾变掌由下向前托出，掌心向上，左掌变拳收回于左腰侧，拳心向上；随即右脚蹬地腾空弹腿；同时，右掌变拳收回于右腰侧，拳心向上；左拳变掌向前推出，掌心向前，力达小指一侧；目视前方（图 5-1-75，图 5-1-76）。

图5-1-75   图5-1-76

要点:上体直立,腾空弹腿收髋由屈到伸达于水平,弹腿、推掌完整一致。

26.插步双摆掌

(1)接上势,左脚下落,右脚上步,上体保持不变;随即左脚先上步,重心左移,身体左转,右脚再上步;同时,右拳变掌,两掌向下、向左上摆起,掌指均向上;目视左掌(图5-1-77—图5-1-79)。

(2)左脚向右腿后插步,前脚掌着地,上体右拧同时,两臂继续由左向上、向右摆于身体右侧,均成立掌,左掌停于右肘窝处,目视右掌(图5-1-80)。

图5-1-77

图5-1-78

图5-1-79

图5-1-80

要点:两臂要划立圆,幅度要大,摆掌与后插步配合一致。

27.弓步钩手推掌

接上势,重心后移于左腿,右腿提膝;随即右脚后撤一步,左腿屈膝前弓,成左弓步;同时,右掌收至右腰侧,随即成立掌向前推出,力达小指一侧;左掌向下、向后伸直摆动成勾手,勾尖向上;目视右掌(图5-1-81,图5-1-82)。

武术运动高级教程（武术四段）

图5-1-81

图5-1-82

要点：退步和推掌协调一致，推掌发力顺肩，右腿蹬伸。

28.跳转身仆步切掌

（1）接上势，左右腿伸直，上体前俯；随即上体直立，重心移至左腿，右前脚掌着地；同时，右掌从下向上挑于头上方，掌心向里；左勾手置于身体左侧，勾尖向上；目视前方（图 5-1-83，图 5-1-84）。

图5-1-83

图5-1-84

（2）左脚蹬地跳起腾空，身体右后转180°，右脚落地；随即右腿屈膝全蹲，左腿平铺前伸，成左仆步；同时，右掌从右向下直臂绕行，左臂屈肘后向上直臂弧形绕行至头上方；随即右臂由后向上划立圆绕行一周向下切掌，掌指向前，左臂继续由上向右直臂弧形绕行，至右侧方屈肘置于右腋下屈腕，掌指向上；目视左前方（图 5-1-85—图 5-1-87）。

图5-1-85 图5-1-86 图5-1-87

要点:腾空时两臂抡动要肩松,立圆,动作连贯。

29.弓步架冲拳

(1)接上势,身体右转;左腿伸直蹬地支撑,右腿屈膝抬起,小腿内收,右脚贴靠左腿;同时,左臂经左向上摆至右侧体前,右掌变拳由后向上弧线摆至右腰侧;目视前下方(图5-1-88)。

(2)右脚向右前落步,右腿屈膝前弓,左腿伸直,成右弓步;同时,左手从体左侧上撑至头上方,掌心向上;右拳向前冲出,拳眼向上,高与肩平,力达拳面;目视前方(图5-1-89)。

图5-1-88 图5-1-89

要点:弓腿时膝与脚背垂直,大腿保持水平,后腿扣脚蹬直,立拳前冲与弓步协调一致。

30.弓步贯拳

接上势,重心左移,成马步,上体微右转后向左侧倾;同时,左掌、右拳收至左右腰侧,左臂向左前伸直,右拳经前向左弧形摆至头部左前上方与左掌心相击,拳眼向下,力达拳面;目视右拳(图5-1-90,图5-1-91)。

图5-1-90　　　　　　　　　　图5-1-91

要点：弓腿时膝与脚背垂直，大腿保持水平，展体带臂，后腿扣脚蹬直。

31. 后扫腿

接上势，上体右转前俯；左腿屈膝下蹲，右腿平铺，成右仆步；随即以左脚掌为轴，右脚尖内脚掌擦地向后平扫一周360°，力达踝关节外侧；同时，右拳变掌，两掌向右腿内侧地面插落，两掌推地，两臂随转体摆至体前；目视下方（图5-1-92，图5-1-93）。

图5-1-92　　　　　　　　　　图5-1-93

要点：收髋、挺膝，左脚脚跟提起全蹲旋转，右腿挺膝扫转，脚掌不离地。

32. 仆步亮掌

接上势，上体右转微前倾；左腿全蹲，右腿平铺接近地面，成右仆步；同时，左臂撑圆亮掌上举；右臂内旋后举，右手成勾，勾尖向上；目视右侧（图 5-1-94，图5-1-95）。

图5-1-94　　　　　　　　　　图5-1-95

要点:挺胸、塌腰、右拧,亮掌、勾手配合要完整。

第三段

33.正踢腿

(1)接上势,重心左移;同时,右手勾变掌由后经前向左摆至左膝前,掌心向里;左掌下落贴至右肘内侧;目视左下方(图5-1-96)。

图5-1-96

(2)重心上升并移至右脚,左脚上步;同时,右臂由下向后上划立圆抡臂至头右上方,掌心向内;左臂由下向上划立圆抡臂至身体左后侧,掌心向里;目视前方(图5-1-97,图5-1-98)。

(3)上动不停,重心移至左脚,右腿伸直,脚尖勾起,向额前正踢腿,随即右脚落步并至左脚;同时,右臂向下成反臂勾手,勾尖向上;左臂向上成亮掌,掌心向前上方;目视前方(图5-1-99)。

图5-1-97　　　　　图5-1-98　　　　　图5-1-99

要点:左腿直立,收髋勾脚,右腿前踢至前额,力达脚尖。

34.燕势平衡

(1)接上势,右脚上步,随即左脚收至右脚内侧,脚尖点地后两腿屈膝半蹲;同时,两掌向内收至胸前交叉,右掌在外,左掌在内,两掌心均向外,指尖向上;目视前方(图5-1-100,图5-1-101,图5-1-102)。

（2）上体前俯；右腿伸直独立支撑，左腿屈膝向后抬起，再向后上方伸直，脚面绷平，脚高于头；同时，两掌向左右两侧分开，高与肩平，掌心向外，指尖斜向上；头微上仰，目视前方（图5-1-103）。

注：燕势平衡属持久性平衡，静止时间不得少于2秒钟。

图5-1-100   图5-1-101   图5-1-102   图5-1-103

要点：右腿直立，上体前倾呈水平，塌腰、收臀，力达腰背。

35.弓步十字拳

（1）接上势，左脚向前落步，身体前俯；随即左脚蹬地腾空，右腿屈膝上提，左腿垂直；同时，两臂向下、向里摆至体前交叉，两掌心向内；随即左掌向右经上向左侧划立圆，右掌向下、向右上划弧；目视前方（图5-1-104，图5-1-105）。

图5-1-104   图5-1-105

（2）左脚先下落，随即右脚向前落步，右腿屈膝半蹲，左腿伸直，成右弓步；上体右转；同时，左掌向下经左向右划弧摆至右肩前；右掌变拳从体左侧由下向右摆至身体右侧，拳眼向上，高与肩平；目视右后方（图5-1-106，图5-1-107）。

图5-1-106

图5-1-107

（3）上体左转；同时，左掌变拳，随左臂由屈到伸向身体左侧冲出，拳眼向上，高与肩平，力达拳面；目视左前方（图5-1-108）。

要点：上肢动作大幅度舒展，先向右后摆拳，后再左冲拳；下落动作轻巧，弓步稳固，上下肢动作协调配合。

36.弓步左冲拳

（1）接上势，右弓步不变；右拳变掌，由右向上经头顶按于左肩内侧，手指向上；目视左侧（图5-1-109）。

（2）右掌经左前臂上方向前、向下按弧形转一周；同时，左拳后收再向前冲击，高与肩平，拳眼向上，力达拳面；右掌附于左肘内侧；目视左侧（图5-1-110）。

图 5-1-108

图5-1-109

图5-1-110

要点：弓腿时膝与脚背垂直，大腿保持水平，后腿扣脚蹬直，左拳右掌协调一致。

37.提膝挑掌

接上势，重心右移，上体右转；左拳变掌由左向上至右，掌心向里，右掌变拳回收于右腰侧；随即身体左转，重心左移；左腿直立，右腿屈膝上提；同时，左掌由右向下划立圆抡臂摆至左腰侧；右拳变掌前伸，由下向左划弧上挑，力达小指一侧；目视右前方

（图 5-1-111—图 5-1-113）。

图5-1-111　　　　　　　图5-1-112　　　　　　　图5-1-113

要点：转身提膝快速敏捷，支撑稳定；收左拳、挑右掌协调一致。

38.弧形步

（1）接上势，上肢动作不变；右脚向右前落地外摆，右腿屈膝前弓，左腿自然伸直；随即左脚向前上步内扣，重心前移，右脚跟提起，两腿微屈；目视右前方（图 5-1-114，图 5-1-115）。

图5-1-114　　　　　　　　　图5-1-115

（2）上肢动作不变；右脚、左脚继续向右前按弧形上步，右脚尖外摆，左脚尖内扣；身体随上步右转；目视右掌前方（图 5-1-116—图 5-1-118）。

图5-1-116　　　　　　　　　图5-1-117

要点:右腿屈膝前弓,左腿屈膝上步,重心前移平稳,向右前弧形步连绵不断,步行身随。

39.扣腿双摆掌

接上势,右脚前抬回落至身体右后方,左腿屈膝提起;左脚扣于右膝腘窝处,右腿屈蹲支撑;同时,左拳变掌由后下、向前上弧形上挑;随即两掌由左侧向上、向右弧形摆举,右臂伸直,左臂屈至右肩前,手指均向上,摆掌力达小指侧;目视右手(图5-1-118,图5-1-119)。

图5-1-118　　　　　　　　　　图5-1-119

要点:右腿屈膝半蹲接近水平,左腿脚尖勾起紧扣于右膝腘窝处;上体直立,右肘关节微屈。

40.击步劈打

(1)接上势,左脚向左侧踏出一步,上肢动作不变,两腿弯曲;随即右脚蹬地腾空击碰左脚,右脚、左脚依次落地,两腿弯曲,成马步;目视右侧方(图5-1-120—图5-1-122)。

图5-1-120　　　　　　　　图5-1-121　　　　　　　　图5-1-122

(2)身体左转,重心左移;左脚蹬地腾空垫步,随即右脚上步;同时,左掌经胸前向左上横抹,右手由后经上弧形向前下抢劈;随即左手由前向下弧形抓握,两臂交叉于左腹前;目视两掌(图5-1-123—图5-1-125)。

图5-1-123　　　　　　　　图5-1-124　　　　　　　　图5-1-125

要点：抢劈掌由上向下呈立圆，肩松、步活，动作开合舒展。

41.弓步靠掌

接上势，左腿蹬伸，转髋伸直，左脚内扣，右腿
屈膝前弓，成右弓步；身体右转；同时，右臂伸直，由
下经左弧形向右上靠挑，掌心向上，力达右臂外侧；
左手左下举，臂呈斜线，掌心向下，掌指斜向右前；目
视右手（图 5-1-126）。

要点：劲力顺达，转髋带臂，上下肢配合协调一致。

42.弓步双勾手

接上势，身体左转，重心左移；左腿屈膝前弓，成左
弓步，上体微前倾；同时，右臂随转体由右经上向下、向
后反臂勾手，左手经下向后反臂后撑成勾手；目视前方（图 5-1-127）。

图 5-1-126

图5-1-127

要点：转身以髋为轴，两臂后举，勾尖向上，挺胸立腰。

43.垫步蹬腿

右腿屈膝提起,随即右脚跟向前蹬伸,脚尖向上;左脚向前跳进步,左腿微屈;同时,右手勾变拳,由后经下向上直臂摆挑至头右上方;左手勾变掌,直臂向前推击,手指向上,力达小指一侧;目视前方(图 5-1-128)。

图5-1-128

要点:垫步快速,右腿蹬至水平,收能立身,上下配合协调完整。

44.弓步劈拳

接上势,右脚向前落地,右腿屈膝前弓,成右弓步;同时,右拳由上向前下劈打,直臂,高与肩平,拳眼向上;左手托至右前臂;目视前方(图 5-1-129)。

图5-1-129

要点:劈拳、托掌协调用力,完整一致。

45.马步托打

(1)接上势,左脚蹬地,重心前移,左脚贴扣至右膝腘窝处;身体微右转;同时,左掌心向上,向体前平托;右拳收于右腰侧,拳心向上;目视左手(图 5-1-130)。

(2)左脚向左侧落地,两腿屈膝半蹲,成马步;同时,右拳前冲,直臂,高与肩平,拳眼向上;左掌由前向上收至右肩内侧,掌指向上;目视前方(图 5-1-131)。

图5-1-130　　　　　　　图5-1-131

要点：上托掌要敏捷，眼随手动，冲拳快速，落步协调。

46.插步抓肩

接上势，右脚蹬地，重心左移，右脚沿左腿后向左插步，前脚掌着地，脚跟提起，两腿交叉弯曲；身体左转；同时，左掌变勾，反臂后举，勾尖向上；右手由前向上、向左抓握左肩；目视左侧（图 5-1-132）。

图5-1-132

要点：上体直立抓握有力，步法轻灵敏捷。

47.马步架打

（1）接上势，重心右移，身体右转；左脚向左横迈一步，右腿屈膝前弓，成右弓步；同时，左勾手变拳，由后下经体前向右上弧形屈肘，拳心向内；右掌变拳收回至右腰侧；目视左拳（图 5-1-133）。

（2）右脚蹬地，身体左转，左腿屈膝前弓，成左弓步；同时，右拳向左冲出，直臂，高与肩平，拳眼向上，拳心向左；左拳收回至腰侧，拳心向上；目视右拳（图 5-1-134）。

（3）左脚蹬地，重心右移，身体右转，成马步；同时，右臂向上横架，拳眼斜向下；左拳向左侧冲击，直臂，高与肩平，拳眼向上；目视左侧（图 5-1-135）。

图5-1-133　　　　　　　　图5-1-134　　　　　　　　图5-1-135

要点：动作连贯不停顿，转换快速协调，力点准确顺达。

第四段

48.提膝架掌

接上势，重心右移；右腿直立，左腿屈膝提起；同时，左右拳变掌由上下落于右腰侧，上体，微右转；随即上体左转，提膝随右掌向右上方推出，右臂撑圆，掌心向上；左掌向左推出，高与肩平，掌心向左，力达小指一侧；目视左侧方（图5-1-136—图5-1-137）。

图5-1-136　　　　　　　　图5-1-137

要点：立身转腰，左腿提膝时小腿内扣，气息下沉，独立支撑稳固。

49.提膝冲拳

（1）接上势，左脚向左前方落步，脚尖外展；随即右脚向前上步；上体左转；同时，右掌变拳收至右腰侧；目视左掌（图5-1-138）。

（2）身体左转；右腿直立，左腿屈膝提起；同时，右拳向右冲出，拳心向下，高与肩平；左掌收于右肩前成立掌；目视右拳（图5-1-139）。

图5-1-138

图5-1-139

要点：左腿提膝过腰，上体正直，冲拳顺达，力达拳面。

50.旋子

（1）接上势，身体左转90°；左脚向左落步，脚尖微外展；两臂向两侧平摆，两掌心均向下；随即右脚向左前方上步，脚尖内扣，身体继续左转180°；两臂随转体继续平摆；目视前方（图 5-1-140，图 5-1-141）。

图5-1-140

图5-1-141

（2）身体左转90°；左脚向右后方撤步，前脚掌着地，重心移至右腿，右腿屈膝；随即上体向左后拧转前俯，左脚蹬地腾空，右脚向后上摆起，左腿随之摆起；两臂腾空向左后平摆；头上仰，目视前方（图 5-1-142—图 5-1-144）。

图 5-1-142

图5-1-143 图5-1-144

要点:起跳转身提髋,空中腿伸直展体,塌腰仰头。

51.坐盘

(1)接上势,右脚先下落,左脚随后落于右腿后方;两臂随之下落(图5-1-145)。

(2)身体向左后转360°;两腿交叉叠拢下坐,臀部和右腿的大小腿外侧及脚面均着地;同时,两臂随转体向左平摆至右胸前,两掌十字交叉,右掌在外,掌尖均向上;头向左转,目视左方(图5-1-146)。

图5-1-145 图5-1-146

要点:左腿屈膝,在右腿上方横盘贴近胸部,身体前倾向左拧转,塌腰。

52.外摆腿击响

(1)接上势,重心上升,左右脚并步,身体直立;同时,右掌下摆至腹前在外,掌心向里;左掌摆至右腋下;目视右下方(图5-1-147)。

(2)右脚向右前方上步,重心前移;同时,左掌向左撩出,高与肩平,掌心向外;右掌经前下向左上划立圆撩至右侧,高与肩平,掌心向外;目视左掌(图5-1-148)。

(3)左脚向前上步,重心前移,右脚前脚掌着地,同时,上体左转;右掌向下、向上挑至左肩前,两掌心向外;随即左腿伸直,右脚面绷平,向左、向上、向右摆动至面前时,左右手依次击拍脚面;目视右脚(图5-1-149,图5-1-150)。

（4）右脚下落，与左脚并步；同时，两掌分落于左右侧，高与肩平，两掌心均向外；目视左侧（图5-1-151）。

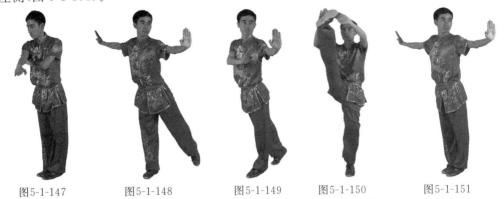

图5-1-147　　图5-1-148　　图5-1-149　　图5-1-150　　图5-1-151

要点：左腿直立，全脚掌着地；收腹展体，外摆腿击响过肩，击拍准确。

53.打虎势

接上势，两脚外分，右腿屈膝前弓，左腿伸直，成右弓步；同时，右臂向下、向上内旋屈肘上撑，拳心斜向上；左臂内旋向下屈肘下撑，拳心向下；目视左前方（图5-1-152）。

图5-1-152

要点：挺胸立身转腰，两臂撑圆，力达前臂外侧。

54.弓步顶肘

（1）接上势，左脚蹬地，重心右移，右脚震地下踏，左腿屈膝后贴至右膝腘窝处；身体右转；同时，两拳变掌，右臂向右下摆至体右侧，臂伸直，掌心向上；左掌上挑至右胸前，掌心向下；目视右掌（图5-1-153）。

（2）左脚向左侧落步，身体左转，左腿屈膝前弓，右腿伸直，成左弓步；同时，左掌变拳，右臂屈肘，右掌心贴于左拳面，助推左肘尖向左侧顶出；目视前方（图5-1-154）。

图5-1-153   图5-1-154

要点：弓腿时膝与脚背垂直，大腿保持水平，后腿扣脚蹬直，松腰转髋，力达肘尖。

55.抡臂砸拳

（1）接上势，重心上升，身体右转；右腿支撑，左脚向右收回，前脚掌着地；同时，右臂屈肘下落至右腰侧；左拳变掌，随即左臂前伸下落，经体前划立圆摆至右臂上方；目视左掌（图5-1-155）。

（2）身体左转；左脚跟内转落实，重心移至左腿，右腿屈膝上提；同时，左臂向上、向左划立圆摆至左侧，与肩同高，掌指向上；右臂经腹前向右、向上划立圆摆至头部右上方成拳，拳面向上；目视前方（图5-1-156）。

（3）左右脚蹬地下落震踏，两腿屈膝半蹲；同时，左臂摆至腹前，掌心向上；右臂屈肘，右拳背向下砸击左掌心；目视右拳（图5-1-157）。

图5-1-155   图5-1-156   图5-1-157

要点：收腹立身，右拳五指卷紧，拳面要平，砸拳完整准确。

56.虚步挑掌

（1）接上势，重心上移，身体右转；右脚向右斜后方退步，随即左脚并至右脚；同时，右拳变掌上摆至头上方，掌心向上；左掌收至左腰后侧；目视前方（图5-1-158）。

（2）右腿屈膝半蹲，左脚向左前方上步，脚尖着地，成左虚步；同时，右掌变勾手，下摆至右后上方，勾尖向下；左掌由下向上划弧挑至左膝上方，掌指向上，力达小指一侧；目视前方（图5-1-159）。

图5-1-158   图5-1-159

要点：立身挺胸塌腰，右腿屈膝下蹲松胯，左腿微内旋。

57.转身云手

（1）接上势，左脚撤步至右腿后侧，前脚掌着地；同时，左掌由下向上、右掌由上向下按弧形合至腹前，两手腕交叉，右掌在上，掌心向下，左掌在下，掌心向上；目视两掌（图5-1-160）。

（2）以左前脚掌为轴支撑拧转，身体左后转180°，右脚随即贴扣至左膝腘窝处；同时，以腕关节为轴，两掌向左上方绞一腕花；目随视两掌（图5-1-161）。

（3）右脚向右侧落步，两腿屈膝，成马步；同两手腕交叉下落于腹前，左掌在上，掌心右，向右掌在下，掌心向上；目视两掌（图5-1-162）。

图5-1-160   图5-1-161   图5-1-162

要点：眼随手动，身随步活，转换柔顺。

58.并步摆拳

接上势，左脚蹬地，身体右转，左脚向右脚迅速并拢，身体微左转；同时，左掌变拳，与右掌横撑至身体左右两侧，与肩同高；目视左前方（图5-1-163）。

图5-1-163

要点：左脚向右脚并拢迅速，左右臂呈弧线向外格挡，两臂外撑。

59.收势

接上势，左脚向左前方上步，右脚并至左脚；同时，两臂自然下落至身体两侧；目视前方（图5-1-164）。

图5-1-164

要点：挺胸收腹，自然调息。

第二节　第三套国际武术竞赛套路——剑术

一、剑术套路简介

剑术是武术的四大名器之一，被称为"百兵之君"。第三套国际武术竞赛套路——剑术，既吸收了传统剑术套路的经典动作精华组合，又糅合了当今剑术技术元素，遵循武术套路运动技术发展的规律和竞赛要求创编而成。该套路由四段共64式动作组成，其中包括刺、点、崩、劈、撩、挂、云、穿、抹、带、腕花等主要剑法，以及轻快流畅的行步、潇洒的跳跃难度动作和弓步、马步、仆步、虚步、后插步、跳换步等基本步型。其剑法遒劲、灵活，攻防转换轻灵多变，柔中寓刚、刚中蕴柔，充分体现"剑如飞凤"的特点。全套动作编排精巧，难度适中，剑法密集，技法丰富；演练强调以身运剑，身法、步法、剑法融为一体，充分展现剑术运动轻快敏捷、潇洒飘逸、气韵生动的风格特点。

二、动作名称

预备式

第一段　第三段

1. 并步持剑

2. 云剑

3. 上步侧踢腿

4. 虚步扣剑

5. 退步反撩剑

6. 剪腕花

7. 转身背花

8. 剪腕花

9. 弓步刺剑

10. 背花

11. 剪腕花

12. 提膝上刺剑

13. 剪腕花

14. 挂剑

15. 提膝崩剑

16. 弧形步

17. 跳提膝平斩剑

18. 上步刺剑

19. 翻身扫剑

20. 击步点剑

21. 旋风脚360°

22. 跌竖叉

第二段　第四段

23. 剪腕花

24. 反挂剑

25. 丁步前点剑

39. 上步撩剑

40. 退步反撩剑

41. 转身腕花

42. 跪步下截剑

43. 剪腕花

44. 扣步云剑

45. 弧形步抹剑

46. 跳提膝反撩剑

47. 剪腕花

48. 插步平斩剑

49. 转身云剑

50. 退步刺剑

51. 撤步穿剑

52. 剪腕花

53. 提膝点剑

54. 跳崩剑

55. 仆步带剑

56. 并步下截剑

57. 左右挂剑

58. 背后穿挂剑

26. 插步反穿剑

27. 剪腕花

28. 背花

29. 下劈剑

30. 提膝刺剑

31. 跳换步交接剑

32. 转身云剑

33. 旋子

34. 交接剑

35. 转身云剑

36. 坐盘

37. 转身云剑

38. 望月平衡

59. 跳换步抛接剑

60. 侧空翻

61. 上步拍脚

62. 弓步持剑

63. 并步持剑上指

64. 收势

三、动作说明

(一)预备式

两脚并步站立,面向右斜前方;左手反握剑柄持剑。剑身垂直贴紧前臂内侧;右手五指并拢,贴于右腿外侧,目视前方(图 5-2-1)。

图 5-2-1   图 5-2-2

要点:面向斜前方并步持剑站立。

(二)第一段

1. 并步持剑

(1)接上式,上体左转同时右手成剑指由右腰侧经腹前向左前方穿出,摆至右前方,左手持剑随左臂稍屈肘向后摆出,手心向后;目视右手剑指(图 5-2-2)。

(2)上体右转;同时右臂内旋,右手剑指手心斜向下直臂向右平摆收至腰侧,手心向上；左手持剑经左后方摆至右斜前方，手心向下；目视左前方（图5-2-3）。

（3）右手剑指由右腰侧向右侧方直臂伸出，左手持剑下落摆至体左侧；随即右手剑指抖腕，右肘稍屈，手心向右；同时，头向左转；目先视右手剑指后转视左前方（图5-2-4，图5-2-5）。

图5-2-3   图5-2-4   图5-2-5

要点：左手持剑，左臂微曲抬起，剑尖朝上，剑刃不能触及前臂；右手沿体前按弧形运行，右手剑指抖腕，力达手指内侧。

2.云剑

接上势，左手持剑向上摆起，随即左臂外旋，手心向上，以腕为轴向左经前向右在头部上方平绕一周，位于体前，稍高于头，手心向上；同时右手剑指向右平摆至体右侧，与肩同高（图5-2-6）。

图5-2-6

要点：左手持剑以腕为轴在头部上方平绕一周，仰头，目视剑身，左腕放松灵活。

3.上步侧踢腿

（1）接上势，上体稍右转，右脚向左侧上步；同时，左手握剑下落于右腰侧，右手剑指随右臂屈肘附于剑柄上；目视前方（图5-2-7）。

（2）右腿支撑直立，左脚尖勾紧向左耳侧踢起；目视前方（图5-2-8）。

图5-2-7　　　　　　　图5-2-8

要点：身体直立，支撑腿与上踢腿伸直，左脚侧踢至头侧，力达脚尖。

4.虚步扣剑

接上势，右腿屈膝半蹲，左腿下落，脚尖点地，成左虚步；同时，左手内旋扣剑于左膝上方；右手剑指向后摆至斜上方，右肘稍屈，手心向右；目视前方（图5-2-9）。

要点：扣剑分手与虚步同时完成；右脚全脚掌着地，屈蹲腿达水平，左手扣剑于左膝上方。

5.退步反撩剑

（1）接上势，左脚向后退步，前脚掌着地，右腿屈膝，脚尖外展；同时，左手扣剑屈肘收于胸前，随即右手接握剑；目视剑尖（图5-2-10）。

图 5-2-9

（2）右脚向右后侧退步，成左弓步，上体前倾；同时，右手握剑，右臂内旋向后反撩，虎口向下，剑尖与胯同高；左手成剑指向左斜上方伸出；目视剑尖（图5-2-11）。

图5-2-10　　　　　　　图5-2-11

要点：右手握剑由下向右侧反臂撩出，虎口向下力达剑外刃。

6.剪腕花

接上势，重心右移，身体右转；同时，右手握剑以腕为轴向下、向上在体前、体后各划立圆绕行一周收于右胯侧；左手剑指随左臂屈肘摆于右胸前；目视前方（图5-2-12）。

图5-2-12

要点：右手松握、手腕灵活，以腕为轴，贴身划立圆绕行，左右腕花连贯快速。

7.转身背花

接上势，重心左移，左脚向右脚斜后方插步，前脚掌着地，身体左转；同时，右手握剑以腕为轴向下、向上腕花，随转体置于体右侧；目视剑柄（图5-2-13）。

图5-2-13

要点：右手握剑以腕为轴划立圆绕行，剑身绕环靠近腰背。

8.剪腕花

（1）接上势，以两脚掌为轴，身体向左后翻转；同时，右手握剑经下向上在体右侧划立圆绕行；左手剑指经下向上、向左抡摆（图5-2-14）。

（2）身体左转；同时，左手剑指继续向下抡摆，随左臂屈肘摆至右臂内侧；右手握剑随即翻转向上向前摆起；目视右前方（图5-2-15）。

（3）身体继续左转；左腿微屈支撑，右腿向右前摆起，脚面绷平，左脚蹬地跳起，随即左腿屈膝向前提起；同时，右手握剑向右、向下摆落随即右臂内旋，以腕为轴向左、向上在体前划立圆绕行；目视剑尖方向（图5-2-16）。

（4）右脚落地，左脚向左落步，脚尖外展，两腿屈膝，成半马步；同时，右手握剑下摆内旋扣腕随屈肘收至右腰侧；左手剑指向左摆出，虎口向上；目视左前方（图5-2-17）。

图5-2-14　　　　　　　　　　　　　图5-2-15

图5-2-16　　　　　　　　　　　　　图5-2-17

要点：与第6式剪腕花的要点相同。

9.弓步刺剑

接上势，身体左转，左腿屈膝，右腿蹬直，成左弓步；同时，右手握剑向前直臂平刺，虎口向上，与肩同高；左手剑指收至右臂内侧；目视前方（图5-2-18）。

图5-2-18

要点：前腿膝部与脚背垂直，屈蹲腿达水平，后脚脚尖内扣；右手握剑向前平刺，臂与剑呈直线，力达剑尖。

10.背花

接上势，上体先右转后左转，两腿屈膝下蹲；同时，右手握剑以腕为轴向上、向下在体后划立圆绕行一周，右前臂内旋随转体背于体右侧；目视左前方（图5-2-19）。

图5-2-19

要点：右手握剑，以腕为轴，右手松活，以身带臂，以臂带剑，划立圆绕行内旋，身械协调。

11.剪腕花

接上势，上体右转；同时，右手握剑经下向上、向右在体前划立圆绕行至右斜上方，随即以腕为轴向下、向上在体后划立圆绕行一周，虎口向上，置于体右侧；左手剑指向下、向上抡摆，随左臂屈肘摆至右臂内侧；目视剑尖（图5-2-20—图5-2-22）。

图5-2-20　　　　　　图5-2-21　　　　　　图5-2-22

要点：与第6式剪腕花的要点相同。

12.提膝上刺剑

接上势，右腿直立支撑，左腿屈膝提起，小腿内扣，脚面绷直；同时，右手握剑向右斜上方刺出;左手剑指经下向后摆,手心斜向后上方;目视左前方(图5-2-23)。

图5-2-23

要点:提膝腿大腿高于水平位置,脚面绷紧;向右斜上方刺剑,臂与剑呈直线,力达剑尖;右腿支撑稳固,上下动作协调一致。

13.剪腕花

(1)接上势,左脚向后退步,前脚掌着地;同时,左手剑指收至右肩前;目视前方(图5-2-24)。

(2)右脚向后退步,前脚掌着地;同时,右手握剑以腕为轴向下、向上在体右侧划立圆绕行一周(图5-2-25)。

(3)左脚向后退步,前脚掌着地,上体右转;同时,右手握剑向下、向后摆出;左手剑指向前上方伸出;目视前方(图5-2-26)。

图5-2-24　　　　　图5-2-25　　　　　图5-2-26

要点:与第6式剪腕花的要点相同。

14.挂剑

(1)接上势,身体左转,左腿屈膝前弓,成左弓步;同时,左手剑指随转体向下、向上抡摆至体左侧;右手握剑随右臂外旋向上、向下抡摆至体右侧,随即右臂内旋(图5-2-27,图5-2-28)。

（2）右手握剑扣腕继续向下、向上挂剑至左斜上方，左手剑指随左臂屈肘收至右肩前；随即上体右转；右手握剑继续随右臂内旋向下抡摆至体右侧，左手剑指向左上方摆出（图5-2-29）。

图5-2-27　　　　　　　图5-2-28　　　　　　　图5-2-29

要点：以身带臂，以臂带剑，身械合一；体前划立圆挂剑时，贴身、扣腕，力达剑刃前段。

15.提膝崩剑

接上势，身体左转；左腿直立支撑，右腿屈膝提起，脚面绷直；同时，右手握剑由体前右下向左前崩剑，左手剑指抖腕亮指于头斜上方；目视右前方（图5-2-30）。

要点：左腿直立，支撑稳固，右腿屈膝提起高于腰；右手握剑内扣，用力短促。

16.弧形步

（1）接上势，身体微右转；右脚向右前方落步，脚尖外展；同时，右手握剑摆至右前下方，手心向下；左手剑指下落收于右肩前（图5-2-31）。

图 5-2-30

（2）重心向右前方移动；左脚向右前方上步，脚尖内扣；同时，右手握剑继续向右前方上摆，手心向上；左手剑指收于左腰侧；目视前方（图5-2-32）。

（3）重心继续向右前方移动，右脚、左脚依次向右前方上步，右脚尖外展、左脚尖内扣，身体随上步右转；同时，右手握剑继续向上摆起，左手剑指平摆于体左侧；目视剑尖方向（图5-2-33，图5-2-34）。

（4）右脚向前上步；同时，右手握剑向右摆动，左手剑指随左臂屈肘收于右肩前；目视右手（图5-2-35）。

（5）左脚向前上步，身体左转；同时，右手握剑经上向左摆落，手心向下；左手剑指收至右腕上方；目随视左前方（图5-2-36）。

图5-2-31

图5-2-32

图5-2-33

图5-2-34

图5-2-35

图5-2-36

要点:两腿屈膝,两脚依次向右前方弧形上步,重心平稳,步幅均匀,右脚尖外展,左脚尖内扣。

17.跳提膝平斩剑

接上势,左脚蹬地跳起,右腿屈膝上抬,脚绷平,上体右转;同时,右手握剑经前向右后侧平斩,手心向下;左手剑指收于右肩前;目视右后方(图5-2-37)。

图5-2-37

要点:左脚用力蹬地,腾空轻灵,上体直立右转,左腿伸直,右腿屈膝,小腿内扣;右手握剑,右臂由屈到伸向后平摆斩剑,力达剑刃前段。

18.上步刺剑

接上势,右脚落地,左脚向前上步;上体左转;同时,右手握剑经右腰侧向前直刺,虎口向上;左手剑指不变;目视剑尖(图5-2-38)。

图5-2-38

要点:右手握剑向前平刺,剑臂一线,虎口向上,力达剑尖。

19.翻身扫剑

(1)接上势,左腿微屈;右脚向前迈步,右腿前伸,脚面绷平,脚尖点地;重心偏后,上体后仰;同时,右手握剑随右臂内旋,手心向下经右向后平扫,右臂伸直,剑尖微高于肩;左手剑指不变;仰头,目随手动(图5-2-39)。

图5-2-39

（2）身体向左下方翻转；同时，右手握剑，同时翻身前伸，高与肩平；目视前方（图5-2-40）。

图5-2-40

要点：右手握剑经右向后平扫与上体后仰及右脚上步上下相随，协调一致；右腿前伸与上体后仰呈一斜线翻转；扫剑力达剑刃。

20.击步点剑

（1）接上势，身体右转，重心右移；同时，右手握剑向右下摆动（图5-2-41）。

（2）以右前脚掌为轴，身体继续右后转，左脚收于右脚内侧，前脚掌着地；同时，右手握剑继续向上、向右随转体划立圆摆至体右侧；左手剑指上摆举于头左上方；目视右前方（图5-2-42）。

（3）右脚蹬地跳起，并在空中击碰左脚，两腿伸直，脚面绷平；同时，右手握剑经上向右点出，剑尖低于剑柄（图5-2-43）。

（6）右脚落地，左脚向左落步；两臂动作不变目视剑尖方向（图5-2-44）。

图5-2-41 图5-2-42

图5-2-43 图5-2-44

要点：腾空轻灵，身体自然直立，右脚左摆击碰左脚时两腿伸直；右手握剑，用力短促，向右下方点出，力达剑尖。

21. 旋风脚360°

（1）接上势，身体左转，左手剑指下落，随即右脚向前上步；目视左剑指（图 5-2-45，图 5-2-46）。

图5-2-45 图5-2-46

（2）左脚向前上步，脚尖外摆，身体随之左转；同时，右手握剑向上摆至头右上方，左手剑指随左臂屈肘收至右肩前；随即右脚向前上步，脚尖内扣，右腿屈膝；目视前方（图5-2-47，图5-2-48）。

图5-2-47　　　　　　　　　　图5-2-48

（3）右脚蹬地跳起，身体向左后上方拧转，左腿向左后上方屈膝抬起；同时，右手握剑经下向上摆起，左手剑指成掌随转体向左上方抡摆（图5-2-49）。

（4）右腿伸直向上经面前向左摆动，左掌心击拍右脚掌，脚高过肩；目视右脚前方（图5-2-50）。

图5-2-49　　　　　　　　　　图5-2-50

要点：上步转身跳起，立身旋转；空中击响腿过肩，击拍准确，腾空高、飘。

22.跌竖叉

接上势，两腿一齐前后分开落地，成竖叉，左脚尖勾起在前，右腿伸直在后；同时，右手握剑向右前上方刺出；左手剑指向左侧伸出，手心向后，目视剑尖（图5-2-51）。

图5-2-51

要点：两腿同时落地呈一直线，上体塌腰前倾。

第二段

20.剪腕花

（1）接上势，两脚蹬地跳起向里回收，身体右转，两腿屈膝全蹲；同时，右手握剑随右臂屈肘收至右侧，左手剑指收于右肩前（图5-2-52）。

（2）重心上升，右脚向后退步；同时，右手握剑以腕为轴向下、向上在体右侧划立圆绕行一周，左手剑指附于右腕处；目视前方（图5-2-53）。

图5-2-52

图5-2-53

要点：右手握剑，以腕为轴，贴身在体右侧划立圆绕行一周。

24.反挂剑

（1）接上势，上体右转；两脚随转体向右碾转，右腿屈膝，左腿伸直；同时，右手握剑随转体向下、向前上挂，左手剑指向体左侧伸出；随即身体右转180°；左脚向右脚外侧上步，成并步，两脚迅速向右碾转；右手握剑继续向上、向右挂剑，左手剑指向下、向左摆起；目视剑尖（图5-2-54）。

（2）身体继续右转约180°，两脚随转体向右碾转的同时，右手握剑继续向下、向前挂剑；左手剑指向上随转体下落于左侧，手心斜向上；目视剑尖（图5-2-55）。

图5-2-54 　　　　　　　　　　　　　图5-2-55

要点:右手握剑扣腕在体前划立圆反挂,力点达剑刃前段。

25.丁步前点剑

(1)接上势,上体侧倾,右腿屈膝微上提;同时,右手握剑,以腕为轴向体右侧崩剑,左手剑指随左臂屈肘收于右肩前;目视右前方(图 5-2-56)。

(2)身体重心右移;右脚向右前方落地,右膝半蹲,左脚向右脚内侧并步,脚尖点地,成左丁步;同时,右手握剑继续以腕为轴向右前下方点剑,左手剑指上摆至头左上方;目视剑尖方向(图 5-2-57)。

图5-2-56 　　　　　　　　　　　　图5-2-57

要点:右脚上步、左脚跟步连贯紧凑,右手握剑提腕快速点出,力达剑尖。上下动作相随,协调一致。

26.插步反穿剑

(1)接上势,身体左转,左脚上抬;同时,右手握剑以腕为轴向上、向下在体后划立圆绕行一周,随即向上摆至头上方;左手剑指随左臂屈肘置于左腰侧;目视前方(图 5-2-58)。

(2)左脚向右后撤步,成左插步;同时,右手握剑扣腕使剑尖向下,沿右腿外侧向右下方穿出,虎口向下;左手剑指向左侧上方穿出;目视右下方(图 5-2-59)。

图5-2-58   图5-2-59

要点：插步时右腿接近水平；右手握剑扣腕内旋反穿，剑与臂呈一直线，力达剑尖。

27.剪腕花

（1）接上势，左脚向左前上步，两腿屈膝半蹲；上体右转；同时，右手握剑外旋；左手剑指向上，斜举于头左上方（图5-2-60）。

（2）右脚向后退步，身体右后转180°；同时，右手握剑随转体下摆至左腹前，左手剑指下落附于右腕处（图5-2-61）。

③重心移至右腿，以右前脚掌为轴，身体继续右后转180°；左脚上步落于右脚内侧，两腿伸直；同时，右手握剑随转体划立圆向上摆起，左手剑指随右手上摆（图5-2-62）。

图5-2-60   图5-2-61   图5-2-62

④右手握剑经上向体右侧下摆，剑尖朝上；左手剑指下落于右肩前（图5-2-63）。

⑤左脚向左侧上步，重心移至左腿；同时，右手握剑，臂内旋向下摆出，左手剑指向左斜上方摆起；目视后方（图5-2-64）。

⑥重心移至右腿,身体右转;同时,右手握剑,以腕为轴在体前、体后各划立圆绕行一周,收于右腰侧;左手剑指下落收于右肩前;目视前方(图5-2-65)。

| 图5-2-63 | 图5-2-64 | 图5-2-65 |

要点:右手握剑以腕为轴、贴身,在体前、体后各划立圆绕行一周,转体、移重心、剪腕花动作流畅,身械协调。

28.背花

(1)接上势,身体左转;同时,右手握剑以腕为轴向下划立圆绕行,随转体背于体右侧;目视前方(图5-2-66)。

(2)上体稍后仰;同时,右手握剑继续以腕为轴向下、向上在体右侧划立圆绕行一周;目视前方(图5-2-67,图5-2-68)。

(3)上体微向左拧转;同时,右手握剑向上摆至左肩上方,剑尖斜向后下方;左手剑指附于右腕处(图5-2-69)。

| 图5-2-66 | 图5-2-67 |

图5-2-68   图5-2-69

要点：右腕放松灵活，右手握剑，以腕为轴划立圆绕行，转体与背花协调一致。

29. 下劈剑

（1）接上势，重心前移；右脚蹬地跳起，左腿屈膝向上提起，左脚落地、右脚向前落步；同时，右手握剑向上、向前劈出（图5-2-70）。

（2）两腿屈膝半蹲，左前脚掌着地；同时，右手握剑继续向右侧下方劈剑，剑尖向右斜下方；目视前方（图5-2-71）。

图5-2-70   图5-2-71

要点：剑由身体左上方向右下方劈出，力达剑刃前段。

30. 提膝刺剑

接上势，身体左转180°，重心移至右腿，右脚尖内扣，左腿屈膝上抬，小腿内扣，脚面绷平；同时，右手握剑随转体经右腰侧向前刺出，虎口向上；左手剑指向上、向下抡摆至左后上方；目视剑尖（图5-2-72，图5-2-73）。

图5-2-72

图5-2-73

要点:转体、提膝与刺剑衔接紧凑,右腿直立稳固,左腿屈膝,小腿内扣;右手握剑向前刺出,臂与剑呈一直线,力达剑尖。

31.跳换步交接剑

接上势,左脚向前落步,蹬地跳起,随之右脚向前上步,左腿屈膝上提;身体右转;同时,右手握剑内旋收于胸前,左手向前在剑柄下方接剑,右手剑指向右摆至体侧;目视前方(图5-2-74,图5-2-75)。

图5-2-74

图5-2-75

要点:左手在剑柄下方接剑,成反握剑。

32.转身云剑

(1)接上势,左脚落地向前上步,以左前脚掌为轴,身体向左后旋转180°,右脚向左脚靠拢,前脚掌着地,两腿伸直;同时,左手反握剑随转体向上摆起,随即左臂内旋,手心向上,以腕为轴向左在头上方平绕一周;右手剑指在头上方附于左腕处(图5-2-76,图5-2-77)。

(2)身体继续左后转;同时,左手反握剑随转体摆至体左侧,右手剑指举于体右侧;目视左前方(图5-2-78)。

图5-2-76

图5-2-77

图5-2-78

要点：左手握剑以腕为轴，左臂上举自然弯曲，在头上方平绕一周。

33.旋子

（1）接上势，左脚向左前上步，随即右脚向前上步，脚尖内扣；身体左转180°；同时，左手握剑随转体向左平摆，右手剑指向右平摆（图5-2-79）。

（2）重心右移，身体继续左转；右脚蹬离地面即刻向后垫步，左脚向左后方退步，前脚掌着地，两腿屈膝；同时，左手握剑右摆下落至体前，右臂后摆；上体前俯；目视右下方（图5-2-80，图5-2-81）。

（3）上体向左后水平拧转，重心移至左脚时蹬地，右腿向后上方摆起；随即左腿向后上方摆起两腿伸直，脚面绷平；同时，左手握剑平摆至体左侧，右臂随转体平摆；目视前下方（图5-2-82）。

图5-2-79

图5-2-80

图5-2-81　　　　　　　　　　图5-2-82

要点:身体向左拧转平俯,空中腿伸直、展体摆腿,腾空高、飘。

34.交接剑

接上势,右脚落地,左腿继续右摆,左脚向后落步,两腿微屈;同时,左手握剑摆至身后,右手在身后接握剑柄;目视前下方(图5-2-83)。

要点:右臂内旋自然弯曲,右手贴靠腰后接握剑柄;两脚落地轻灵稳固,上下动作协调一致。

35.转身云剑

接上势,身体左转,重心上升;同时,右手握剑以腕为轴随转体向前、向后在头上方平绕一周,左手剑指附于右臂内侧;目视前方(图5-2-84)。

图 5-2-83

图5-2-84

要点:右手握剑以腕为轴外旋平云,头部上仰,以身带剑,身械协调。

36.坐盘

接上势,身体继续向左后转,重心下降;两腿屈膝交叉下坐,成坐盘;同时,右手握剑随转体下落于左胸前,左手剑指附于右腕处;目视剑尖(图5-2-85)。

图5-2-85

要点：上身挺立左拧，坐盘时两腿盘叠交叉，臀部贴地。

37.转身云剑

（1）接上势，重心上升，右脚向右上步，以右前脚掌为轴身体右后转360°，左脚随转体向右脚外侧靠拢；同时，右手握剑向上摆起，随即右臂外旋手心向上，以腕为轴向前、向后在头上方平绕一周，左手剑指上摆附于右臂内侧（图5-2-86，图5-2-87）。

（2）右脚向右斜前方上步，左脚向右脚靠拢，前脚掌点地，两腿屈膝半蹲，成左丁步；同时，右手握剑向下摆至体前，左手剑指附于右腕处；目视前方（图5-2-88）。

图5-2-86　　　　图5-2-87　　　　图5-2-88

要点：以剑带臂，以臂带身，身械协调，旋转灵活，仰头云剑；丁步、下摆剑上下相随，同时完成。

38.望月平衡

接上势，右腿直立支撑，左腿屈膝，小腿向后上摆起，脚面绷平；同时，右手握剑经下向后斜上方反臂撩剑，虎口向下；左手剑指向左摆至头左上方抖腕亮指，臂微屈；目视右前方（图5-2-89）。

图5-2-89

要点:右腿伸直支撑稳固,左腿屈膝后摆,小腿扣回,上身前俯右拧挺胸;右手握剑内旋反撩,力达剑刃前段。

第三段

39.上步撩剑

(1)接上势,左脚向左前方落步,身体微右转同时,右手动作不变,左手剑指随左臂屈肘收于右肩前(图 5-2-90)。

图5-2-90

(2)身体微左转,重心前移;右脚向前上步;同时,右手握剑臂外旋,使剑沿身右侧绕行一周至右胯旁(图 5-2-91)。

(3)身体继续左转;右腿直立,左脚向右脚后方插步,前脚掌着地;同时,右手握剑经后向下、向前上方撩出,臂外旋,虎口向右斜上方;左手剑指经上摆至体左后方,两臂伸直;目视剑尖方向(图 5-2-92)。

图5-2-91   图5-2-92

要点：落步、上步、插步、转身连贯紧凑以腰带臂，以臂带剑，外旋上撩，剑臂呈一条斜线，力达剑前段。

40.退步反撩剑

（1）接上势，右腿微屈，左脚向左后方退步，前脚掌着地；同时，右手握剑经上左摆随右臂屈肘下落，左手剑指随左臂屈肘收于背后（图5-2-93）。

（2）重心后移；左腿微屈，右脚向后退步，前脚掌着地；同时，右手握剑臂内旋继续经后向下、向前撩出，虎口向下；左手剑指向后摆起（图5-2-94）。

（3）身体右转；左脚随转体向后退步，前脚掌着地；同时，右手握剑臂内旋架于头右上方，左手剑指收于右肩前（图5-2-95）。

（4）身体左转，右脚随转体向后退步；同时手握剑经后向下、向前上方撩出，臂外旋，虎口向右斜上方；左手剑指经上摆至体左后方，两臂伸直；目视剑尖方向（图5-2-96）。

图5-2-93   图5-2-94

图5-2-95　　　　　　　　　　　　图5-2-96

要点：退步左右反撩上下协调一致，手臂内外旋撩剑转换快速肩肘放松，灵活，撩剑划立圆，贴身撩出，力达剑刃前段。

41.转身腕花

（1）接上势，右脚向前上步，重心下降，两腿屈膝半蹲；同时，右手握剑以腕为轴经上向后、向下在体前划立圆绕行，左手剑指收于背后（图5-2-97）。

（2）重心上升移至右腿，以右前脚掌为轴，身体右后转270°，左脚随转体上步落于右脚内侧，前脚掌着地，两腿伸直；同时，右手握剑随转体向上摆起，左手剑指附于右腕处（图5-2-98，图5-2-99）。

（3）身体继续右后转90°；右脚随转体向后退步，两腿屈膝半蹲；同时，右手握剑以腕为轴向下、向上在体右侧划立圆绕行一周下落至体前，左手剑指仍附于右腕处；目视左前方（图5-2-100）。

图5-2-97　　　　　　　图5-2-98　　　　　　　图5-2-99　　　　　　　图5-2-100

要点：重心上下起伏明显，转体腕花快速、灵活、贴身。

42.跪步下截剑

接上势，身体右转；右腿屈膝半蹲，成跪步；同时，右手握剑随转体右臂内旋向右下截剑，手心向下；左手剑指摆于后斜上方；目视剑尖（图5-2-101）。

图5-2-101

要点:转身、跪步、截剑上下一致同时完成;右手内旋截剑,右臂由屈到伸,力达剑刃前段。

43. 剪腕花

接上势,重心上升,左腿屈膝抬起;随即身体右后转180°,右脚随转体向右后碾转,左脚向右前方上步;同时,右手握剑以腕为轴向下、向上在体左侧、右侧各划立圆绕行一周,随即向左侧压剑;左手剑指附于右腕处;目视剑尖。(图 5-2-102,图 5-2-103)。

图5-2-102   图5-2-103

要点:右手松握,手腕灵活放松,贴身左右腕花连贯快速;转体灵巧,落地轻灵。

44. 扣步云剑

(1)接上势,身体微右转,右脚向右前方上步,上体后倾;同时,右手握剑外旋向前下摆,剑尖斜向下(图 5-2-104)。

(2)左脚向右前方上步,脚尖稍内扣;身体右转;同时,右手握剑以腕为轴向右、向左在头上方划平圆绕行一周,向下摆至体左侧;左手剑指仍附于右腕处;目视左前方(图 5-2-105)。

图5-2-104　　　　　　　　　　　　　　　图5-2-105

要点：先上步仰身，后扣步云剑，上下动作协调一致。

45.弧形步抹剑

（1）接上势，身体微右转；右脚向右前方上步，脚尖外展；上肢动作不变（图 5-2-106）。

（2）左脚向右前方上步，脚尖内扣，左腿屈膝，重心前移，右脚跟抬起；同时，右手握剑随转体向前抹剑（图5-2-107）。

（3）右脚向右前方上步，右腿屈膝；同时，右手握剑随转体摆至左腰侧，左手剑指仍附于右腕处；目视前方（图 5-2-108）。

图5-2-106　　　　　　　　图5-2-107　　　　　　　　图5-2-108

要点：右脚和左脚依次向右前方弧形上步，两腿屈膝，重心平稳，步幅均匀，右脚尖外展，左脚尖内扣，步法流畅；右手握剑，右臂内旋向右平摆手心向下，抹剑随身体右转，柔顺用力。

46.跳提膝反撩剑

接上势，身体右转，重心移至右腿；右脚蹬地跳起腾空，左腿屈膝提起；同时，右手握剑随转体向下、向前撩剑，虎口向下，与肩同高；左手剑指向后摆起；目视剑尖（图5-2-109）。

图5-2-109

要点：右脚用力蹬地腾空，右腿伸直，左腿提膝过腰，上体稍前倾；右手握剑臂内旋由下向上撩出，力达剑刃前段。

47.剪腕花

（1）接上势，右脚先下落，左脚再向前落步；同时，右手握剑上摆，左手剑指向上附于右腕处（图 5-2-110）。

（2）右脚向前上步，右手握剑以腕为轴向下、向上在体右侧划立圆绕行一周；随即左脚向前上步，身体左转；同时，右手握剑经上向左摆落至腹前，左手剑指收于背后（图 5-2-111）。

图5-2-110   图5-2-111

要点：落地平稳，左右上步快速连贯；右手握剑在体侧左右各贴身划立圆绕行一周。

48.插步平斩剑

接上势，右脚向前上步，右腿屈膝下蹲；左脚向右脚后方插步，前脚掌着地，左腿伸直；同时，右手握剑经左向前、向右平摆，手心向下；左手剑指向上摆至头左上方；上身向右拧转；目视右后方（图 5-2-112）。

图5-2-112

要点:右腿插步接近水平;右手握剑内旋平摆斩剑,右臂与剑呈一直线,力达剑刃前段。

49.转身云剑

(1)接上势,身体左转,两腿屈膝半蹲;同时,右手握剑臂内旋,屈肘收于背后,左手剑指收于右肩前(图 5-2-113)。

(2)重心上升,以左前脚掌为轴,向左后旋转 360°,右脚随转体向左脚靠拢;同时,右手握剑以腕为轴随转体外旋向前、向后在头上方平绕一周,左手剑指收于背后(图 5-2-114)。

(3)左脚向右脚并步;同时,右手握剑随右臂屈肘下落至右腰侧;左手剑指前摆,左臂伸直,高与肩平;目视前方(图 5-2-115)。

图5-2-113　　　　　　图5-2-114　　　　　　图5-2-115

要点:转身、云剑同时进行,身械协调云剑时仰头平绕一周。

50.退步刺剑

接上势,右脚向后退步,前脚掌着地;同时,右手握剑经腰侧向前刺出,虎口向上;左手剑指回收于右肩前;目视前方(图 5-2-116)。

图5-2-116

要点：右剑向前直刺，右臂与剑呈一直线，力达剑尖；退步、刺剑同时完成。

51.撤步穿剑

（1）接上势，左脚向后退步，前脚掌着地；同时，右手握剑向下、向后抡摆，左手剑指向前上方伸出（图5-2-117）。

（2）右脚向左脚并步，脚跟抬起；同时，右手握剑，手腕微扣向上摆起，右臂伸直；左手剑指下摆至体左侧（图5-2-118）。

图5-2-117

图5-2-118

（3）左腿屈膝下蹲，右脚向右后方落步，右腿伸直，成左弓步；同时，落步前右手握剑扣腕使剑尖下落回收，虎口向下，沿身前及右腿内侧向右下方穿出；左手剑指经面前向前上方伸出，随转体直臂举于左上方（图5-2-119）。

（4）身体右转，重心前移；右腿屈膝，成右弓步；同时，右手握剑臂外旋向前穿出，虎口向上；左手剑指内旋反转，高与肩平；目视剑尖（图5-2-120）。

图5-2-119　　　　　　　　　　　　　图5-2-120

　　要点：重心由高到低，连贯快速，节奏分明；右手扣腕内旋下穿，贴近身体，然后再外旋前穿；身械协调，上下动作同时到位，穿剑时力达剑尖。

　　52.剪腕花

　　（1）接上势，左脚向前上步，随即身体右后转180°；同时，右手握剑臂内旋上摆，左手剑指收于背后（图5-2-121）。

　　（2）身体继续右转；右脚向后退步，左腿屈膝；同时，右手握剑以腕为轴向上、向下在体右侧划立圆绕行一周，收于右腰侧；左手剑指收于左腰侧；目视前方（图5-2-122）。

图5-2-121　　　　　　　　　　　　图5-2-122

　　要点：上步与转身、退与腕花连贯紧凑，以身带臂，以臂带剑，腕花贴身划立圆，灵巧快速。

　　53.提膝点剑

　　接上势，右腿直立支撑，左腿屈膝上抬，小腿单内扣，脚面绷平；同时，右手握剑向前、向下点剑，剑尖低于剑柄；左手剑指前伸，附于右腕处；目视剑尖（图5-2-123）。

图5-2-123

要点：右腿直立支撑稳固，左腿提膝过腰；右手握剑提腕用力下点，剑身斜向下，力达剑尖。

54.跳崩剑

（1）接上势，左脚下落，两脚并步，两腿屈膝半蹲；同时，右手握剑下落，向下沉腕，使剑尖向上摆起至体前；左手剑指仍附于右腕处（图5-2-124）。

（2）右脚蹬地跳起，身体右转，左小腿向后上方摆起，脚面绷平；同时，右手握剑经下向体右侧沉腕崩剑，剑尖向上；左手剑指向上抖腕亮指，举于头左上方；目视右前方（图5-2-125）。

图5-2-124　　　　　　　　图5-2-125

要点：右脚用力蹬地腾空右转身与崩剑同时进行，右手沉腕崩剑，力达剑尖。

55.仆步带剑

（1）接上势，右脚和左脚依次落地，以左前脚掌为轴，身体左后旋转360°，右脚随转体向左脚靠拢；同时，右手握剑臂外旋扣剑摆至腹前，手心向上；左手剑指附于右腕处（图5-2-126，图5-2-127）。

（2）右脚向右斜前方落步，右腿屈膝全蹲，左腿向体左侧伸直，成左仆步；同时，右手握剑扣腕向右上方举起，剑尖垂落于体前，手心斜向上；左手剑指向左后摆，臂内旋，手心向上；目视左前方(图5-2-128)。

图5-2-126 图5-2-127 图5-2-128

要点：转体收剑快速紧凑，仆步带剑协调完整；右腿屈膝全蹲，左腿伸直，左脚掌内扣着地；右手握剑内旋上提，剑身斜向下。

第四段

56. 并步下截剑

(1)接上势，重心左移，身体左转；左腿屈膝半蹲，右脚跟抬起；同时，右手握剑臂外旋下落经腰间向前穿出，左手剑指附于右腕处(图5-2-129)。

(2)重心上升，身体右转；同时，右手握剑以腕为轴经体前向下、向上摆起(图5-2-130)。

图5-2-129 图5-2-130

(3)身体微左转；左脚随转体向前上步，左腿屈膝，脚尖外撇，右脚尖点地；同时，右手握剑继续上摆，臂外旋随转体向左摆至体左侧上方(图5-2-131,图5-2-132)。

(4)重心前移；左腿直立支撑，右脚向前上步，成并步，两脚跟稍离地面；同时，右手握剑，臂内旋，向下经前向右后下方截剑，左手剑指收于右肩前，目视剑尖(图5-2-133)。

图5-2-131

图5-2-132

图5-2-133

要点：身法灵活，以身带剑；两腿直立并拢与截剑同时完成，剑臂呈一段斜线，力达剑刃前段。

57.左右挂剑

（1）接上势，左手剑指向上、向左前摆出；目视前方（图 5-2-134）。

（2）身体左转；右脚向前上步，直立支撑；左腿屈膝抬起，脚面绷平；同时，右手握剑臂外旋扣腕，剑尖上摆，经上向前、向左下挂剑；左手剑指收于右肩前；目视前方（图 5-2-135）。

（3）左脚向前落步；同时，右手握剑继续向后在体左侧划立圆挂剑，随即臂外旋向上、向前挂剑；左手剑指后摆（图 5-2-136）。

（4）右脚向前上步，身体右转；同时，右手握剑继续向右下、向后上挂剑，左手剑指向上摆起；目视剑尖（图 5-2-137）。

图5-2-134

图5-2-135

图5-2-136　　　　　　　　　　　　图5-2-137

　　要点:落步、上步、转腰、左右挂剑上下协调一致,挂剑划立圆贴身、扣腕,力达剑刃前段,连贯紧凑。

　　58.背后穿挂剑

　　(1)接上势,左脚向前上步,脚尖微内扣;同时,右手握剑随右臂屈肘手腕内扣,使剑尖沿身体右侧下落再沿背部向左上方穿出,手心向外,手背靠近背部;左手剑指下落收于右肩前(图5-2-138,图5-2-139)。

　　(2)以左前脚掌为轴,身体右转;左腿独立支撑,右腿屈膝上抬,小腿内扣,脚面绷平;同时,右手握剑随转体手腕翻转下落,使剑尖在后向下、向右、向上划立圆绕行,左手剑指不变;目视前方(图5-2-140)。

图5-2-138　　　　　　图5-2-139　　　　　　图5-2-140

　　要点:剑沿背部穿挂扣腕、贴身,连贯灵活,身械协调,力达剑尖。

　　59.跳换步抛接剑

　　接上势,身体继续右转;右脚向前落步蹬地起跳,左腿屈膝上抬,小腿内扣,脚面绷平;同时,右手抛剑,剑在空中划立圆转动半周后左手接握剑柄,随左臂屈肘摆于体左侧;右手变剑指向前伸出;目视前方(图5-2-141—图5-2-144)。

图5-2-141　　　　　图5-2-142　　　　　图5-2-143　　　　　图5-2-144

要点：右手抛剑高不过头，左手准确接握剑柄；蹬地抛剑与腾空前指上下一致，同时完成。

60.侧空翻

（1）接上势，左脚向前落步，随即右脚向前上步；同时，左手握剑前摆，右手剑指收于体右腰侧（图5-2-145，图5-2-146）。

图5-2-145　　　　　　　　　　　图5-2-146

（2）右脚蹬地前跳落地，左脚向前落步；同时，左手握剑收于体左侧（图5-2-147）。

（3）左脚蹬地腾空，右腿向后上方直腿摆起，脚面绷平；上体前俯；右腿继续向前、向下摆动，左腿向上直腿摆起；目视前下方（图5-2-148）。

图5-2-147　　　　　　　图5-2-148

（4）右脚、左脚先后落地，左脚向右脚微收；身体直起；同时，左手握剑扣腕向上摆起（图5-2-149，图5-2-150）。

图5-2-149   图5-2-150

要点：腾空高、飘，空中两腿伸直依次摆动。

61. 上步拍脚

（1）接上势，身体左后转180°；右脚蹬地前跳落地，左脚向前落步；同时，左手握剑臂外旋以腕为轴经上向下划立圆绕行一周，向下、向后摆出；右手剑指上举至头右上方（图5-2-151，图5-2-152）。

（2）左腿直立支撑，右腿向前上方直腿摆踢，脚面绷平；同时，右手剑指成掌下落，掌心拍击右脚，左手持剑置于体左侧；目视右手（图5-2-153）。

图5-2-151   图5-2-152   图5-2-153

要点：支撑腿全脚掌着地，击响腿，脚跟过肩拍脚面，准确有力。

62. 弓步持剑

（1）接上势，身体左转；右脚向前落地，两腿屈膝；同时，右手成剑指向右前方伸出，高与肩平；左手握剑随左臂屈肘置于右上臂上方(图5-2-154)。

(2)上体先右转后左转；右腿屈膝，左腿蹬直成右弓步；同时，左手持剑摆至体左侧，右手剑指向右划弧于头右上方抖腕亮指；目视左前方(图5-2-155，图5-2-156)。

图5-2-154   图5-2-155   图5-2-156

要点：屈蹲腿达水平，前腿膝部与脚背垂直，后脚尖内扣；右手剑指抖腕外撑，弓步持剑一次成形，剑身竖直。

63.并步持剑上指

(1)接上势，左脚向右斜后方退步；同时，左手握剑摆至头上方，右手剑指向上附于剑柄上(图5-2-157)。

(2)两腿屈膝全蹲，成右歇步；同时，左手握剑下落，扣腕向前摆出；右手剑指经下向后斜上方伸出；目视前方(图5-2-158，图5-2-159)。

图5-2-157   图5-2-158   图5-2-159

(3)重心前移，右脚向后退步；同时，左手握剑扣腕收于左腰侧，右手剑指经下向前伸出(图5-2-160)。

（4）重心上升，身体右转；两腿屈膝半蹲；同时右手剑指向上、向下抢摆随右臂屈肘收于右腰侧；左手握剑向上、向右摆至体前，手心向下；目视右下（图5-2-161，图5-2-162）。

（5）身体微左转，左脚向右脚并步；同时，左手剑摆至左腰侧，手心向内，剑尖斜向后下方；右手剑指向头右上方伸出；目视左前方（图5-2-163）。

要点：右臂划立圆绕行，并步、上指、转头同时完成；两腿直立并拢，提气立腰，动迅静定。

64.收势

接上势，左脚向前上步，右脚向左脚并步，两腿直立；同时，左手持剑下垂于体左侧，右手剑指下落成掌贴靠右腿外侧；挺胸、收腹；目视前方（图5-2-164）。

要点：气息下沉，两臂下垂与并步协调一致。

图5-2-160　　　　　　　　图5-2-161

图5-2-162　　　　　　图5-2-163　　　　　图5-2-164

第三节   42 式太极拳竞赛套路

一、动作名称

1. 起势	15. 玉女穿梭	29. 退步穿掌
2. 右揽雀尾	16. 右左蹬脚	30. 虚步压掌
3. 左单鞭	17. 掩手肱捶	31. 独立托掌
4. 提手	18. 野马分鬃	32. 马步靠
5. 白鹤亮翅	19. 云手	33. 转身大捋
6. 搂膝拗步	20. 独立打虎	34. 歇步擒打
7. 撇身捶	21. 右分脚	35. 穿掌下势
8. 捋挤势	22. 双峰贯耳	36. 上步七星
9. 进步搬拦捶	23. 左分脚	37. 退步跨虎
10. 如封似闭	24. 转身拍脚	38. 转身摆莲
11. 开合手	25. 进步栽捶	39. 弯弓射虎
12. 右单鞭	26. 斜飞势	40. 左揽雀尾
13. 肘底捶	27. 单鞭下势	41. 十字手
14. 转身推掌	28. 金鸡独立	42. 收势

二、动作说明

1. 起势

（1）预备式身体自然直立，两脚并拢，头颈端正，胸腹舒松，肩臂松垂，两手轻贴大腿侧；精神集中，呼吸自然，目平视前方（图5-3-1）。

（2）左脚向左侧迈一步，两脚与肩同宽（图5-3-2）。

（3）两臂慢慢向前平举，两手高与肩平，间距同肩宽，手心向下（图5-3-3）。

（4）两腿屈膝下蹲，同时两掌轻轻下按，两肘下垂与两膝相对，目视前方。两肩下沉，两肘松垂，手指自然微屈。屈膝松腰敛臀，身体重心落于两腿中间。两臂下落和身体协调一致（图5-3-4）。

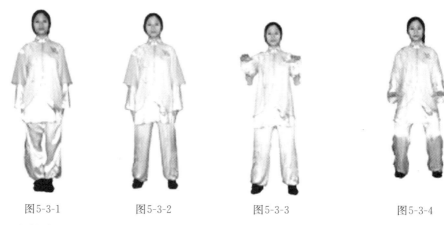

| 图5-3-1 | 图5-3-2 | 图5-3-3 | 图5-3-4 |

2.右揽雀尾

（1）右脚尖稍外撇，同时身体微向右转；右臂上抬屈于胸前，手心向下；左手翻转向右划弧至右腹前，手心向上，与右手相对如抱球状，重心移至右腿，左脚收于右脚内侧；目视右手（图 5-3-5）。

（2）上体微左转，左脚向左前方上一步，重心前移成左弓步；同时左臂向前掤出，左手高与肩平，手心向内，右手向下落于右胯旁，手心向下，指尖向前，两臂微屈；目视左前臂（图 5-3-6）。

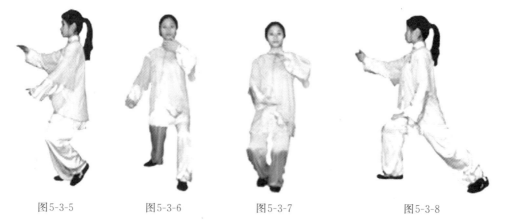

| 图5-3-5 | 图5-3-6 | 图5-3-7 | 图5-3-8 |

（3）上体微左转，右脚收至左脚内侧；左臂内旋屈于左胸前，左手翻转向下，与胸同高；右臂向左划弧至左腹前，掌心向上，两掌相对如抱球状，目视左掌（图5-3-7）。

（4）上体微右转，右脚向右前方迈出一步，脚跟着地，重心前移成右弓步；同时右臂向前掤出，臂微屈，掌心向内，高与肩平；左掌向左、向下落于左胯旁，掌心向下，目视右前臂（图 5-3-8）。

（5）右掌前伸，掌心翻转向下，左臂外旋前摆，左掌前伸，掌心翻转向上，伸至右腕内侧下方；目视右掌（图5-3-9）。

（6）重心后移，上体微左转，双掌向下向后捋至腹前。上体右转，右臂外旋屈肘横于胸前，右掌心向内，左掌心转向外，掌指附于右腕内侧（图5-3-10）。

（7）重心前移成右弓步，两掌同时向前挤出，两臂撑圆，目视前方（图5-3-11）。

（8）重心后移。上体右转，右脚尖上翘；右臂外旋划平弧至右肩前，左掌指附于右腕内侧随之划弧；上体左转，右脚尖内扣落地；右掌翘腕平旋，屈肘内收至胸前，掌心向左；左掌仍附于右腕内侧，目视右掌（图5-3-12）。

图5-3-9   图5-3-10   图5-3-11   图5-3-12

（9）重心右移，左脚收至右脚内侧，脚尖着地成丁步；右掌翻转向右前方立掌按出，腕高与肩平，掌心向外；左掌随之翻转向内，指尖仍附于右腕侧，目视右掌（图5-3-13）。

3.左单鞭

上体左转，左脚向左前方上一步，重心前移成左弓步；右掌变勾手，左掌向左划弧至面前，翻转向前推出，掌心向前，腕高与肩平；目视左掌（图5-3-14，图5-3-15）。

4.提手

（1）重心后坐，上体右转，左脚尖内扣，左掌向右平摆划弧；重心左移，上体微左转，右勾手变掌，左掌屈肘向左平带（图5-3-16，图5-3-17）。

（2）上体微右转，右脚提起向前，脚跟落地，脚尖上翘，或右虚步；右掌成侧立掌举于体前，指尖高与眉齐；左臂屈落，左手也成侧立掌合于右肘内侧，目视右掌（图5-3-18）。

图5-3-13　　　　　　　图5-3-14　　　　　　　图5-3-15

图5-3-16　　　　　　　图5-3-17　　　　　　　图5-3-18

5.白鹤亮翅

（1）上体左转，两手向左划弧分开；右脚活步移动，脚尖内扣落地；左手再翻转抱于胸前，右手抱于腹，两手心相对，两臂微屈成弧形；目视左手（图 5-3-19）。

图5-3-19　　　　　　　图5-3-20　　　　　　　图5-3-21

（2）重心右移，上体右转；两手边分边举至右肩前；目视右手（图5-3-20）。

（3）上体微左转，左脚稍向内收，脚尖点地成左虚步；两手右上左下划弧分开，右掌提至右额前。掌心向内；左掌按于左胯旁，掌心向下，两臂保持弧形；目平视前方（图5-3-21）。

6. 搂膝拗步

（1）上体微左转；右手随之向左划弧自头前下落；目视右手（图5-3-22）。

（2）上体右转，随之右手向下、向右、向上划弧至右前方，高与头平，手心斜向上；左手向上、向右、向下划弧至右肋旁，手心向下；左脚收至右脚内侧（图5-3-23）。

（3）上体左转，左脚向前上步，脚跟轻轻落地；右臂屈肘，右手收至耳旁，掌心斜向前；左手向下划弧至腹前；目视前方（图5-3-24）。

（4）上体继续左转重心前移，成左弓步；右手成立掌向前推出，指尖高与鼻平；左手由左膝上方搂过，按于左胯旁；目视右掌（图5-3-25）。

图5-3-22　　　　　图5-3-23　　　　　图5-3-24　　　　　图5-3-25

（5）同上（2）（3）（4）只是动作方向相反（图5-3-26—图5-3-28）。

图5-3-26　　　　　　图5-3-27　　　　　　图5-3-28

7. 撇身捶

（1）重心稍后移，右脚尖外撇，上体右转；左手向左前伸展，手心向下，右前臂外旋，右手向右后方划弧分开；目视左手（图5-3-29）。

（2）左脚收于右脚内侧；左手握拳，下落于小腹前，拳心向内，拳眼向右；右手向上、向体前划弧，附于左前臂内侧，手心向下；目视左前方（图5-3-30）。

（3）上体微左转，左脚向左前方（东北）上一步，脚跟着地；左拳上举至面前（图5-3-31）。

（4）重心前移，成左弓步；左拳翻转向前撇打，拳心斜向上。高与头平；右手仍附于左前臂内侧；目视左拳（图5-3-32）。

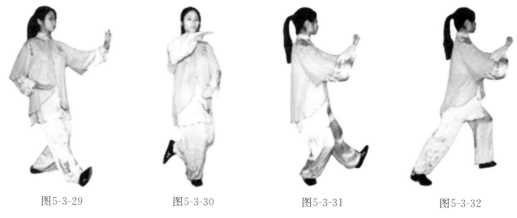

图5-3-29　　　　　　图5-3-30　　　　　　图5-3-31　　　　　　图5-3-32

8. 捋挤势

（1）重心稍后移，左脚尖内扣，重心前移，左拳变掌，右掌向右划一平弧，经左前臂上方穿出，自左向右前方划弧平抹，右掌左掌下落收于右肘内侧下方，掌心斜向上，目视右掌（图5-3-33）。

（2）两掌自前同时后捋，左掌捋至左胯旁，左前臂内旋，右掌捋至腹前；右前臂外旋，两手翻转屈臂上举，右手收于胸前，手心向内，指尖向左；左手搭于右腕内侧，手心相对，右脚收至左脚内侧，目视前方（图5-3-34）。

（3）右脚向右前方（东南）上步，重心前移，成右弓步；两臂同时向前挤出，两臂撑圆，左掌指贴于右腕内侧，掌心向外，指尖斜向上；右掌心向内，指尖向左，高与肩平；目视右前臂（图5-3-35）。

（4）重心后移，右脚尖内扣，上体左转；右掌翻转向上，左掌向左划一小弧，随即收于右前臂内侧（图5-3-36）。

图5-3-33   图5-3-34   图5-3-35   图5-3-36

（5）重心前移，上体继续左转；左掌经右前臂上方穿出，自右向左前方划弧平抹，掌心斜向下；右掌收于左肘内侧下方，掌心斜向上；目视左掌（图5-3-37）。

（6）两掌自前同时后将，右掌将至右胯旁，左掌将至腹前；左脚收至右脚内侧；目视左前方（图5-3-38）。

（7）左脚向左前方上一步，重心前移，成左弓步，同时左前臂外旋，右前臂内旋，两手翻转屈臂上举，左手收于胸前，两臂同时向前挤出，两臂撑圆，右掌指贴于左腕内侧，掌心向外，指尖斜向上，左掌心向内，指尖向右，高与肩平，目视左前臂（图5-3-39）。

图5-3-37   图5-3-38   图5-3-39

9.进步搬拦捶

（1）重心后移，左脚尖外撇，上体左转；左掌向下划弧，掌心向上；右掌向右前方伸展，掌心斜向下；头随上体转动（图5-3-40）。

（2）重心前移，右脚收于左脚内侧；左掌向左划弧，再向上卷收于体前，掌心向下，右掌变拳向下划弧收于腹前，拳心向下，目视前方（图5-3-41）。

（3）上体右转，右脚向前上步，脚跟着地，脚尖外撇；右拳随之经左臂内侧向前翻转搬出,拳心向上,与胸同高;左掌顺势按至左胯旁,目视右拳(图5-3-42)。

(4)重心前移,上体右转,左脚收于右脚内侧;右前臂内旋,右拳向右划弧至体侧,左前臂外旋,左掌向左向前划弧至体前;目视前方(图5-3-43)。

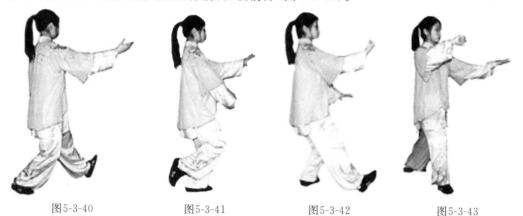

| 图5-3-40 | 图5-3-41 | 图5-3-42 | 图5-3-43 |

(5)左脚向前上一步,脚跟落地;右拳收于右腰间,拳心向上,左掌翻转向下,拦于体前;目视左掌(图5-3-44)。

(6)上体左转,重心前移,成左弓步;右拳向前打出,拳眼转向上,高与胸齐,左掌收于右前臂内侧,掌心朝向右下方;目视右拳(图5-3-45)。

| 图5-3-44 | 图5-3-45 | 图5-3-46 | 图5-3-47 |

10.如封似闭

(1)左掌从右前臂下穿出,掌心向上,右拳随之变掌,掌心也转向上(图5-3-46)。

(2)上体后坐,重心后移,左脚尖上翘;两掌分开并屈臂内旋,收至胸前,与肩同宽,掌心斜相对。两掌翻转向下,落至腹前;目视前方(图5-3-47)。

(3)重心前移,右脚收至左脚侧后方,脚前掌点地,成右丁步;两掌向前按出,与肩同宽,掌心向前,腕高与肩平;目视两掌(图5-3-48)。

图5-3-48

图5-3-49

图5-3-50

11.开合手

(1)以右脚掌和左脚跟为轴,依次右转,两脚踏实;两掌翻转掌心相对,指尖向上,屈收至胸前,再向左右分开,与肩同宽;目视前方(图5-3-49)。

(2)重心移向左腿,右脚跟提起,再成右丁步;两掌内收相合,与头同宽,掌心相对;目视两掌中间(图5-3-50)。

12.右单鞭

(1)身体稍右转,右脚向右横开一步,脚跟着地;两臂内旋,两掌虎口相对,掌心向外;目视左掌(图5-3-51)。

(2)重心右移,成右侧弓步(横裆步);两掌向左右分开,平举于身体两侧,掌心转向外,掌指向上;目视左掌(图5-3-52)。

图5-3-51

图5-3-52

13.肘底捶

(1)重心左移,右脚尖内扣,上体左转;右前臂外旋,掌心转向上,右掌向内掩裹划弧摆至右肩前;左掌向左、向下划弧(图5-3-53)。

（2）重心右移，上体右转，左脚收至右脚内侧；右掌翻转屈收至右胸前，掌心向下，左前臂外旋，左掌心转向上，经腹前向右划弧，与右掌上下相对，两臂相抱如抱球状；目视右掌（图5-3-54）。

（3）上体左转，左脚向左前方上步，脚跟着地，脚尖外撇；左掌经右前臂下向上、向左划弧，掤至体前，高与头齐；右掌经左胸前划弧下落至右胯旁，目视左掌（图5-3-55）。

图5-3-53　　　　　　　图5-3-54　　　　　　　图5-3-55

（4）重心前移，右脚跟步，脚前掌落在左脚后面；左掌向左、向下划弧至体左侧；右掌向右、向前划弧拦至体前，高与头齐，掌心斜向上，目视前方（图5-3-56）。

（5）上体右转，重心后移至右腿，右脚踏实，左脚向前上步，脚跟着地，脚尖上翘，成左虚步；左掌经左腰际收成侧立掌，再经右腕上穿向前劈出，指尖高与眉齐，右掌握拳，拳眼向上，收至左肘内侧下方，目视左掌（图5-3-57）。

图5-3-56　　　　　　　　　图5-3-57

14.转身推掌

（1）左脚撤至右脚后，右拳变掌上举，腕高与肩平，掌心向上；左掌翻转下落至右胸前，掌心向下；以右脚跟、左脚掌为轴，向左转身，转身时重心仍在右腿；同时右掌稍屈收，左掌稍下落,目视右掌(图5-3-58,图5-3-59)。

（2）左脚向左前方上步,脚跟落地;右掌屈收至右肩上耳侧,掌心斜向前下方,左掌向下划弧至腹前,目视前方(图5-3-60)。

（3）重心前移,转腰顺肩,右脚收至左脚内侧后方,脚前掌着地,成右丁步;右掌顺势向前推出,掌心向前,指尖与鼻尖相对;左掌经左膝上搂过,按于左胯旁,目视右掌(图5-3-61)。

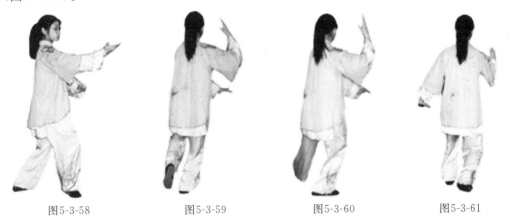

图5-3-58   图5-3-59   图5-3-60   图5-3-61

（4）以左脚跟、右脚掌为轴,向右后转身,转身后重心仍在左腿;左臂外旋向左前方上举,掌心向上,高与头平;右掌下落至左胸前,掌心向下,目视左掌(图5-3-62)。

（5）同上（2）（3）,只是方向相反(图5-3-63,图5-3-64)。

图5-3-62   图5-3-63   图5-3-64

15.玉女穿梭

（1）上体右转,左脚向左分开半步;左臂外旋,左掌向右划弧收至右胸前,掌心转向上;右掌经左前臂上方向前伸探至体前,掌心斜向下,腕高与肩平;目视右掌(图5-3-65)。

（2）上体左转,重心移至左腿,右脚收至左脚内侧,脚尖点地;两掌同时向前向下、向后捋,左掌捋至左胯旁,右掌捋至腹前(图5-3-66)。

(3)右脚向右前方上步,重心前移,左脚随之跟至右脚内侧后方,脚前掌着地;上体右转,两前臂旋转合于胸前,右掌自左向前划平弧,掌心转向上;左掌附在右腕内侧随之转动;目随右掌(图5-3-67)。

(4)重心后移于左腿,左脚落实,上体左转;右掌屈肘向右、向后划平弧;目视右掌(图5-3-68)。

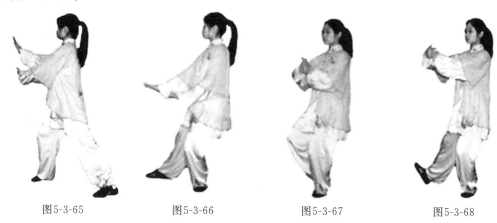

图5-3-65　　　　　图5-3-66　　　　　图5-3-67　　　　　图5-3-68

(5)上体右转,右脚再向右前方上步,脚跟着地;右掌内旋翘腕举至右肩前上方,掌心斜向上;左掌随之划弧后收于左腰际(图5-3-69)。

(6)重心前移,成右弓步,上体右转;右掌上架于右额前上方,掌心斜向上;左掌前推至体前,掌心向前,指尖与鼻尖相对,目视左掌(图5-3-70)。

图5-3-69　　　　　图5-3-70　　　　　图5-3-71　　　　　图5-3-72

(7)重心后移,右脚尖翘起内扣,上体左转;右前臂外旋,右掌翻转下落于体前,掌心向上,右腕高与肩平;左掌向右划弧后收至右肘内侧,掌心向下,目视右掌(图5-3-71)。

(8)重心前移,右脚落实,右腿屈弓,上体继续左转;左掌从右前臂上穿出,并自右向左划弧抹掌；右掌收于左肘内侧下方，两掌心上下斜相对，目视左掌（图5-3-72）。

（9）上体右转，左脚收至右脚内侧；两掌自前同时向下、向后捋，右掌捋至右胯旁，左掌捋至腹前（图5-3-73）。

10.同上（3）（4）（5）（6），只是动作方向相反（图5-3-74—图5-3-77）。

16.右左蹬脚

（1）重心后移，左脚尖内扣，上体右转；左臂外旋，左掌翻转落于体前，掌心向上，腕高与肩平；右掌向右、向后划弧收至左肘内侧，掌心向下，目视左掌（图5-3-78）。

（2）重心前移，左腿屈弓，上体左转；右掌从左前臂上方穿出，向上、向右划弧展开；左掌向下、向左划弧分至体侧；头随上体转动（图5-3-79）。

（3）上体右转，右脚收至左脚内侧，右掌向下、向左、向上划弧，左掌向左、向上、向右划弧，于胸前两腕交叠，两掌交叉合抱，右掌在外，掌心均向内，目视右前方（图5-3-80）。

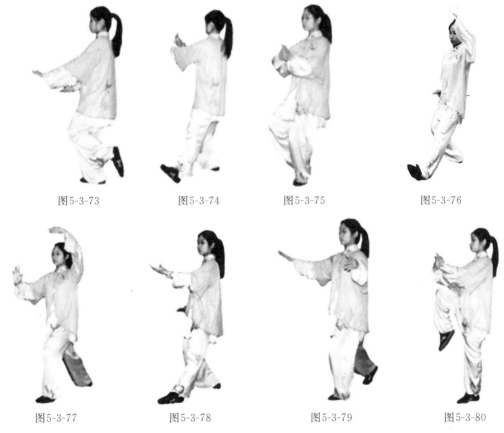

图5-3-73   图5-3-74   图5-3-75   图5-3-76

图5-3-77   图5-3-78   图5-3-79   图5-3-80

（4）左腿微屈站稳，右腿屈膝提起，右脚向右前方慢慢蹬出，脚尖上勾，脚跟高于腰部；两掌分别向右前方和左方划弧分开，掌心向外，腕与肩平，两臂伸展，肘微屈，右臂与右腿上下相对;目视右掌(图5-3-81)。

(5)右腿屈收,右脚向右前方落脚上步,脚跟着地;右臂外旋,右掌心转向上;左掌下落,经腰间向前、向上伸至右肘内侧,掌心向下;目视右掌(图5-3-82)。

(6)同上(2)(3)(4),只是方向相反(图5-3-83—图5-3-85)。

| 图5-3-81 | 图5-3-82 | 图5-3-83 | 图5-3-84 |

| 图5-3-85 | 图5-3-86 | 图5-3-87 | 图5-3-88 |

17. 掩手肱捶

(1)左腿屈收,左脚收于右脚内侧,两臂外旋。两掌掩合于头前,与头同宽,掌心向内;目视两掌(图5-3-86)。

(2)左脚尖上翘,脚跟擦地向左开步,上体稍右转;两臂内旋,两掌翻转下按,上下交叉相叠于腹前,左掌压于右掌背上,掌心均向下,目视前方(图5-3-87)。

(3)上体左转,重心左移;两掌向两侧分开,高与肩平,前臂内旋,掌心转向外(图5-3-88)。

(4)重心右移,上体右转,两臂外旋,肘内合,左掌摆至体前,掌心向上,高与肩平;右掌变拳,屈臂合于胸前,拳心向上,目视左掌(图5-3-89)。

(5)重心左移,上体左转,转腰顺肩,成左弓步;右拳旋转向前方冲打,拳心转向下;左掌后收,掌心贴于左腹部,指尖向右,目视右拳(图5-3-90)。

图5-3-89　　　　　　　　　　　图5-3-90

18. 野马分鬃

(1)上体左转;右拳变掌外旋向下划弧至腹前,掌心向左;左掌以拇指为轴,四指向下转动(图5-3-91)。

(2)重心右移,上体右转,右臂内旋,右掌翻转内旋,向上、向右划弧,屈臂撑于右肩前,拇指向下,四指尖向左;左臂外旋,掌心转向内,掌指背贴于右前臂内侧,随之划弧,两臂撑圆,目视右掌(图5-3-92)。

(3)重心左移,上体左转;右臂外旋,左臂内旋,两掌成横掌,向下、向左划弧;至腹前时,腰腹突然弹性发力制动,使两掌停止,掌心向左前方,横于腹前,目视两掌(图5-3-93,图5-3-93反面)。

(4)上体稍右转,再折叠左转,重心左移,再右移,上体右转,两掌向右划弧分开,左掌收于左髋前,掌心转向上;右掌外捋至体侧,掌心转向右,目视前方(图5-3-94)。

图5-3-91　　　　　　图5-3-92　　　　　　图5-3-93

图5-3-93反面　　　　　　　　　　图5-3-94　　　　　　　　　　图5-3-95

（5）重心右移，左脚屈膝提收；左掌向上托于左膝上方；右掌横于体右侧，掌心向右，高与肩平；目视前方（图5-3-95）。

（6）左脚向前上步，重心前移，成左弓步；左掌向前穿靠，掌心向上，指尖向前，左腕高与肩平；右掌撑至身体右侧，掌心向外，指尖斜向上，腕高与肩平，目视左掌（图5-3-96）。

（7）左脚尖外撇，上体左转，左臂内旋，左掌翘腕绕掌，重心前移，上体左转，右脚屈膝向前提收；右掌经体侧前举，托于右膝上方，掌心向上；左掌左摆横于体侧，掌心向外，指尖斜向上；目视右手（图5-3-97）。

（8）右脚向前上步，重心前移，成右弓步；右掌向前穿靠，掌心向上，指尖向前，腕高与肩平；左掌撑至身体左侧，掌心向外，指尖斜向上，腕高与肩平；目视右掌（图5-3-98）。

图5-3-96　　　　　　　　　　图5-3-97　　　　　　　　　　图5-3-98

19.云手

（1）重心左移，右脚尖内扣，上体左转；右掌随转体左摆，掌心向上；左掌微向左撑，掌心向左，目视右掌（图5-3-99）。

（2）重心右移，上体右转，左脚跟随之内转；右掌翻转向外，横掌摆至身体右侧；左掌自左向下,经腹前向右划弧至腹前,掌心随之翻转向上,目随右掌(图5-3-100)。

(3)重心左移,上体左转;左掌掌心向内,自右向上向左,经面前划弧运转,指尖与眉同高;右掌向下经腹前,向左划弧云转,掌心由外转向内,目随左掌(图5-3-101)。

图5-3-99　　　　　　　　　图5-3-100　　　　　　　　　图5-3-101

(4)右脚收于左脚内侧落地,两脚平行向前,相距10厘米左右;左掌云至身体左侧逐渐翻转,掌心转向外,右掌云至左肘内侧,掌心转向内,目视左掌(图5-3-102)。

(5)重心右移,上体右转;右掌自左经面前向右划弧云转,指尖高与眉齐;左掌向下经腹前向右划弧云转至腹前,目视右掌(图5-3-103)。

(6)上体继续右转,左脚向左侧开步,脚尖仍向前;右掌云至身体右侧,逐渐翻转,掌心转向外,左掌云至右肘内侧,掌心转向内,目视右掌(图5-3-104)。

(7)同上(3)(4)(5)(6),连续做三个云手。

图5-3-102　　　　　　　　　图5-3-103　　　　　　　　　图5-3-104

20.独立打虎

(1)重心右移,左脚向身后退步,右腿屈膝前弓;左掌掌心翻转向上,向下划弧,收于腹前;右掌掌心翻转向下,经左前臂上方穿出,向前伸探至体前,腕高与肩平,目视右掌

（图5-3-105）。

（2）重心左移，上体左转，右脚尖内扣；两掌向下、向左划弧分开；视线随上体转动（图5-3-106）。

（3）两掌逐渐握拳，左拳经体侧屈臂上举至左额前上方，拳心向外，拳眼斜向下；右拳屈臂收于左胸前，拳心向内，拳眼朝上；左腿微屈，站稳，右腿屈膝提起，右脚收至裆前，脚尖上翘；头转向右前方，目向正东平视（图5-3-107）。

图5-3-105　　　　　图5-3-106　　　　　图5-3-107

21.右分脚

（1）上体微右转，右脚内收，脚尖下垂；两拳变掌交叉抱于胸前，右掌在外，掌心皆向内，目视右前方（图5-3-108）。

（2）右脚脚面展平，脚尖向右前方慢慢踢出，高过腰部；两掌同时向右前方和左方划弧分开，掌心皆向外，指尖向上，腕高与肩平，两臂撑举，肘关节微屈，右臂与右腿上下相对；目视右掌（图5-3-109）。

图5-3-108　　　　　图5-3-109

22.双峰贯耳

（1）右腿屈膝，右脚回收，脚尖下垂；两臂屈肘外旋，在胸前相合，两掌经面前划弧平行下落于右膝上方，掌心翻向上；目视前方（图5-3-110）。

（2）右脚向前落步，脚跟着地；两掌分落于腰侧，逐渐握拳，拳心向上（图5-3-111）。

（3）重心前移，成右弓步；两拳同时经两侧向前上方划弧贯打，高与耳齐，相距同头宽，拳眼斜向下，两臂半屈成钳形（图5-3-112）。

图5-3-110   图5-3-111   图5-3-112

23.左分脚

（1）重心后移，右脚尖外撇，上体右转；重心前移，左脚收于右脚内侧，上体微左转；两掌从左右两侧向下、向内划弧，至腹前相交、举抱于胸前，左掌在外，掌心皆向内；目视左前方（图5-3-113）。

（2）左腿屈膝提起，左脚尖向左前上方慢慢踢出，脚面展平，高过腰部；两掌向左前和右方划弧分开，掌心向外，腕与肩平，两臂撑举，肘关节微屈，左臂与左腿上下相对，目视左掌（图5-3-114）。

图5-3-113   图5-3-114

24.转身拍脚

（1）转体落脚，左脚屈收下落，身体以右脚掌为轴顺势向右后转身。左脚尖随体转内扣落地；两掌从两侧向腹前划弧下落（图5-3-115）。

（2）重心左移，身体继续右后转，右脚随之转正，脚跟提起；两掌交叉，右掌在外举抱于胸前，目视右前方（图5-3-116）。

（3）左腿支撑，右脚向上踢摆，脚面展平；两前臂内旋，掌心转向外，右掌向前击拍右脚面，高与头齐，左掌向后划弧分开，平举于身体左方，腕高与肩平，目视右掌（图5-3-117）。

图5-3-115　　　　　　图5-3-116　　　　　　图5-3-117

25.进步栽捶

（1）左腿屈膝，右腿屈收，右脚前落，脚尖外撇，上体右转，重心前移；两前臂外旋，左掌向上、向右划弧，掌心转向右；右掌翻转下落至腰间，掌心向上，头随上体转动（图5-3-118）。

图5-3-118　　　　　　图5-3-119　　　　　　图5-3-120

（2）上体继续右转；左脚提收至右脚内侧；右掌自下而上划弧右摆，举于体侧，左掌经头前划弧摆至右胸前，目视右掌（图5-3-119）。

（3）左脚向前上一步，脚跟着地，上体左转，重心前移，成左弓步；右掌屈肘握拳收于右耳侧，向前下方打出，高与腹平，拳面朝向前下方，左拳自左膝上方搂过，按于左胯旁，目视右拳（图5-3-120）。

26.斜飞势

（1）重心后移，左脚尖外撇，上体左转；右拳变掌向上、向右划弧，左掌向左划弧，两掌分开，头随体转（图5-3-121）。

（2）右脚收于左脚内侧；左掌向上、向右划弧，屈臂抱于胸前，掌心斜向下；右掌向下、向左划弧，屈臂抱于腹前，掌心斜向上；两掌交叉相抱，左臂在上；目视左掌（图5-3-122）。

（3）上体微左转，右脚向右侧开步，脚跟着地；目视前方（图5-3-123）。

图5-3-121　　　　　　　图5-3-122　　　　　　　图5-3-123

（4）重心右移，右腿屈弓，成右侧弓步（横裆步），上体右倾，右肩向右倾靠；两掌分别向右前上方和左前下方分开；右掌略高于头，掌心斜向上，左掌与胯同高，掌心斜向下；目视左前方（图5-3-124）。

图5-3-124　　　　　　　图5-3-125　　　　　　　图5-3-126

27. 单鞭下势

(1)重心左移,上体左转,右脚跟稍外展;左掌变勾手,提至身体左侧,腕与肩同高;右掌向左划弧,经头前摆至左肘内侧,掌心向左;目视右掌(图5-3-125)。

(2)左腿全蹲,右腿铺直,上体右转,成右仆步;右掌下落经腹前顺右腿内侧向右穿出,掌心转向外,指尖向右;目视右掌(图5-3-126)。

28. 金鸡独立

(1)重心前移,成右弓步,右掌向上举至体前,成侧立掌,腕高与肩平,左臂内旋下落至身后,勾尖向上,目视右掌(图5-3-127)。

(2)重心前移,左腿屈膝向前上提起,脚尖下垂,右腿微屈站稳,成右独立步;左勾手变掌,经体侧向前、向上挑起,成侧立掌,指尖高与眉齐;右掌翻转下按于右胯旁,目视左掌(图5-3-128)。

(3)右腿屈蹲,左脚落于右脚内侧稍后方,重心左移;左手翻转下按,右手内旋向下伸展(图5-3-129)。

图5-3-127　　　　　　　图5-3-128　　　　　　　图5-3-129

(4)同上(2),只是左右方向相反(图5-3-130)。

29. 退步穿掌

左腿屈蹲,右脚后退一步,右腿自然蹬直,左腿屈弓,成左弓步;左臂外旋,左掌翻转向上,经腰间从右前臂上方向前上穿出,腕高与肩平,指尖斜向上,右臂横掌按于左肘下方;目视左掌(图5-3-131)。

30. 虚步压掌

(1)重心后移,左脚尖内扣,上体右后转;右掌收至腹前,左掌举于左额侧上方;目随转体平视(图5-3-132)。

(2)重心移至左腿,右脚提起,活步右移,脚尖转向前方,成右虚步;上体松沉右转,微向前俯;左掌自上向前下横压于右膝前上方,右掌按于右胯旁,目视前下方(图5-3-133)。

图5-3-130   图5-3-131

31.独立托掌

左脚蹬地，左腿微屈站稳，右腿屈膝上提，脚尖下垂，成左独立步；右掌翻转上托，举于体前，掌心向上，高与肩平；左掌向左、向上划弧，撑于体侧，高与肩平，掌心向外，虎口斜向下，目视右掌（图5-3-134）。

图5-3-132   图5-3-133   图5-3-134

32.马步靠

（1）右脚前落，脚尖外撇，重心前移，上体右转；右臂内旋，右掌翻转下采；左臂外旋，左掌向上、向右划弧，目视前方（图5-3-135）。

（2）左脚收于右脚内侧，右掌翻转向上，向右划弧举于体侧，高与头平；左掌向右、向下划弧，随之握拳，落于右腹前，拳心向下，拳眼向内；目视右掌（图5-3-136）。

（3）上体左转，左脚向左前方上步；右腿蹬地发力，成半马步；左臂内旋，向前靠出，置于左膝前；右掌屈收，推动左臂向前挤靠，掌心向左，掌指附于左上臂内侧，目视左前方（图5-3-137）。

图5-3-135　　　　　　　　图5-3-136　　　　　　　　图5-3-137

33.转身大捋

（1）重心后移，左脚尖外撇，上体左转；左拳变掌，两掌微向后收带，再同时翻转，向左、向上摆动，左臂内旋，右臂外旋，两掌心同时转向外，目视两掌（图5-3-138）。

（2）上体左转，重心前移，右脚并步收于左脚内侧，右脚以前掌为轴，脚跟外展，身体左转，两掌随之转身向左平捋至体前，左臂内旋，左掌屈肘提至胸前，横掌掌心向外；右臂外旋，举于身体右侧，目视右掌（图5-3-139）。

（3）左脚后撤一步，脚尖外展落地，右腿屈弓；两掌心斜相对，右掌高与头平，左掌置于右肘内侧，目视右掌（图5-3-140）。

（4）上体继续左转，重心左移，右脚跟外展，右腿自然蹬直，成左侧弓步（横裆步）；两掌向左平捋，随之逐渐握拳，左臂外旋，拳收于腰间，拳心向上；右臂外旋滚压置于体前，右拳高与胸齐，拳心斜向上，目视右拳（图5-3-141）。

图5-3-138　　　　　图5-3-139　　　　　图5-3-140　　　　　图5-3-141

34.歇步擒打

（1）重心右移，上体右转，右臂内旋屈肘上撑，右拳置于右额前，拳心向外；左臂内旋，左拳沿身体向后下方穿出，拳心向后，目视前方(图5-3-142)。

（2）上体左转，左脚尖外展，重心前移；右脚经左脚前向左前方盖步横落，两腿交叉屈蹲，成歇步；左掌握拳，收于腹前，右拳经左前臂向前下方打出，高与腹平，拳心向上，目视右拳(图5-3-143)。

图5-3-142

图5-3-143

35.穿掌下势

（1）上体右转，左脚收至右脚内侧；两拳变掌，右臂内旋，掌心翻转向外，虎口向下，提至胸前；左臂外旋，掌心翻转向外，虎口向上，举于身体左侧，目视左掌(图5-3-144)。

（2）上体右转，右腿屈蹲，左腿向左侧伸出；两掌向上、向右划弧，经头前摆至身体右前方，掌心转向下，指尖斜向右上，右掌伸举于右前方，高与头平，左掌屈臂摆至右肩前，高与肩平，目视右掌(图5-3-145)。

（3）右腿全蹲，左腿铺直，上体左转，成左仆步；两掌屈腕绕转，指尖转向左，经腹前顺左腿内侧向左穿出，左掌在前，掌心转向外，右掌在后，掌心转向内，目视左掌(图5-3-146)。

图5-3-144

图5-3-145

图5-3-146

36. 上步七星

(1)重心前移,右腿蹬直,左腿屈弓,成左弓步;左掌向前、向上挑举,腕高与肩平,掌心向右,指尖斜向上;右掌微向下,侧掌置于右胯旁,目视左掌(图5-3-147)。

(2)重心前移,上体左转;右脚前上一步,脚前掌落地,成右虚步;左掌握拳,微向内收,拳心向内;右掌变拳向前、向上架起,拳心向外;两腕交叠,两拳交叉于身前,高与肩平,右拳在外(图5-3-148)。

图5-3-147　　　　　　　　　　　图5-3-148

37. 退步跨虎

(1)右脚向右后方退一步,两拳变掌;右掌向下划弧至右胯旁,掌心向下(图5-3-149)。

(2)上体右转,重心后移;右掌向右、向上划弧,左掌随身体右转稍向下划弧,头稍右转,目视右前方(图5-3-150)。

图5-3-149　　　　　图5-3-150　　　　　图5-3-151　　　　　图5-3-152

(3)左脚后收半步,落于右脚前,上体左转,身体略向下屈蹲;右掌经头前再向左、向下划弧,落于左腿外侧,掌心向下;左掌向右、向下划弧,经腹前向左停于左胯旁,掌心向下;头随上体转动,稍向前倾身,俯视右手(图5-3-151)。

（4）右脚蹬地，独立站稳，左腿前举高于水平，膝微屈，脚底稍内扣；右掌向前、向上挑起，成侧立掌，掌心向左，腕高与肩平；左掌变勾手同时上提，举于左侧，高与肩平，勾尖屈腕向下；上体左转（图 5-3-152）。

38.转身摆莲

（1）左脚前落，以左脚跟和右脚前掌为轴，向右后转体；右臂内旋，右掌翻转向下，屈肘向右平带；左掌摆至体前，掌心向上，高与头平，右掌翻转向上，经胸前及左肘下方向左穿出；头随体转，目视前方（图 5-3-153）。

（2）上体继续右转，重心左移，右脚跟离地；右掌穿出后向上、向右划弧，同时前臂内旋，掌心转向右，指尖向上，摆至身体右侧，腕与肩平；左掌自右臂内侧翻转下落，收至右肩前下方，掌心亦向右；目视右掌（图 5-3-154）。

（3）上体左转，右腿向左提起。上体右转；右脚向上、向右做扇形外摆，脚面展平；两掌自右向左平摆。在头前左先右后击拍右脚面；目视两掌（图 5-3-155，图 5-3-156）。

图5-3-153　　　　图5-3-154　　　　图5-3-155　　　　图5-3-156

39.弯弓射虎

（1）右脚屈收，右腿屈膝提于体侧，脚尖下垂，左腿独立站稳；上体左转，两掌继续左摆，左掌摆至身体左侧，右掌摆至左肩前，掌心均向下，高与肩平；目视左掌（图 5-3-157）。

（2）左腿屈蹲，右脚向右前方落脚上步，上体右转；两掌同时下落划弧（图 5-3-158）。

（3）上体右转；两掌向下、向右划弧至身体右侧时两掌握拳（图 5-3-159）。

（4）上体左转，重心前移，成右弓步；左拳经面前向左前方打出，高与鼻平，拳心斜向外，拳眼斜向下；右拳同时屈收经头侧向左前方打出，停至右额前，拳心向外，拳眼斜向下；目视左拳（图 5-3-160）。

40.左揽雀尾

（1）重心后移，右脚尖外撇，上体右转；两拳变掌，左掌翻转向下划弧至腰间，掌心向上（图 5-3-161）。

图5-3-157   图5-3-158   图5-3-159   图5-3-160

（2）同上右揽雀尾（3）（4）（5）（6）（7）只是动作方向相反（图 5-3-162—图 5-3-167）。

图5-3-161   图5-3-162   图5-3-163

图5-3-164   图5-3-165   图5-3-166

（3）右掌经左掌上伸出，两掌分开，与肩同宽，掌心均转向下；身体后坐，重心后移，左脚尖上翘；两臂屈肘，两掌经胸前下落收至腹前，掌心向前下方（图5-3-168）。

（4）重心前移，成左弓步；两掌平行向上、向前按出。腕高与肩平，掌心向前，指尖向上，塌腕舒掌，目平视前方（图5-3-169）。

图5-3-167　　　　　　　　图5-3-168　　　　　　　　图5-3-169

41.十字手

（1）重心右移，上体右转，右腿侧弓，左腿自然蹬直；右掌摆至身体右侧，两掌左右平举于身体两侧，两肘略屈，掌心向外，目随右掌（图5-3-170，图5-3-171）。

（2）重心左移，右脚尖内扣，上体左转；两掌向下、向内划弧，于腹前两腕相交，两掌合抱，右掌在外，掌心均向内，目视前方（图5-3-172）。

（3）上体转正，右脚内收半步，两脚与肩同宽，脚尖向前，随之两腿自然伸直，成开立步，两掌腕部交叉成斜十字形抱于胸前，掌心向内，高与平；目视两掌（图5-3-173）。

图5-3-170　　　　　　图5-3-171　　　　　　图5-3-172　　　　图5-3-173

42.收势

两前臂内旋，两掌边翻转，边平行分开，与肩同宽，掌心向前下方；两掌慢慢下落至两腿外侧,松肩垂臂,上体自然正直;左脚收至右脚旁,两脚并拢,脚尖向前,身体自然直立,目视前方(图 5-3-174—图 5-3-176)。

图5-3-174   图5-3-175   图5-3-176

第六章 武术套路编排和竞赛组织

第一节 武术套路编排

武术套路的编排是一项系统工程,它不仅要符合武术比赛规程和规则,而且要根据各类项目的技术特征、技术风格、拳种特点以及运动员自身素质、运动能力来编排,还要配合服装、器械、音乐等艺术设计,才能达到武术套路编排的优化和创新。

一、武术套路编排的原则

武术套路的编排不仅仅是各种基本动作的简单组合,而且是编排者在遵循一定武术套路创编原则下完成的一项有机工程。我们通过运动员和教练员的访谈以及对以往文献资料的归纳和总结,认为优秀运动员和教练员在创编武术长拳套路时一般会遵循以下基本原则。

(一)以武术规则和规程中有关的规定为理论依据

武术比赛规程和规则是武术套路创编的最根本的理论源泉,也是武术套路创编的风向标。竞赛规则是各项体育运动比赛过程中始终要共同遵守和执行的统一规范性的标准与要求,是根据本项运动的技战术等方面的基本特点和发展趋势,研究制定的比赛规划。它是进行竞赛和提高运动水平的基本保证,也是一个逐步发展、逐渐完善的指导性、法规性文件。竞赛规程是对应每次比赛的性质、层次、级别不同而增列的附加规则。如果编排忽视了规则的要求,就会造成不必要的失分,直接影响着运动员的成绩和名次。因此,以武术规则和规程中有关编排的动作规定、难度规定、演练水平等评分规则为依据是运动员和教练员在创编武术套路的最基本的原则。

(二)以武术各拳种的技术特征、技术风格为实践依据

武术套路编排者应该遵循在竞赛规则和规程的基础上,并以拳种的技术特征和技术风格等运动规律为编排的实践依据。例如,武术套路——长拳有着自身的运动规律,它是以十二型为主要的运动方式,即动势、静势、起势、落势、站势、立势、转势、折势、轻势、重势、缓势、快势十二种态势,俗称“十二型”。长拳吸取了查、华、炮、红、少林等诸多拳种

之长,把手型、手法、步型、步法、腿法、平衡、跳跃等基本动作规范化,并按照长拳蹿、蹦、跳、跃、闪、展、腾、挪和起伏转折等运动方式和运动方法编成具有动作灵活、舒展大方、节奏分明、快速有力、动作转折急缓之际伴有深层次的内在演练意识的套路。

（三）以运动员的生理、心理、人体工学等为科学依据

武术套路的演练者是不同的个体,因此武术套路的创编应根据个体的身体素质、运动能力并符合各自的工学原理才能发挥个体最好的水平。首先是性别的差异,男女运动员由于性别的差异,在身体形态、身体机能和身体素质方面也呈现出不同的状态。如何根据运动员的性别差异,创编符合各自性别的套路,是武术套路编排首先要注意的问题。其次是运动员的心理特征,优秀运动员技术水平较高,临场经验丰富,但是由于客观环境的变化或者自身环境的变化都将影响运动员在比赛中的水平发挥,因此如何根据运动员的心理特征、心理特质、心理变化等科学依据也是武术套路创编者必须考虑的问题。最后,武术套路创编应依据人体工学原理。武术套路是由许多武术基本动作连接起来的。组合动作的连贯应特别注意惯性的作用,以便作用力和反作用力的有机结合,这些动力性不仅保证动作用力的适应性,还能使动作之间衔接得自然、圆滑、顺利、流畅。借助这些动力特征,更能充分体现更快、更高、更强的武术精神。

（四）以武术套路运动的美学特征为审美依据

美是武术套路的灵魂,其"美"不但要求动作的高度、幅度、速度等都达到高标准,而且还要求动作舒展大方、姿态优美、快速有力、节奏分明,起伏转折、蹿蹦跳跃灵活多变、准确稳定。武术套路的"美"主要表现为整套动作的完成情况,涵盖技术规格、动作质量、武术意识、姿态和动作稳定性等方面的内容。其美学特征表现为:①形式美。"形式美"是指事物的外在形式所具有的相对独立的审美特征,包括形体美、造型美、结构美、节奏美、服装美等。长拳套路的形体美表现为运动员的身体形态。造型美可分为动态造型美和静态造型美。结构美即技术动作的整体配合。节奏美是指在运动中动作速度、幅度及动作力度强弱的变化。②技击美。技击美包括踢、打、摔、拿、击、刺和由此繁衍出的千变万化的技击方法所具有的美,这些技击方法经过艺术化处理与技击本质互为辩证关系。③意境美。意境是"情"与"景"意象的结晶。武术套路意境中的"情"是指运动员演练时的"精气神",所谓"景"是指运动员在套路演练时所创造的艺术化的攻防格斗的意象。意境美包括韵律美、神采美等。因此,武术套路编排不仅要符合武术运动的技术特点,而且更加要凸现武术运动的审美特征,运动只有具备了艺术性的编排,才有创新的价值,运动员才能在今后激烈的竞争中,形成自己的独特风格,在比赛中取胜。

二、武术套路编排的发展趋势

新规则的实施,更加强调武术特点和攻防含义,强调编排合理化,动作规格的规范化、技术鲜明化,动作难度更大化,使其往更具观赏性的方向发展。但是,由于动作难度

在成套中比例加大,优秀运动员选择难度动作相似率较高,出现难度动作雷同、规定化的现状,再者,由于难度水平的要求,教练员须花大量时间和精力投入技术训练中,而忽视了对运动员个性特征的培养,使运动员演练风格的淡化,导致比赛的观赏性下降。因此,针对以上武术套路编排的现状问题,我们认为武术应该向着增强武术套路动作技术的观赏性、发展武术长拳套路难度动作创新性、注重武术长拳套路个人风格以及探索武术长拳套路的审美趋势的方向发展。

（一）从风格展览到动作设计:增强武术套路动作技术的观赏性

武术套路技术动作的编排,要依据规则要求,遵循武术套路动作发展的固有规律,还要根据项目特点和个人的技术特点情况来掌握编排的方法,使套路编排各有特点,更具大学性。这就要求在创编套路的过程中,教练员和运动员应该掌握大量的动作素材,并从套路技术的运动规律出发,根据项目特点和个人特点,在学习继承传统的基础上,大胆发展创新,结合大学运动的特点进行再创造,推陈出新,从而丰富和充实套路技术内容。技术上的丰富多彩和不断创新是符合套路运动的大学原则的,只有这样才可以消除套路技术内容单调、雷同的现象。

1. 动作设计的创新

运动员要实现独特技术风格的创新,首先对个人的技术风格要有清楚的认识,还要把自己的技术优势和生理特点结合起来,同时对成套动作的整体技术特点、结构编排、服装配乐等要有独到的处理方式,通过这些因素找到最适合自己的风格表现方式;其次,再充分发挥创新能力,扬长避短,突出自身特点,使成套技术具有新颖性和独创性。运动员个人技术风格形成本身就是一个渐进的显现过程,并且还要通过长期艰苦的磨炼。

增强武术套路编排动作技术的观赏性首先体现在对动作设计的创新,选择动作类型的多样化,连接动作的流畅性,运动员的表现力和感染力。运动技术继续向着稳定、熟练、连接流畅性的均衡化方向发展。动作类型多样化来源于运动员和教练员掌握的动作素材及其演化动作素材,即根据运动员各种风格展览提炼不同种类、不同性质、不同方法改编、改进的动作素材。连接动作的流畅性不只是指动作与动作之间,还包括组合动作和组合动作之间以及段落与段落之间的连接。它们之间的流畅性是武术套路行云流水、节奏分明技术特征的表现基础。动作的创新和艺术性是密不可分的,只有具备了艺术性的编排,才有创新的价值,运动员在今后激烈的竞争中,才有可能形成自己的独特风格,在比赛中取胜。

2. 提高动作演练技巧

高质量的武术套路,其构成都有以下因素:动作结构的完整性,布局的合理化及难新动作的创编。重视套路动作编排,提高成套动作编排的审美效果是提高长拳项目技术水平和运动成绩的重要途径。作为技能表现难美类项目,武术长拳套路技术当然有其对美的追求及审美标准。因此,运动员在演练动作的过程中,从动作规格、劲力及神韵都要完美地表现出武术长拳套路的技击方法,并要体现出一个运动员个人独有的技巧风格。从而按照武术的本质规律和技术要求充分地表现出武术长拳套路技术动作演练的技巧美。

因此,武术套路技术的不断创新,不仅表现在新颖的技术动作及其独特动作连接形式和富有想象力的全套动作编排上,还要体现在运动员千变万化的个人技术风格上。只有通过不断创新才能推动武术套路技术的不断发展,从而促进套路运动的可持续发展。

(二)"难"与"新"的辩证统一:发展武术长拳套路难度动作的创新性

武术套路属于表现性质的评分项目,在规定的时间内,运动员要完成几十个动作,涉及可比性的因素比较复杂,随着运动水平的普遍提高,大家都能较好地完成基本技术动作,基本技术动作的可比性因素就会下降,在这样的情况下,增加动作难度是武术套路评分项目的必由之路。武术套路比赛新规则的制定正是在竞技武术大背景下的革新成果。

从规则来看,1991 年前规则的无难度到 1996 年规则难度分值为 0.2 分,直到 2003 年规则的动作难度分值规定为 2 分(包括动作难度 1.4 分和连接难度 0.6 分),而且不同的难度与不同的连接,其难度分值都有明确的规定。显然,从规则的发展来看:难度系数的整个发展轨迹呈现出直线上升趋势。这说明武术套路运动技术在其发展的过程中,逐渐把"焦点"锁定在了提高技术动作的难度系数上。

新规则的制定、试用到国际武术规则的制定,到现在准备再版,已经历了 8 年,8 年相当于一位优秀运动员达到辉煌成绩和运动生涯顶峰的周期。所有的教练员都经历了难度动作的"适应期",运动员跨越了难度动作从低分到满分、从不稳定到稳定的特定阶段时期,最终,在难度动作完成与否成为影响比赛成绩的一个重要因子的结果,由于整体武术大学水平的提高而将改变,有先见之明、超前眼光的教练员和运动员开始更多研究难度动作的创新编排。武术长拳套路理想的编排既要突出动作难度连接,又能将所有动作有机结合在一起,表现出最佳的整体效果。

(三)从动觉经验到动态意象:注重武术长拳套路编排的个体风格特征

由于运动员的个体差异,无论在动作难度选择还是在连接难度的选择上,应从运动员的年龄、性别、形态、机能和身体素质、心理水平等几个方面考虑,根据运动员的个人特点,因人而异,有针对性地安排训练,以突出个人演练风格特点。此外,创新不仅要体现在技术动作和套路结构编排上,还要体现在运动员个人技术风格上,这是一个更高层次、更复杂的问题。

在武术套路动作演练技巧中,动作规范是基础,身法是关键,劲力是保证,神韵是最高境界。动作规范指武术套路动作元素要符合竞赛规则的要求;身法是指俯仰、含展、转折、拧带等动作表现;劲力指进攻方法力量要充足;武术神韵是指精神、意识、神态、气质、节奏等方面,精为全体之营,神为仪表之威,意为动作之首;节奏具体表现在动作的快慢、轻重、刚柔、动静起伏等方面的相互衬托。总而言之,武术套路要求外在的形体动作与内在的精、气、神高度地协调一致,做到武为外形、心动形随、形断意连、神形兼备,充分反映出武术套路动作演练技巧的韵味。

（四）从武术文化到武术审美：探索武术套路的审美趋势

武术长拳套路的评分要素主要是动作质量、演练水平和动作难度等内容。因此难度、编排、技术规格是裁判评分的三大要素，也是进行审美欣赏的三个主要方面。其中编排的艺术性是审美的重要保证。编排的新颖、独特、类型多样、连接巧妙等都是武术套路审美的构成因素。对武术套路的编排美的欣赏应从以下几个方面入手：第一在内容方面，发挥个人特长、突出个人风格。第二在结构方面，主要涉及武术套路中动作组合与整套的编排是否合理、紧凑，衔接是否流畅、巧妙。第三在布局方面，充分利用场地而且合理分段和布局。第四要保证鲜明的节奏。

1.节奏规范下的武术艺术——武术套路的节奏性

节奏性是武术艺术的基本要素。所谓节奏是指一个完整技术动作完成的次序和节拍次数。包括步点和用力次数。武术套路的节奏性是区别于自然状态生活动作的主要标志。它如同一个人说话的语气和停顿。抑扬顿挫、一板一眼、赋有韵律感，时而高亢，时而激昂，给人美的享受。它又如京剧中的出场亮相，武打场景的锣鼓点。节奏性使武术的演练更加艺术化，并成为集技击、健身为一体的中国武术艺术。

节奏是人们对时间的一种知觉反映。它是客观事物的延续性、顺序性和规律性的反映。武术长拳套路节奏是指长拳基本动作和难度动作的节拍变化、时值的长短、速度的快慢、力度的强弱，以及它们之间根据个人风格特点和要求所形成的比例关系的总和。这就要求武术套路编排和演练中，不但要重视每一个完整技法的动作节奏，还必须注意每一段、每一组合动作的动作节奏与衔接、节奏次数乃至全套动作的总节奏次数、停顿和转换。力求场地、风格、气势、线路和谐而统一，使之节奏清晰、劲力顺达、达到完美的艺术境界。

2.情感表达的武术——长拳套路编排的主题性

武术套路演练时间要求为1分20秒以上，一般运动员会将套路编排时间控制在1分30秒之内。如何在这段时间将运动员的技术、艺术水平表现出来，符合裁判员和观众的审美需求，这是每一个武术长拳套路编排者所要考虑的问题。从目前现状来看，运动员和教练员更关注难度动作的编排和临场的完成，很少考虑运动员套路编排的美学需求。随着新规则对竞赛套路配乐的要求，以及运动员难度完成的成功率的提高，想要在编排上求新、求变，突出运动员的个体风格，编排无疑是最重要的一个环节。纵观当前长拳套路编排，运动员和教练员一般会按照运动员技术水平和身体素质状态，创编符合运动员自身特色的长拳套路，但是由于运动员和教练员自身艺术修养的局限，往往更注重武术元素，而忽视其他艺术对套路创编的渗透和影响。其中，存在最大的问题是套路创编缺乏主题性。这是武术套路编排的通病。无论舞蹈、诗词，还是音乐、雕塑等文化艺术，在表达一件作品、一首歌曲、一座雕像时，都会在一个主题下展开，表情达意。但是武术长拳套路在目前还很少有编排者注意到这一问题。套路编排主题突出、分明,更能激发裁判员视觉艺术感应和观众的观赏情绪,也更能显现武术套路的艺术之美。因此,追求武术套路编排的主题性是未来武术套路编排必须重点关注的问题。

三、武术长拳套路编排的实践研究

武术长拳套路编排的实践操作过程是一个复杂的脑力和体力活动过程。如果编排者在工作中总结自己的经验,并且遵循一定的编排规律,掌握一定的编排技巧,则能得心应手,反之则会出现无头绪、动作编排无个性、编排风格不突出的症状。以下我们根据四分层系统动作结构原理阐述武术长拳套路编排的实践操作规律、方法、步骤和技术路径以及需要引起注意的问题等。

(一)元动作的编排

四分层系统动作结构理论的第一层次元动作是系统的元素,主要指武术套路的基本动作和难度动作,它是武术套路编排组成的最小结构。在元动作的编排过程中首先要确定运动员的技术风格。在前文我们总结长拳运动员的技术风格特征有四种,每个运动员由于自身素质的不同所表现的风格特征也有所不同,因此确定运动员的技术风格是元动作编排的基础工作。其次,确定一般元动作和难度元动作。编排者根据自身形态特征和身体素质选择符合自身规律的元动作,确定本套长拳套路的基调。例如,一般元动作的确定,可以吸取查、华、炮、红、少林等诸多拳种之长,把手型、手法、步型、步法、腿法、平衡、跳跃等基本动作规范化,并按照长拳的运动方式和方法创编成元动作。在难度元动作的选择方面,可以按照平时训练难度动作完成情况选择成功率高以及根据自身素质完成难度的完美程度确定元动作。例如,对于难度动作中抛接难度的选做可以根据以往训练时抛接的成功率以及在以往比赛中完成动作的质量等确定。最后,元动作的确定应达到一定数量,以备后续组合动作、段落动作和整套动作编排的需要。另外,也可以通过拍摄元动作照片,请相关专家和裁判员对元动作进行评估。根据专家和裁判员的意见和建议进行元动作的增减和修改。

(二)组合动作编排

组合动作是以元动作为原材料,通过静静、动静、动动的动作组合原理连接而成。武术长拳套路组合动作的编排可以分成四种组合动作,即起势动作组合、过渡动作组合、难度动作组合和收势动作组合。

1. 起势动作组合

起势动作是身体由静止状态到运动状态的动作。起势动作组合是整套套路的画龙点睛之处,其编排的优劣直接影响裁判员对于运动员长拳套路的起评分的确定。因此起势动作的编排要求编排者突出运动员的演练风格和技术风格,运动员的第一个亮相就能吸引裁判和观众的眼球。

2.过渡动作组合

过渡动作组合是连接难度动作的组合动作。一般出现在第一组难度动作之后和第二组难度动作组合之前,以及第三、第四组难度动作组合之间。过渡动作的编排一方面应根据长拳套路竞赛规则要求,选择规则规定的必做动作;另一方面过渡动作还承担着段落动作的承上启下的任务。因此过渡动作的编排应注重动作的流畅性、协调性以及对称性等特征。

3.难度动作组合

在现代武术比赛中,难度动作是整套套路的灵魂。难度动作完成的成败成为当今高水平武术竞赛获得名次的重要保证。因此运动员在难度动作组合编排的时候,在确定难度动作元之后,更重要的是考虑难度动作连接的方式,应该选择最符合自身人体工学、自身身体素质和训练技巧的难度动作连接,以此在难度动作的完成上占得先机。另外,难度动作完成的总分是2分,其中动作难度和连接难度各为1.4和0.6分。因此编排者应该按照武术规则关于长拳套路难度分值的有关规定编排难度动作组合,力求难度动作组合的编排符合规则要求,以免在难度动作审核时不过关,从而造成无谓的失分。

4.收势动作组合

收势动作是整套套路结束时,身体各部位所处的状态。收势动作组合应以简洁明了的动作收尾,一方面可以节省体力,另一方面可以保持整体的精神面貌,不会让裁判员和观众感觉运动员演练时体力不支,动作凌乱,影响最后的分数判定。因此收势动作组合可以在最后确定组合动作内容,以期使运动员整套套路的演练达到完美的效果。

(三)段落动作的编排

段落动作的编排首先应该注意动作的节奏,即动静缓急、快慢起伏、交替转折等套路运动的节奏变化。例如,在段落与段落之间动作的编排,人们常选择"震脚""拍地""砸拳"等顿挫性动作与定势动作结合加强段落动作的节奏感。其次应该注意运动员体力的分配,例如难度动作先难后易,但又不至于出现难度动作组合虎头蛇尾的现象。最后应该注意段落动作路线的规划。段落动作一般由四段组成,但是在现代武术套路比赛中已经很难看到明晰的四段段落动作,高水平运动员套路的完成更多的是全场跑而且动作路线多样化,在比赛场地的四个角、四条线以及前后场都有动作编排,表现出整套动作完成流畅而饱满;新规则要求每段至少要有一个难度动作,运动员在编排动作时,必须充分利用场地的四个角和中央来安排难度动作,防止过多地使用同一区域和空间。这也是所有编排者在段落动作编排时应该特别注重的问题。在设计成套路线时,还要考虑利用段前与段尾的过渡动作来掩盖段落之间的断档,使套路整体表现饱满而圆润。

(四)整套动作的编排

整套动作的形成最简单,即各段落动作的连贯统一。但是武术套路的整体设计不仅仅是动作内容和结构的设计,还应该体现整套套路的美感以及与音乐的和谐。

追求武术套路编排的主题性是未来武术套路编排必须重点关注的问题。因此在整体动作编排时应注重套路编排主题突出、分明,激发裁判员视觉艺术感应和观众的观赏情绪,因此也更能显现武术套路的艺术之美。

第二节　武术套路比赛的竞赛组织

武术套路的竞赛和组织工作是一项复杂而细致的工作,比赛组织得是否合理和到位,不仅直接影响比赛是否顺利进行,而且还会影响武术运动在大学的开展。

一、武术套路比赛的组织方法

武术套路比赛组织工作分为三个阶段。①赛前准备工作是一个制订计划并准备实施比赛的过程。其内容包括确定比赛的名称、规模;做好经费预算;制定竞赛规程;编排秩序册。②比赛期间的基本工作:确保场地和比赛器械符合比赛要求;组织好竞赛期间的裁判工作。③赛后结束工作:清理场地和器材,进行财务结算,及时编制成绩册以及比赛的总结工作。

二、武术套路的基本裁判方法

1.评分裁判员由评判动作质量分的裁判 3～4 名(A组)、评判演练水平分的裁判 3～4 名(B组)组成。

2.各项比赛的满分为 10 分。其中动作质量的分值为 5 分;演练水平的分值为 5 分。

3.A组裁判员根据运动员现场完成动作的质量,按照各项目动作规格及其他错误内容扣分标准的要求,用动作质量的分值减去各种动作错误和其他错误的扣分,即为运动员的动作质量分。

4.B组裁判员根据运动员整套的现场演练,按照劲力、节奏、编排以及音乐的要求整体评判后确定示出的分数,即为运动员的演练水平分。

5.动作质量的评分标准:运动员现场完成套路时,动作规格与要求不符,每出现一次扣 0.1 分;其他错误每出现一次扣 0.1～0.3 分。

6.演练水平的评分标准:分为 3 档 9 个分数段。其中:很好 5.00～4.10 分;一般为 4.00～3.10 分;较差为 3.00～2.10 分。凡劲力充足,节奏分明,编排合理,风格突出,动作与音乐和谐一致者为"很好";凡劲力较充足,节奏较分明,编排较合理,风格较突出,动作与音乐较和谐一致者为"一般";凡劲力不充足,节奏不分明,编排不合理,风格不突出,动作与音乐不和谐一致者为"较差"。

三、武术套路比赛规程范例

浙江大学 2009"三好杯"武术比赛竞赛规程

一、主办单位:浙江大学公体部。

二、承办单位:浙江大学精武协会。

三、竞赛目的:继承民族优秀文化,推动传统武术发展,增强大学生体制,丰富大学生生活。

四、日期及地点:2009 年×月××日。紫金港风雨操场。

五、比赛项目:

(一)个人项目:长拳系列、南拳系列、太极拳系列、武术新拳系列、八卦系列、其他传统套路系列、剑术系列、其他器械系列。

(二)集体项目:集体合打、齐打项目,包括传统拳术、器械。

六、竞赛人数、要求:

(一)参赛人群:浙江大学在校学生。本次比赛为个人单项传统武术套路竞赛,无论何种传统拳术、器械项目均可报名。

(二)要求参赛者、参赛团体用传统武术套路的形式,充分展现中华传统武术特色、内涵。

参赛选手、团体可以根据比赛的需要,适当在原有套路、项目的基础上,在不改变原有套路风格特点的前提下,自行增加、删减动作,重新组合套路。但是不能增加与原套路风格特点不相符的其他动作。

(三)集体参赛项目要求 6 人以上,男女不限。集体项目要求着装整洁统一,适合武术运动。

个人、集体均可报名参加多个项目。

七、竞赛办法:

(一)套路规定时间:个人项目 2～4 分钟,集体项目 4～5 分钟。

(二)比赛采用国家体育运动委员会颁布的 2003 年版武术套路竞赛规则。

八、奖励方法:

(一)个人奖项设有一、二、三等奖及优胜奖,并授予证书。另设个人全能奖(参加 3 种项目以上,取 3 个最佳成绩加和进行评选),最佳表演奖,最佳服装奖,最佳创意奖。

(二)团体奖项设有最佳团体表演奖,最佳团体服装奖,最佳团体创意奖,最佳团体合作奖,最佳团体风格奖,最佳团体编排奖。

九、报名方法：

（一）网上报名：

www.cc98.org 论坛 体育运动中的精武门板块中，内设有报名帖。

（二）手机报名：

选手请将自己的：姓名、性别、学号、所属学院及专业、参赛项目发送至：×××××
×××××。申报多个项目应加以编号。

（三）参赛选手、团体赛前需准备一份申报项目的基本资料交给承办方。资料请发至
校网邮箱×××××××@st.zju.edu.cn.

（四）即日起至×月××日均可报名。

十、其他：

（一）比赛所用器材请参赛选手自备（如音乐等）。

（二）本次比赛规则最终解释权归主办方。

第七章　大学生体质健康测试指导

国民的体质与健康是社会生产力的组成要素,也是关系到一个民族的强盛与国力兴衰的大事。大学生肩负着祖国建设的重任,应当了解自身的体质健康状况,进行科学的锻炼,不断提高体质与健康水平。

《国家学生体质健康标准》(2014年修订,以下简称《标准》)的制定与实施,就是落实《国家中长期教育改革和发展规划纲要(2010—2020年)》,落实"健康第一"指导思想的具体措施。《标准》作为促进学生体质健康发展、激励学生积极进行身体锻炼的教育手段,是学生体质健康的个体评价标准,也是学生能否毕业的基本条件之一。因此,每年一次的《国家学生体质健康标准》测试,可以让学生清楚地了解自己的体质与健康状况,帮助学生监测一年来体质与健康状况是否发生变化及变化的过程,检查评定增强体质的效果,分析影响体质强弱的因素,从而采取相应的措施,促进学生积极参加体育锻炼,养成良好的锻炼习惯,切实提高学生的体质和健康水平。

第一节　《国家学生体质健康标准》测试项目与评价指标

一、体质

体质(physical constitution)即人体质量,是指人体在先天的遗传性与后天获得性的基础上所表现出来的形态结构、生理机能、心理因素、身体素质、运动能力等方面综合的、相对稳定的特征。遗传是人的体质发展变化的先天条件,对体质的强弱有重大影响,但体质的强弱还取决于后天的环境、营养、保健、运动锻炼等多种因素。体质的形成、发展和衰竭过程具有明显的个体差异和年龄特征。物质生活条件是决定体质强弱的基本条件,而运动锻炼则是增强体质、增进健康的最积极最有效的手段。

体质的范畴主要包括以下五个方面:

1. 身体形态发育水平。即体型、姿势、营养状况、体格及身体成分等。

2. 生理机能水平。即机体新陈代谢水平以及各器官系统的工作能力。

3. 身体素质和运动能力发展水平。即心肺耐力、柔韧性、肌肉力量和耐力、速度、爆发力、平衡、灵敏、协调、反应等身体素质及走、跑、跳、投、攀、爬等身体活动能力。

4.心理发育(或心理发展)水平。即机体感知能力、个性、意志等。

5.适应能力。即对内、外环境条件的适应能力、应急能力和对疾病的抵抗力。

这五个方面的综合状况是否处在相对稳定的状态,决定着人们的不同体质水平。

二、《国家学生体质健康标准》的测试项目

根据 2014 年修订版《标准》,大学生需要进行体质健康测试的项目共七项:身高体重、肺活量、50 米跑、坐位体前屈、立定跳远、引体向上(男)/1 分钟仰卧起坐(女)、1000 米跑(男)/800 米跑(女)。

三、《国家学生体质健康标准》评价指标与权重

表 7-1 《国家学生体质健康标准》评价指标与权重

测试对象	单项指标	权重/%
全日制学生	体重指数(BMI)	15
	肺活量	15
	50 米跑	20
	坐位体前屈	10
	立定跳远	10
	引体向上(男)/仰卧起坐(女)	10
	1000 米跑(男)/800 米跑(女)	20

注:体重指数(BMI)=体重/身高^2(kg/m^2)。

第二节 《国家学生体质健康标准》测试的操作方法

在实施《标准》的过程中,掌握各项目正确的测试方法是所有测评人员、学生需要了解的内容。测试工作必然和所使用的测试仪器有一定的关系,现在测试器材多种多样,有全手工操作的,也有电子仪器。手工操作与电子仪器的操作流程不完全相同。如使用带有 IC 卡的测试仪器就可以减少测试人员的记录和计算工作。但无论使用何种仪器,对测试人员的基本的操作要求是一致的,对于不同的测试器材,可参考相应测试器材的说明书。

一、身高体重

（一）测试目的

测试学生的身高体重，评定学生的身体匀称度，评价学生生长发育的水平及营养状况。

（二）测试方法

测试时，受试者赤足，立正姿势站在身高体重计的底板上（上肢自然下垂，足跟并拢，足尖分开约呈 60°角）。如图 7-1、图 7-2 所示，足跟、骶骨部及两肩胛区与立柱相接触，躯干自然挺直，头部正直，耳屏上缘与眼眶下缘呈水平位，站稳后屏息不动，水平压板自动轻轻沿立柱下滑，轻压于受试者头顶。

图 7-1　身高体重测试　　　　　图 7-2　身高体重测试（侧面）

（三）注意事项

（1）测量计应选择平坦靠墙的地方放置，立柱的刻度尺应面向光源；

（2）受试者在测试时应保持直立姿势，足跟、骶骨、肩胛骨贴近立柱，耳屏上缘与眼眶下缘呈水平位；

（3）受试者在测试时须站在底座踏板中央，上下踏板动作要轻，保持身体姿势稳定；

（4）受试者在进行身高体重测试前，应避免进行剧烈体育活动和体力劳动。

二、肺活量

（一）测试目的

测试学生的肺通气功能。

（二）测试方法

房间通风良好，使用干燥的一次性口嘴（非一次性口嘴则每换测试对象须消毒一次)。受试者进行一两次较平日深一些的呼吸动作后,更深地吸一口气,然后屏住气向吹嘴处以中等速度和力度慢慢呼出至不能再呼为止,测试中不得中途二次吸气。液晶屏上最终显示的数字即为肺活量毫升值。每位受试者测三次,每次间隔 15 秒,记录三次数值,测试仪器自动选取最大值作为测试结果。

（三）注意事项

（1）测试时呼气动作只能一次性完成,不得中途二次吹气；

（2）吸气时不得将口对着吹嘴,呼气时不得用手堵住吹筒出气孔；

（3）电子肺活量计的计量部位的通畅和干燥是仪器准确的关键,手持外设施,请将电池仓与液晶屏朝上,防止水汽回流；

（4）每测试 100 人及测试完毕后用干棉球及时清理和擦干气筒内部,严禁用水、酒精等任何液体冲洗气筒内部；

（5）定期校对仪器。

三、800 米跑（女）或 1000 米跑（男）

（一）测试目的

测试学生耐力素质的发展水平,特别是心血管呼吸系统的机能及肌肉耐力。

（二）测试方法

受试者站立式起跑,手带外设腕表,听到"预备,跑"指令声后,即可开始起跑,冲过终点线,受试者躯干部到达终点线的垂直面时,则测试结束。

（三）注意事项

（1）测试时应注意的液晶腕表报告剩余圈数,以免跑错距离；

（2）跑完后应保持站立并缓慢走动,不要立即坐下,以免发生意外。远离终点线 5 米以外,不得立即返回到主机附近；

（3）不得穿皮鞋、塑料凉鞋、钉鞋参加测试。

四、立定跳远

（一）测试目的

测试学生下肢爆发力及身体协调能力的发展水平。

（二）测试方法

受试者两脚自然分开站立,站在起跳线后,脚尖不得踩线,听到开始测试指令,即可开始起跳,不得有垫步或连跳动作,从起跳区进入测量区后,向前走出跳毯,完成测试。每人试跳三次,记录其中成绩最好的一次。

（三）注意事项

（1）起跳时,脚尖不得踩线,若听到犯规提示"滴滴"声,应在脚下不离开跳毯情况下

往后挪动,直至听不到蜂鸣声即可;

(2)两脚原地同时起跳,不得有垫步或连跳动作,落地后向前或侧面离开跳毯方可进行下次测试;

(3)可以赤足,但不得穿钉鞋、皮鞋、塑胶凉鞋参与测试。

五、50 米跑

(一)测试目的

测试学生速度、灵敏素质及神经系统灵活性的发展水平。

(二)测试方法

受试者至少两人一组测试。站立起跑,受试者听到"跑"的口令后开始起跑,发令员在发出口令的同时要摆动发令旗,计时员视旗动开表计时,受试者躯干部到达终点线的垂直面停表。以秒为单位记录测试成绩,精确到小数点后一位,小数点后第二位数按非零进一原则进位,如 10.11 秒读成 10.2 秒记录。

(三)注意事项

(1)受试者测试最好穿运动鞋或平底布鞋,赤足亦可。但不得穿钉鞋、皮鞋、塑料凉鞋;

(2)发现有抢跑者,要当即召回重跑。

六、坐位体前屈

(一)测试目的

测量学生在静止状态下的躯干、腰、髋等关节可能达到的活动幅度,主要反映这些部位的关节、韧带和肌肉的伸展性、弹性及学生身体柔韧素质的发展水平。

(二)测试方法

如图 7-3 所示,受试者坐在仪器上两腿伸直,两脚平蹬测试纵板,两脚分开约 10～15 厘米,上体前屈,两臂伸直向前,用两手中指尖逐渐向前推动游标,直到不能前推为止。测试计的脚蹬纵板内沿平面为 0 点,向内为负值,向前为正值。测试两次,取最好成绩。

图 7-3　坐位体前屈测试

(三)注意事项

(1)身体前屈,两臂向前推游标时两腿不能弯曲;

(2)受试者应匀速向前推动游标,不得突然发力。

七、仰卧起坐(女)

（一）测试目的

测试学生的腹肌耐力。

（二）测试方法

如图 7-4,受试者仰卧于垫上,两腿稍分开,屈膝约呈 90°角,两手指交叉贴于脑后。另一同伴压住其踝关节,以固定下肢。如图 7-5 所示,受试者坐起时两肘触及或超过双膝为完成一次。仰卧时两肩胛必须触垫。测试人员发出"开始"口令的同时开表计时,记录 1 分钟内完成次数。1 分钟到时,受试者虽已坐起但肘关节未达到双膝者不计该次数。

图 7-4 仰卧起坐测试(1) 图 7-5 仰卧起坐测试(2)

（三）注意事项

(1)如发现受试者借用肘部撑垫或臀部起落的力量起坐时,该次不计数;

(2)测试过程中,观测人员应向受试者报数。

八、引体向上(男)

（一）测试目的

测试学生的上肢肌肉力量的发展水平。

（二）测试方法

如图 7-6 所示,受试者跳起双手正握杠,两手与肩同宽成直臂悬垂。如图 7-7 所示,静止后,两臂同时用力引体(身体不能有附加动作),上拉到下颌超过横杠上缘为完成一次。

图 7-6 引体向上测试（1）

图 7-7 引体向上测试（2）

（三）注意事项

（1）受试者应双手正握单杠，向上引体，吸气，注意抬头挺胸，上体尽量后仰，两肘外展，肩部放松，背部肌肉收紧，将身体向上拉引，下颌超越横杠；

（2）引体向上时，身体不得做大的摆动，也不得借助其他附加动作撑起；

（3）两次引体向上的间隔时间超过 10 秒则停止测试。

第三节 《国家学生体质健康标准》主要测试项目锻炼手段与方法

一、50 米跑

（一）技术要领（图 7-8）

1.起跑：50 米一般采用站立式起跑，双脚一前一后站立，双腿屈膝，后腿大约曲 120°，两臂一前一后自然曲臂准备，弯腰重心前倾，两眼看前下方 5～6 米处，注意力集中到耳部听发令。

图 7-8 50 米跑技术要领

2.加速跑:起跑后保持重心前倾加速,尽量晚抬头、晚抬体,避免因抬头而引起抬体过快过早增大阻力。

3.途中跑:途中跑任务是继续发挥和保持高速跑,在途中跑过程中,要求大腿迅速前摆,步幅大,两臂协调配合,加大摆动腿前摆幅度和速度,两腿快速交换步频,上下肢的协调配合,才能取得良好效果。

4.冲刺跑:要求尽量保持步频、步幅,身体前倾,冲刺。

(二)锻炼手段

1.技术练习:高抬腿、后蹬跑、起跑练习、摆臂练习、摆腿练习、冲刺跑。

2.爆发力的提高可采用超等长收缩和跳跃练习,例如跳深、障碍跳、跨步跳、单足跳等。

3.速度练习:行进间的冲刺跑——例如20米加速+20米冲刺跑、快速高抬腿接加速跑、30~50米加速跑。

4.力量练习:深蹲、半蹲、后抛、抓举、提踵等。

(三)锻炼方法

1.20~40米行进间快跑练习;

2.4×(50~250)米接力跑,加速跑,追赶跑练习;

3.短距离组合跑(20米+40米+60米+80米+100米)×(2~3)组或(30米+60米+100米+60米+30米)×(2~3)组;

4.短距离变速跑100~150米(30米快跑+20米惯性跑+30米快跑+20米惯性跑),3次×2~3组;

5.反复跑300~600米,(4~5)次×(2~3)组;

6.小步跑转入加速跑,50~60米;

7.高抬腿跑转入快速跑,50~60米;

8.后蹬跑转入快速跑,50~60米。

二、立定跳远

(一)技术要领(图7-9)

图7-9 立定跳远技术要领

1.预摆:两脚左右开立,与肩同宽,两臂前后摆动,前摆时,两腿伸直,后摆时,屈膝降低重心,上体稍前倾,手尽量往后摆。要点:上下肢动作协调配合,摆动时一伸二屈降重心,上体稍前倾。

2.起跳腾空:两脚快速用力蹬地,同时两臂稍曲由后往前上方摆动,向前上方跳起腾空,并充分展体。要点:蹬地快速有力,腿蹬和手摆要协调,空中展体要充分,强调离地前的前脚掌瞬间蹬地动作。

3.落地缓冲:收腹举腿,小腿往前伸,同时双臂用力往后摆动,并屈膝落地缓冲。要点:小腿前伸的时机把握好,屈腿前伸臂后摆,落地后往前不往后。

(二)锻炼手段

1.力量练习

肩部肌群:俯卧撑、仰卧飞鸟、俯卧飞鸟、侧平举、颈后上举。

腹部肌群:仰卧起坐、仰卧举腿。

背部肌群:俯卧背屈、跳箱俯卧举腿、体前屈背起。

臀肌:深蹲、单腿跪举腿。

股四头肌:半蹲、浅蹲、弓步跳、跳箱跳。

小腿三头肌:提踵(单脚和双脚)、原地纵跳。

2.综合练习

(1)多级蛙跳:屈膝半蹲,上体稍前倾,双脚同时用力蹬地,充分伸直髋、膝、踝三关节,两臂同时迅速上摆。身体向前跃出,双腿屈膝落地缓冲后再接着向前跳;

(2)深蹲跳:全蹲下去,双脚同时用力向上跳起,连续做;

(3)单脚跳:用左脚连续向上或向前跳一定的次数,再换右脚做连续跳;

(4)多级跨步跳:连续以最少的步数,跨出最远的距离;

(5)跳台阶:原地双脚起跳,跃上台阶或其他物体,然后再跳下,反复进行。

(三)锻炼方法

1.挺身跳:原地屈膝开始跳,空中做直腿挺身动作,髋关节完全打开,做出背弓动作,落地时屈膝缓冲。

2.单足跳前进练习:一般采用左(右)去右(左)回的方法进行练习,距离控制在25~30米左右,完成3~4组。

3.收腹跳练习:从原地直立开始起跳,空中做屈腿抱膝动作或双手在腿前击掌,落地时一定要屈膝缓冲。越过一定高度兼远度或一定远度兼高度。

(四)错误动作纠正

1.预摆不协调。

解决办法:反复做前摆直腿后摆屈膝的动作,由慢到快。

2.上体前倾过多,膝关节不屈,重心降不下去,形成鞠躬动作。

解决办法:做屈膝动作,眼睛往下看,垂直视线不超过脚尖,熟练后就可不用眼睛看了。

3.腾空过高或过低。

解决办法:利用一定高度或一定远度的标志线来纠正这类错误效果很好。

4.收腿过慢或不充分。

解决办法:反复做收腹跳的练习,注意要大腿往胸部靠而不是小腿往臀部靠,动作要及时。

5.落地不稳,双腿落地区域有较大的差异。

解决办法:多做近距离的起跳落地动作,手臂的摆动要协调。地面设置标志物,双脚主动有意识地踩踏标志物。

三、坐位体前屈

（一）技术要领（图 7-10）

1.测试前,受试者应在平地上做好准备活动,以防拉伤。

2.受试者坐在测试板上,两腿伸直,不可弯曲,脚跟并拢,脚尖分开 10～15 厘米,踩在测量计垂直平板上,两手并拢。

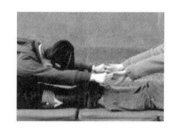

图 7-10　坐位体前屈锻炼方法

3.两臂和手伸直,渐渐使上体前屈,用两手中指尖轻轻推动标尺上的游标前滑(不得有突然前伸动作),直到不能继续前伸时为止。

（二）锻炼手段

1.静态拉伸:需要拉伸的肌肉被缓慢地拉长并保持在一个舒服的范围 10～30 秒,这里舒服的范围指肌肉被拉长但没有感觉到疼痛的那个位置,也就是说要做到无痛拉伸。当拉伸保持一段时间后,肌肉被拉伸的感觉减少,就可以轻柔地移向更大的位置并保持住。提高柔韧性最佳的静态拉伸时间是 30 秒。

2.被动拉伸:指拉伸者在外力的帮助下完成的拉伸,可以是弹性拉伸,也可以是静态拉伸。被动拉伸时,拉伸者要尽量放松,由外力移动被拉伸的肢体,以获得新的关节活动度。

（三）锻炼方法

1.可以采用各种拉伸将坐位体前屈分解为以下部分进行拉伸:大腿后部肌群——直膝压腿、屈膝(略屈)压腿,脊柱上部周围肌群——手握单杆静力下垂、手握肋木侧向拉伸,脊柱中下部——采用坐姿两腿屈膝分开前压,臀肌——屈膝(全屈)压腿,小腿后部肌群——弓步前压、扶墙单腿前压。

2.坐位体前屈拉伸采用静态拉伸比较好,时间为 10～30 秒。

（四）锻炼中应注意事项

经过热身活动使肌肉温度升高,拉伸会更有效,所以应在测试前做准备活动 10～15 分钟,然后进行 2～3 次静力拉伸,每次时间为 10～30 秒。

四、1 分钟仰卧起坐

（一）技术要领（图 7-11,图 7-12）

身体平躺仰卧于垫上,双肩胛骨着垫平躺,两腿屈膝,腹部与大腿呈 90°,大腿与小腿呈 90°,两手指交叉贴于脑后,臀部不能离垫面,由同伴压住脚面。用收腹屈背,双臂屈肘前摆内收,低头、含胸的力量起坐,动作协调一致,双肘触及两膝,然后后仰还原成预备姿势。

图 7-11　仰卧起坐动作示范

（二）锻炼手段

1.腹部:仰卧卷腹、静力卷腹。

2.屈髋肌肉:仰卧举腿、肋木举腿（直腿或屈腿）、站立屈腿举。

3.仰卧起坐最大力量练习:负重仰卧起坐、静力两头起。

4.仰卧起坐耐力:相对慢速,多重复次数;多组相对快速的计时或计次,并控制组间休息时间。

（三）锻炼方法

1.通过分别锻炼腹部和髋部提高躯干屈肌和屈髋肌力量,10～30 次,2～4 组。

2.负重仰卧起坐,以 70%～90% 强度,6～8 次,3～5 组。

3.相对慢速仰卧起坐来锻炼肌肉有氧能力,10～30次,2～4 组。

图 7-12　仰卧起坐动作示范

4.控制组间间歇的快速仰卧起坐,可采用计时与计次两种方式。计时 10～30 秒,2～4组,间歇 2～4 分钟。计次 10～30 次,2～4 组,间歇 2～4 分钟。

（四）锻炼中应注意事项

虽然仰卧起坐是比较安全的测试方法,但在测试时还有两点需要注意:

1.在抬起上体的过程中尽量避免颈部过分紧张,要有意识地用腹部肌肉群完成动作;

2.避免头部在完成动作过程中摆动幅度过大。

五、引体向上

（一）技术要领

双手正握单杠，握距要宽，两脚离地，两臂身体自然下垂伸直。向上引体，吸气，注意抬头挺胸，上体尽量后仰，两肘外展，肩部放松，背部肌肉收紧，将身体向上拉引，下颌超越横杠。然后逐渐放松背阔肌，让身体徐徐下降，直到完全下垂，重复。

（二）锻炼手段

1.屈肘肌群：直立哑铃弯举、单手哑铃弯举等。

2.上臂屈肌：俯卧飞鸟、使用橡皮带的直臂下拉等。

3.模拟引体向上练习：可采用有帮助情况下的引体向上、低杠引体向上、以橡皮带为阻力的下拉（就是双脚不离地，以引体向上动作下拉）等。

（三）锻炼方法

1.对单个关节有针对性地进行力量练习。

（1）增加最大力量。练习方法有增大肌肉生理横断面和改善肌肉协调能力两种，前者采用最大负重的 60%～85% 的强度，重复 4～8 次，做 5～8 组；后者采用最大负重的 85% 以上的强度，重复 1～3 次，做 5～8 组。

（2）增加肌肉耐力，练习方法有大强度间歇循环和低强度间歇循环两种，前者采用最大负重的 50%～80% 的强度，重复 10～30 次，休息间歇时间为练习时间的 2～3 倍；后者采用最大负重的 30%～50%，重复 30 次以上，甚至最高重复次数。

2.模拟引体向上练习。动作接近专项动作，可以同时锻炼肩、肘两个关节肌肉力量与协调性，应在单个关节力量练习后做。

3.完整引体向上可采用分组练习方法来增加练习总次数，例如可以将该人最大完成次数除以 2 为每组完成次数，做 3～4 组。

六、1000 米跑（男）/800 米跑（女）

（一）技术要领（图 7-13）

1000 米/800 米跑的姿态应该是全脚掌着地，步伐轻盈，摆臂有力（幅度不用太大）。呼吸要均匀，要有节奏，不能忽快忽慢，呼吸节奏是每三步一呼，三步一吸，在保持速度的时候感觉呼吸困难，就需要调整为两步一呼，两步一吸，保持呼吸均匀和深度一致，这样跑起来才会感到轻快；跑步的过程中要注意抬头收腹，身体在比较低的高度上下起伏，双手自然配合脚步运动，减少身体左右晃动，减少不必要的能量浪费；保持步频，提高步长，来达到提高成绩。

图 7-13　1000/800 米技术动作要领

（二）锻炼手段

1.有氧运动能力

（1）持续跑：慢速持续跑，节奏轻松，时间 30 分钟；快速持续跑，以 10 千米/时的跑速，时间 10～45 分钟；

（2）长距离低强度重复训练，以 3～10 千米/时的速度短距离重复跑，次间休息时间等于完成时间，例如以 3～10 千米/时的速度跑 200 米×10 个×2 组，组间休息 5 分钟。

（3）间歇训练法，重复训练法，法特雷克训练法——在持续跑中加入短时间的快速冲刺，10～45 分钟。

2.无氧运动能力的锻炼方法

短距离高强度重复训练，80～600 米，强度 80%～100%，间歇 30 秒～10 分钟，3～4 组。

（三）锻炼方法

1.匀速跑 800～1500 米，整个过程都以均匀的速度跑；

2.中速跑 500～1000 米，要跑得轻松自然，动作协调，放开步子跑；

3.重复跑：反复跑几个段落（如 200 米、400 米或 800 米等），中间休息时间较长，跑的距离、重复次数、快慢强度都可根据自己的情况而定；

4.加速跑 40～60 米：反复跑，中间有较短时间的间歇；

5.变速跑 1500～2500 米：要求快跑与慢跑结合，如采用 100 米慢跑、100 米快跑或 100 米慢跑、200 米快跑等方法交替进行；

6.越野跑：利用自然地形条件练习，如在公路、田野或山坡（上下坡跑）练习；

7.跑台阶、跑楼梯练习。

（四）锻炼中应注意事项

1.不宜空腹进行长跑。热身时间不少于15分钟,直至内脏器官及心理处于良好的适应状态。在空腹状态下进行长跑容易引起低血糖,出现心悸、乏力、出汗、饥饿感、面色苍白、震颤、恶心呕吐等,较严重的可能导致昏迷甚至死亡。

2.正确呼吸。一般情况下,可两步或三步一呼,两步或三步一吸,注意节奏不能起伏过大。吸气方式上,应尽量采用鼻呼吸和口鼻混合呼吸。冬季长跑时,可用舌头抵住上颚,以避免冷空气直接大量吸入而造成对气管、支气管的刺激。

3.不宜在长跑过程中穿得太厚、太臃肿,妨碍身体的运动,加重身体的负担。宜穿比较宽松吸汗、适合运动的棉质服装。运动完后要及时加衣服或更换干爽衣服,以免发生感冒。

4.在进行1000米/800米测试前如有身体不适,或在测试中有其他异常现象必须与测试老师沟通。

5.1000米/800米结束后应继续走动,不要立刻停下,以免发生意外。

 **知识拓展**

仰卧起坐练习存在的误区

误区一:有些人没时间到健身房去锻炼,会选择在家里做一些基础而有效的简单锻炼方式来锻炼身体,希望能达到减肥的作用。仰卧起坐就是许多人选择的一种方式,很多人以为只要坚持做,就能达到减肥目的。

纠错:单纯依靠仰卧起坐只能达到局部的健身效果,因为仰卧起坐直接针对的是腹部肌肉群,长期锻炼的效果是可能使腹部肌肉力量加强,但是身体其他部位,如大腿、臀部等得到的锻炼就比较少。所以,要注意的第一点就是要把仰卧起坐和其他健身方式有效地结合起来,才能达到身体的完美减肥效果。

误区二:通常许多人做仰卧起坐做得又快又猛,以为这样是腹部肌肉力量加强的表现,其实这么做很容易让腹部肌肉拉伤。

纠错:正确的做法应该是双手交叉抱于胸前,起坐时控制着让腹部发力。或者加大难度,把双手叠放在脑后,尽量展开双肘,这样才能达到锻炼效果。

误区三:许多人在中途做仰卧起坐的时候,身体会不自然地向某一个方向偏离。这样做是错误的,会让腹部肌肉锻炼得不均匀,从而身材走形。

纠错:应该尽量控制起卧的方向,不要偏离直线,而且速度要放慢,来锻炼腹部肌肉的控制能力,最好在起来时用心感觉一下腹部肌肉的运动状况。

第四节 《国家学生体质健康标准》测试成绩的评分标准

学生体测总分由标准分与附加分构成,满分为 120 分。标准分是各单项指标得分与权重乘积之和,满分为 100 分。附加分根据实测成绩确定,即对成绩超过 100 分的加分指标进行加分,满分为 20 分。大学生的加分指标为男生引体向上和 1000 米跑,女生 1 分钟仰卧起坐和 800 米跑,各指标加分幅度均为 10 分。

《标准》根据根据学生学年总分评定等级(见表 7-2):90.0 分及以上为优秀,80.0～89.9 分为良好,60.0～79.9 分为及格,59.9 分及以下为不及格。

表 7-2 《标准》总分与评定等级对应表

得 分	等 级
90 分及以上	优秀
80～89.9 分	良好
60～79.9 分	及格
59.9 分及以下	不及格

学生体质健康标准成绩每学年评定一次,按评定等级记入国家学生体质健康标准登记卡。学生毕业时的成绩和等级,按毕业当年学年总分的 50％ 与其他学年总分平均得分的 50％ 之和进行评定。《标准》测试的成绩达不到 50 分者按结业或肄业处理。

因病或残疾免予执行本《标准》的学生,填写《免予执行〈国家学生体质健康标准〉申请表》,存入学生档案。确实丧失运动能力,被免予执行《标准》的残疾学生,仍可参加评优与评奖,毕业时《标准》成绩注明免测。

《标准》实施办法规定:学生《标准》测试成绩评定达到良好及以上者,方可参加评优与评奖;成绩达到优秀者,方可获体育奖学分。《标准》成绩不合格者,在本学年准予补测一次,补测仍不合格者,则学年《标准》成绩为不及格。

一、体重指数(BMI)单项评分表(表 7-3)

表 7-3 体重指数(BMI)单项评分表 （单位:kg/m²）

等 级	单项得分	大学男生	大学女生
正常	100	17.9～23.9	17.2～23.9
低体重	80	≤17.8	≤17.1
超重	80	24.0～27.9	24.0～27.9
肥胖	60	≥28.0	≥28.0

二、测试项目各单项评分表(表7-4,表7-5)

表7-4　大学男生各单项评分表

等级	单项得分	肺活量		立定跳远		坐位体前屈		引体向上		50米跑		1000米跑	
		大一大二	大三大四	大一大二	大三大四	大一大二	大三大四	大一大二	大三大四	大一大二	大三大四	大一大二	大三大四
优秀	100	5040	5140	273	275	24.9	25.1	19	20	6.7	6.6	3′17″	3′15″
	95	4920	5020	268	270	23.1	23.3	18	19	6.8	6.7	3′22″	3′20″
	90	4800	4900	263	265	21.3	21.5	17	18	6.9	6.8	3′27″	3′25″
良好	85	4550	4650	256	258	19.5	19.9	16	17	7.0	6.9	3′34″	3′32″
	80	4300	4400	248	250	17.7	18.2	15	16	7.1	7.0	3′42″	3′40″
及格	78	4180	4280	244	246	16.3	16.8			7.3	7.2	3′47″	3′45″
	76	4060	4160	240	242	14.9	15.4	14	15	7.5	7.4	3′52″	3′50″
	74	3940	4040	236	238	13.5	14			7.7	7.6	3′57″	3′55″
	72	3820	3920	232	234	12.1	12.6	13	14	7.9	7.8	4′02″	4′00″
	70	3700	3800	228	230	10.7	11.2			8.1	8.0	4′07″	4′05″
	68	3580	3680	224	226	9.3	9.8	12	13	8.3	8.2	4′12″	4′10″
	66	3460	3560	220	222	7.9	8.4			8.5	8.4	4′17″	4′15″
	64	3340	3440	216	218	6.5	7	11	12	8.7	8.6	4′22″	4′20″
	62	3220	3320	212	214	5.1	5.6			8.9	8.8	4′27″	4′25″
	60	3100	3200	208	210	3.7	4.2	10	11	9.1	9.0	4′32″	4′30″
不及格	50	2940	3030	203	205	2.7	3.2	9	10	9.3	9.2	4′52″	4′50″
	40	2780	2860	198	200	1.7	2.2	8	9	9.5	9.4	5′12″	5′10″
	30	2620	2690	193	195	0.7	1.2	7	8	9.7	9.6	5′32″	5′30″
	20	2460	2520	188	190	−0.3	0.2	6	7	9.9	9.8	5′52″	5′50″
	10	2300	2350	183	185	−1.3	−0.8	5	6	10.1	10.0	6′12″	6′10″

表 7-5　大学女生各单项评分表

等级	单项得分	肺活量		立定跳远		坐位体前屈		仰卧起坐		50米跑		800米跑	
		大一大二	大三大四	大一大二	大三大四	大一大二	大三大四	大一大二	大三大四	大一大二	大三大四	大一大二	大三大四
优秀	100	3400	3450	207	208	25.8	26.3	56	57	7.5	7.4	3′18″	3′16″
	95	3350	3400	201	202	24	24.4	54	55	7.6	7.5	3′24″	3′22″
	90	3300	3350	195	196	22.2	22.4	52	53	7.7	7.6	3′30″	3′28″
良好	85	3150	3200	188	189	20.6	21	49	50	8.0	7.9	3′37″	3′35″
	80	3000	3050	181	182	19	19.5	46	47	8.3	8.2	3′44″	3′42″
及格	78	2900	2950	178	179	17.7	18.2	44	45	8.5	8.4	3′49″	3′47″
	76	2800	2850	175	176	16.4	16.9	42	43	8.7	8.6	3′54″	3′52″
	74	2700	2750	172	173	15.1	15.6	40	41	8.9	8.8	3′59″	3′57″
	72	2600	2650	169	170	13.8	14.3	38	39	9.1	9.0	4′04″	4′02″
	70	2500	2550	166	167	12.5	13	36	37	9.3	9.2	4′09″	4′07″
	68	2400	2450	163	164	11.2	11.7	34	35	9.5	9.4	4′14″	4′12″
	66	2300	2350	160	161	9.9	10.4	32	33	9.7	9.6	4′19″	4′17″
	64	2200	2250	157	158	8.6	9.1	30	31	9.9	9.8	4′24″	4′22″
	62	2100	2150	154	155	7.3	7.8	28	29	10.1	10.0	4′29″	4′27″
	60	2000	2050	151	152	6	6.5	26	27	10.3	10.2	4′34″	4′32″
不及格	50	1960	2010	146	147	5.2	5.7	24	25	10.5	10.4	4′44″	4′42″
	40	1920	1970	141	142	4.4	4.9	22	23	10.7	10.6	4′54″	4′52″
	30	1880	1930	136	137	3.6	4.1	20	21	10.9	10.8	5′04″	5′02″
	20	1840	1890	131	132	2.8	3.3	18	19	11.1	11.0	5′14″	5′12″
	10	1800	1850	126	127	2	2.5	16	17	11.3	11.2	5′24″	5′22″

三、加分指标评分表（表7-6）

表7-6　加分指标评分表

加　　分	引体向上（男）	仰卧起坐（女）	1000 米跑（男）	800 米跑（女）
10	10	13	−35″	−50″
9	9	12	−32″	−45″
8	8	11	−29″	−40″
7	7	10	−26″	−35″
6	6	9	−23″	−30″
5	5	8	−20″	−25″
4	4	7	−16″	−20″
3	3	6	−12″	−15″
2	2	4	−8″	−10″
1	1	2	−4″	−5″

注：1. 引体向上、一分钟仰卧起坐均为高优指标，学生成绩超过单项评分100分后，以超过的次数所对应的分数进行加分。

2. 1000 米跑、800 米跑均为低优指标，学生成绩低于单项评分100分后，以减少的秒数所对应的分数进行加分。

 学以致用

1. 简述 50 米跑的锻炼手段与锻炼方法。

2. 简述坐位体前屈的锻炼手段与锻炼方法。

3. 简述立定跳远的锻炼手段与锻炼方法。

附件

浙江大学关于学生体质测试中违反规定的处理办法

为了维护学生体质健康标准测试秩序,进一步加强测试规范化管理,倡导优良的风气,杜绝测试违规现象,根据《国家学生体质健康标准》实施办法和学校的有关文件精神,经学校奖惩委员会讨论,特制订违反测试规定的处理办法,具体如下:

第一条　测试违规的界定

1.代替他人和被代替者,在测试时被及时发现尚未实施的、在测试过程中被发现的以及在测试后被发现的;

2.在《标准》测试中通过不正当手段获取各测试项目加分的。

第二条　处理办法

(一)批评教育

1.在体质健康测试中,违规行为一经发现查实,通报给学生所在的学院、系、学园,由所在院系(学园)对该生进行批评教育;

2.该学生本学年的体测成绩清零;

3.该学生须在本学年内至少全程参加一期体质健康提高班(由体艺部举办,每学年四期,每期五周,每周三次针对性训练),完成课程后参加提高班统一组织的补测,以补测成绩作为该学生本学年的测试成绩。

(二)上报学校

已批评教育的学生再次发生违规行为,一经发现查实,上报学校奖惩委员会按学校相关规定处理。

第三条　本办法自发布之日起施行;上述未尽事宜,由公共体育与艺术部负责解释。

浙江大学公共体育与艺术部

2013 年 9 月 29 日

附录

附件一 《国家学生体质健康标准》实施办法

一、《国家学生体质健康标准》(以下简称《标准》)的实施工作在教育部、国家体育总局的领导下,由各级教育行政部门管理,体育行政部门指导,学校组织实施。

二、《标准》的组织实施工作在校长领导下,由学校体育教研部门、教务部门、校医院(医务室)、学工部门、辅导员(班主任)协同配合共同组织实施。《标准》的测试应与学生的健康体检有机结合,避免重复测试。学生的《标准》测试成绩按评定等级记入《国家学生体质健康标准登记卡》,小学列入学生成长记录或学生素质报告书,初中以上学校列入学生档案(含电子档案),作为学生毕业、升学的重要依据。对达到及格以上成绩的学生颁发证章。《标准》的实施工作记入教师的教学工作量。

三、学生《标准》测试成绩达到良好及以上者,方可参加三好学生、奖学金评选;成绩达到优秀者,方可获体育奖学分。《标准》成绩不及格者,在本学年度准予补测一次,补测仍不及格,则学年《标准》成绩为不及格。普通高中、中等职业学校和普通高等学校学生毕业时,《标准》测试的成绩达不到50分者按肄业处理。

四、因病或残疾学生,可向学校提交免予执行《标准》的申请,经医疗单位证明,体育教学部门核准后,可免予执行《标准》,并填写《免予执行〈国家学生体质健康标准〉申请表》,存入学生档案。对确实丧失运动能力、免予执行《标准》的残疾学生,仍可参加三好学生、奖学金、奖学分评选,毕业时《标准》成绩可记为满分,但不评定等级。

五、认真上好体育课、积极参加体育活动、每天锻炼时间达到一小时者,奖励5分,计入学年《标准》总成绩。

六、属下列情况之一者,其《标准》成绩记为不及格,该学年《标准》成绩最高记为59分:

1. 评价指标中400米(50米×8往返跑)、1000米跑(男)、800米跑(女)、台阶试验的得分达不到及格者;

2. 体育课无故缺勤,一学年累计超过应出勤次数1/10者。

七、各地、各学校在实施《标准》时要树立"安全第一"的指导思想,健全各项安全保障制度,落实安全责任制,加强对场地、器材、设备的安全检查。要认真做好学生的体检工作,对生病学生实行缓测或免测。

八、全国各级各类学校每年均直接将本校各年级《标准》测试数据,通过中国学生体质健康网(网址中文域名:中国学生体质健康网,英文域名:www.csh.edu.cn),报送至教育部"国家学生体质健康标准数据管理系统",上报数据的时间为每年 9 月 1 日至 12 月 31 日,上报测试数据的工具软件,由学校在中国学生体质健康网上免费下载使用。

九、高职、高专类学校参照有关要求执行。

十、教育部每年公布各省、自治区、直辖市实施《标准》的基本情况;每学年对教育部直属高校本科新生《标准》测试结果,按生源所在地进行统计,并以省、自治区、直辖市为单位进行公布。

十一、各地教育、体育行政部门对本地各级各类学校实施《标准》的情况,要认真检查监督。要将《标准》的实施情况纳入各级政府教育督导内容和评估指标体系,并作为对各级各类学校进行评优、表彰的基本依据。对弄虚作假、徇私舞弊者,给予通报批评,情节严重者,给予行政处分。

十二、为保证《标准》测试数据的科学性、准确性,各地、各学校招标、选用的《标准》测试器材必须是经国家认证认可监督管理委员会批准的相关认证机构认证合格的产品。

十三、本办法由教育部负责解释。

附件二　《国家学生体质健康标准》大学生评分表

附表1　大学男生身高标准体重

身高段/厘米	营养不良 /千克	较低体重 /千克	正常体重 /千克	超重 /千克	肥胖 /千克
	50分	60分	100分	60分	50分
144.0～144.9	<41.5	41.5～46.3	46.4～51.9	52.0～53.7	≥53.8
145.0～145.9	<41.8	41.8～46.7	46.8～52.6	52.7～54.5	≥54.6
146.0～146.9	<42.1	42.1～47.1	47.2～53.1	53.2～55.1	≥55.2
147.0～147.9	<42.4	42.4～47.5	47.6～53.7	53.8～55.7	≥55.8
148.0～148.9	<42.6	42.6～47.9	48.0～54.2	54.3～56.3	≥56.4
149.0～149.9	<42.9	42.9～48.3	48.4～54.8	54.9～56.6	≥56.7
150.0～150.9	<43.2	43.2～48.8	48.9～55.4	55.5～57.6	≥57.7
151.0～151.9	<43.5	43.5～49.2	49.3～56.0	56.1～58.2	≥58.3
152.0～152.9	<43.9	43.9～49.7	49.8～56.5	56.6～58.7	≥58.8
153.0～153.9	<44.2	44.2～50.1	50.2～57.0	57.1～59.3	≥59.4
154.0～154.9	<44.7	44.7～50.6	50.7～57.5	57.6～59.8	≥59.9
155.0～155.9	<45.2	45.2～51.1	51.2～58.0	58.1～60.7	≥60.8
156.0～156.9	<45.6	45.6～51.6	51.7～58.7	58.8～61.0	≥61.1
157.0～157.9	<46.1	46.1～52.1	52.2～59.2	59.3～61.5	≥61.6
158.0～158.9	<46.6	46.6～52.6	52.7～59.8	59.9～62.2	≥62.3
159.0～159.9	<46.9	46.9～53.1	53.2～60.3	60.4～62.7	≥62.8
160.0～160.9	<47.4	47.4～53.6	53.7～60.9	61.0～63.4	≥63.5
161.0～161.9	<48.1	48.1～54.3	54.4～61.6	61.7～64.1	≥64.2
162.0～162.9	<48.5	48.5～54.8	54.9～62.2	62.3～64.8	≥64.9
163.0～163.9	<49.0	49.0～55.3	55.4～62.8	62.9～65.3	≥65.4
164.0～164.9	<49.5	49.5～55.9	56.0～63.4	63.5～65.9	≥66.0
165.0～165.9	<49.9	49.9～56.4	56.5～64.1	64.2～66.6	≥66.7

续表

身高段/厘米	营养不良 /千克	较低体重 /千克	正常体重 /千克	超重 /千克	肥胖 /千克
	50分	60分	100分	60分	50分
166.0～166.9	<50.4	50.4～56.9	57.0～64.6	64.7～67.0	≥67.1
167.0～167.9	<50.8	50.8～57.3	57.4～65.0	65.1～67.5	≥67.6
168.0～168.9	<51.1	51.1～57.7	57.8～65.5	65.6～68.1	≥68.2
169.0～169.9	<51.6	51.6～58.2	58.3～66.0	66.1～68.6	≥68.7
170.0～170.9	<52.1	52.1～58.7	58.8～66.5	66.6～69.1	≥69.2
171.0～171.9	<52.5	52.5～59.2	59.3～67.2	67.3～69.8	≥69.9
172.0～172.9	<53.0	53.0～59.8	59.9～67.8	67.9～70.4	≥70.5
173.0～173.9	<53.5	53.5～60.3	60.4～68.4	68.5～71.1	≥71.2
174.0～174.9	<53.8	53.8～61.0	61.1～69.3	69.4～72.0	≥72.1
175.0～175.9	<54.5	54.5～61.5	61.6～69.9	70.0～72.7	≥72.8
176.0～176.9	<55.3	55.3～62.2	62.3～70.9	71.0～73.8	≥73.9
177.0～177.9	<55.8	55.8～62.7	62.8～71.6	71.7～74.5	≥74.6
178.0～178.9	<56.2	56.2～63.3	63.4～72.3	72.4～75.3	≥75.4
179.0～179.9	<56.7	56.7～63.8	63.9～72.8	72.9～75.8	≥75.9
180.0～180.9	<57.1	57.1～64.3	64.4～73.5	73.6～76.5	≥76.6
181.0～181.9	<57.7	57.7～64.9	65.0～74.2	74.3～77.3	≥77.4
182.0～182.9	<58.2	58.2～65.6	65.7～74.9	75.0～77.8	≥77.9
183.0～183.9	<58.8	58.8～66.2	66.3～75.7	75.8～78.8	≥78.9
184.0～184.9	<59.3	59.3～66.8	66.9～76.3	76.4～79.4	≥79.5
185.0～185.9	<59.9	59.9～67.4	67.5～77.0	77.1～80.2	≥80.3
186.0～186.9	<60.4	60.4～68.1	68.2～77.8	77.9～81.1	≥81.2
187.0～187.9	<60.9	60.9～68.7	68.8～78.6	78.7～81.9	≥82.0
188.0～188.9	<61.4	61.4～69.2	69.3～79.3	79.4～82.6	≥82.7
189.0～189.9	<61.8	61.8～69.8	69.9～79.9	80.0～83.2	≥83.3
190.0～190.9	<62.4	62.4～70.4	70.5～80.5	80.6～83.6	≥83.7

注:身高低于表中所列出的最低身高段的下限值时,身高每低1厘米,实测体重须加上0.5千克,实测身高须加上1厘米,再查表确定分值。身高高于表中所列出的最高身高段时,身高每高1厘米,其实测体重须减去0.9千克,实测身高须减去1厘米,再查表确定分值。

附表2　大学女生身高标准体重

身高段/厘米	营养不良/千克	较低体重/千克	正常体重/千克	超重/千克	肥胖/千克
	50分	60分	100分	60分	50分
140.0～140.9	<36.5	36.5～42.4	42.5～50.6	50.7～53.3	≥53.4
141.0～141.9	<36.6	36.6～42.9	43.0～51.3	51.4～54.1	≥54.2
142.0～142.9	<36.8	36.8～43.2	43.3～51.9	52.0～54.7	≥54.8
143.0～143.9	<37.0	37.0～43.5	43.6～52.3	52.4～55.2	≥55.3
144.0～144.9	<37.2	37.2～43.7	43.8～52.7	52.8～55.6	≥55.7
145.0～145.9	<37.5	37.5～44.0	44.1～53.1	53.2～56.1	≥56.2
146.0～146.9	<37.9	37.9～44.4	44.5～53.7	53.8～56.7	≥56.8
147.0～147.9	<38.5	38.5～45.0	45.1～54.3	54.4～57.3	≥57.4
148.0～148.9	<39.1	39.1～45.7	45.8～55.0	55.1～58.0	≥58.1
149.0～149.9	<39.5	39.5～46.2	46.3～55.6	55.7～58.7	≥58.8
150.0～150.9	<39.9	39.9～46.6	46.7～56.2	56.3～59.3	≥59.4
151.0～151.9	<40.3	40.3～47.1	47.2～56.7	56.8～59.8	≥59.9
152.0～152.9	<40.8	40.8～47.6	47.7～57.4	57.5～60.5	≥60.6
153.0～153.9	<41.4	41.4～48.2	48.3～57.9	58.0～61.1	≥61.2
154.0～154.9	<41.9	41.9～48.8	48.9～58.6	58.7～61.9	≥62.0
155.0～155.9	<42.3	42.3～49.1	49.2～59.1	59.2～62.4	≥62.5
156.0～156.9	<42.9	42.9～49.7	49.8～59.7	59.8～63.0	≥63.1
157.0～157.9	<43.5	43.5～50.3	50.4～60.4	60.5～63.6	≥63.7
158.0～158.9	<44.0	44.0～50.8	50.9～61.2	61.3～64.5	≥64.6
159.0～159.9	<44.5	44.5～51.4	51.5～61.7	61.8～65.1	≥65.2
160.0～160.9	<45.0	45.0～52.1	52.2～62.3	62.4～65.6	≥65.7
161.0～161.9	<45.4	45.4～52.5	52.6～62.8	62.9～66.2	≥66.3
162.0～162.9	<45.9	45.9～53.1	53.2～63.4	63.5～66.8	≥66.9
163.0～163.9	<46.4	46.4～53.6	53.7～63.9	64.0～67.3	≥67.4
164.0～164.9	<46.8	46.8～54.2	54.3～64.5	64.6～67.9	≥68.0

续表

身高段/厘米	营养不良/千克	较低体重/千克	正常体重/千克	超重/千克	肥胖/千克
	50分	60分	100分	60分	50分
165.0～165.9	＜47.4	47.4～54.8	54.9～65.0	65.1～68.3	≥68.4
166.0～166.9	＜48.0	48.0～55.4	55.5～65.5	65.6～68.9	≥69.0
167.0～167.9	＜48.5	48.5～56.0	56.1～66.2	66.3～69.5	≥69.6
168.0～168.9	＜49.0	49.0～56.4	56.5～66.7	66.8～70.1	≥70.2
169.0～169.9	＜49.4	49.4～56.8	56.9～67.3	67.4～70.7	≥70.8
170.0～170.9	＜49.9	49.9～57.3	57.4～67.9	68.0～71.4	≥71.5
171.0～171.9	＜50.2	50.2～57.8	57.9～68.5	68.6～72.1	≥72.2
172.0～172.9	＜50.7	50.7～58.4	58.5～69.1	69.2～72.7	≥72.8
173.0～173.9	＜51.0	51.0～58.8	58.9～69.6	69.7～73.1	≥73.2
174.0～174.9	＜51.3	51.3～59.3	59.4～70.2	70.3～73.6	≥73.7
175.0～175.9	＜51.9	51.9～59.9	60.0～70.8	70.9～74.4	≥74.5
176.0～176.9	＜52.4	52.4～60.4	60.5～71.5	71.6～75.1	≥75.2
177.0～177.9	＜52.8	52.8～61.0	61.1～72.1	72.2～75.7	≥75.8
178.0～178.9	＜53.2	53.2～61.5	61.6～72.6	72.7～76.2	≥76.3
179.0～179.9	＜53.6	53.6～62.0	62.1～73.2	73.3～76.7	≥76.8
180.0～180.9	＜54.1	54.1～62.5	62.6～73.7	73.8～77.0	≥77.1
181.0～181.9	＜54.5	54.5～63.1	63.2～74.3	74.4～77.8	≥77.9
182.0～182.9	＜55.1	55.1～63.8	63.9～75.0	75.1～79.4	≥79.5
183.0～183.9	＜55.6	55.6～64.5	64.6～75.7	75.8～80.4	≥80.5
184.0～184.9	＜56.1	56.1～65.3	65.4～76.6	76.7～81.2	≥81.3
185.0～185.9	＜56.8	56.8～66.1	66.2～77.5	77.6～82.4	≥82.5
186.0～186.9	＜57.3	57.3～66.9	67.0～78.6	78.7～83.3	≥83.4

注:身高低于表中所列出的最低身高段的下限值时,身高每低1厘米,实测体重须加上0.5千克,实测身高须加上1厘米,再查表确定分值。身高高于表中所列出的最高身高段时,身高每高1厘米,其实测体重须减去0.9千克,实测身高须减去1厘米,再查表确定分值。

附表3　大学男生体能测试评分标准

单项得分	肺活量体重指数	1000米跑/(分·秒)	台阶试验	50米跑/秒	立定跳远/米	掷实心球/米	握力体重指数	引体向上/次	坐位体前屈/厘米	跳绳/(次/分)	篮球运球/秒	足球运球/秒	排球垫球/次	单项得分	等级
100	84	3'27	82	6.0	2.66	15.7	92	26	23.0	198	8.6	6.3	50	100	
98	83	3'28	80	6.1	2.65	15.2	91	25	22.6	193	9.0	6.5	49	98	
96	82	3'31	77	6.2	2.63	14.4	90	24	22.0	186	9.6	6.9	46	96	优秀
94	81	3'33	74	6.3	2.62	13.6	89	23	21.4	178	10.3	7.3	44	94	
92	80	3'35	71	6.4	2.60	12.5	87	22	20.6	168	11.1	7.7	41	92	
90	78	3'39	67	6.5	2.58	11.5	86	21	19.8	158	12.0	8.2	38	90	
87	77	3'42	65	6.6	2.56	11.3	84	20	18.9	152	12.4	8.5	37	87	
84	75	3'45	63	6.8	2.52	10.9	81	19	17.5	144	12.9	8.9	34	84	
81	73	3'49	60	7.0	2.48	10.5	79	18	16.2	136	13.5	9.3	32	81	良好
78	71	3'53	57	7.3	2.43	10.0	75	17	14.3	124	14.3	9.9	29	78	
75	68	3'58	53	7.5	2.38	9.5	72	16	12.5	113	15.0	10.4	26	75	
72	66	4'05	52	7.6	2.35	9.3	70	15	11.3	108	15.6	10.7	25	72	
69	64	4'12	51	7.7	2.31	8.9	66	14	9.5	101	16.6	11.2	23	69	
66	61	4'19	50	7.8	2.26	8.5	63	13	7.8	94	17.5	11.7	21	66	及格
63	58	4'26	48	8.0	2.20	8.0	59	12	5.4	85	18.8	12.3	18	63	
60	55	4'33	46	8.1	2.14	7.5	54	11	3.0	75	20.0	12.9	15	60	
50	54	4'40	45	8.2	2.12	7.3	53	9	2.4	71	20.6	13.3	14	50	
40	52	4'47	44	8.3	2.09	7.0	51	8	1.4	64	21.6	13.8	12	40	
30	51	4'54	43	8.5	2.06	6.7	49	7	0.5	58	22.5	14.3	10	30	不及格
20	49	5'01	42	8.6	2.03	6.2	47	6	−0.8	49	23.8	15.0	8	20	
10	47	5'08	40	8.8	1.99	5.8	44	5	−2.0	40	25.0	15.7	5	10	

附表 4　大学女生体能测试评分标准

等级	单项得分	肺活量体重指数	1000米跑/(分·秒)	台阶试验	50米跑/秒	立定跳远/米	掷实心球/米	握力体重指数	引体向上/次	坐位体前屈/厘米	跳绳/(次/分)	篮球运球/秒	足球运球/秒	排球垫球/次	单项得分
优秀	100	70	3'24	78	7.2	2.07	8.6	74	52	21.1	190	11.2	7.3	46	100
	98	69	3'27	75	7.3	2.06	8.5	73	51	20.8	184	11.5	7.8	44	98
	96	68	3'29	72	7.4	2.05	8.4	72	50	20.3	175	12.0	8.6	41	96
	94	67	3'32	69	7.5	2.03	8.2	71	49	19.8	166	12.6	9.4	38	94
	92	65	3'35	64	7.7	2.01	8.0	69	47	19.2	154	13.3	10.5	34	92
	90	64	3'38	60	7.8	1.99	7.8	67	45	18.6	142	14.0	11.5	30	90
良好	87	63	3'42	59	7.9	1.97	7.7	66	44	17.7	137	14.6	11.9	29	87
	84	61	3'46	57	8.0	1.93	7.6	63	43	16.3	130	15.6	12.5	27	84
	81	59	3'50	55	8.2	1.89	7.5	61	42	15.0	122	16.5	13.2	25	81
	78	57	3'54	52	8.3	1.84	7.4	58	40	13.1	112	17.8	14.0	23	78
	75	54	3'58	49	8.5	1.79	7.2	55	38	11.3	102	19.0	14.9	20	75
及格	72	53	4'03	48	8.6	1.76	7.1	53	37	10.1	98	19.8	15.6	19	72
	69	51	4'08	47	8.7	1.72	7.0	50	35	8.3	92	20.9	16.7	17	69
	66	49	4'13	46	8.8	1.69	6.8	48	33	6.5	86	22.0	17.8	15	66
	63	46	4'18	44	8.9	1.63	6.6	44	31	4.1	78	23.5	19.3	13	63
	60	43	4'23	42	9.0	1.58	6.4	40	28	1.7	70	25.0	20.8	10	60
不及格	50	42	4'30	41	9.1	1.56	6.2	39	27	1.5	66	25.8	21.2	9	50
	40	41	4'37	40	9.3	1.53	6.0	38	26	1.3	59	26.9	21.9	8	40
	30	39	4'44	39	9.5	1.50	5.7	36	25	1.0	53	28.0	22.5	7	30
	20	37	4'51	38	9.8	1.46	5.4	34	23	0.6	44	29.5	23.4	6	20
	10	35	5'00	36	10.0	1.42	5.0	32	21	0.2	35	31.0	24.3	4	10

附件三　免于执行《国家学生体质健康标准》申请表

免予执行《国家学生体质健康标准》申请表

姓　名		性　别		民　族	
学院（系）		班　号		学　号	
出生日期		身份证号		联系电话	
原　因					
学院或体育教师意见		家长签字联系电话			
学校体育部门意见					

签章(字)：

年　　月　　日

注：高等学校的学生，"家长签字栏"由学生本人签字。

附件四　武术套路试题库

一、是非题

1. 武举制自隋代开始实行。　　　　　　　　　　　　　　　　　　　（　　）
2. 民国时期,武术被称为"武艺"。　　　　　　　　　　　　　　　　　（　　）
3. 武术是以技击动作为主要内容,以套路和格斗为主要运动形式,注重内外兼修的中国传统体育项目。　　　　　　　　　　　　　　　　　　　　　　　　　　　（　　）
4. 武术源于少林寺。　　　　　　　　　　　　　　　　　　　　　　　（　　）
5. 武德是一个历史范畴,随着现代社会法制的日益健全,武德基本上没有太大的作用,没有必要再继续提倡。　　　　　　　　　　　　　　　　　　　　　　　　　　（　　）
6. 著名的《内家拳法》是清代黄百家撰写的。　　　　　　　　　　　　（　　）
7. 爱国名将戚继光编著的《拳经》载有武术动作 32 势图诀。　　　　　（　　）
8. 长拳是新中国成立后在吸取查、华、炮、红等传统拳种之长的基础上发展起来的新拳种。　　　　　　　　　　　　　　　　　　　　　　　　　　　　　　　　（　　）
9. "长拳"一词最早记载于明朝茅元仪《纪效新书·拳经捷要篇》中。　（　　）
10. 1933 年武术正式被列为全国综合性运动会竞赛项目。　　　　　　（　　）
11. 武术作为重要内容之一,列入教育部、小学体育教学大纲是 1956 年。（　　）
12. 1957 年国家体委将武术列为体育竞赛项目,并于次年制定了第一部《武术竞赛规则》。　　　　　　　　　　　　　　　　　　　　　　　　　　　　　　　　（　　）
13. 1980 年成立了国家体委武术研究院。　　　　　　　　　　　　　（　　）
14. 1988 年亚奥理事会正式通过将武术列为奥运会正式比赛项目。　（　　）
15. 1997 年 12 月 30 日,国家体委颁布《中国武术段位制》,将高段位定位为:七段、八段和九段。　　　　　　　　　　　　　　　　　　　　　　　　　　　　　　　（　　）
16. 武术初、中、高级段位标志是虎、鹰、龙。　　　　　　　　　　　（　　）
17. 1999 年,国际武联被吸收为国际奥委会的正式国际体育单项联合成员。（　　）
18. 2008 年北京奥运会武术套路被列为特设项目。　　　　　　　　　（　　）
19. 《国际武术套路规则》适用于全国任何级别的武术套路比赛。　　　（　　）
20. 演练水平的评分包括演练水平等级的评分和内容、结构、布局的扣分。（　　）
21. 套路运动按练习形式分单练和集体对练。　　　　　　　　　　　　（　　）
22. 对武术水平高低的评价一般要考虑动作的质量和规格、综合演练水平和其他错误等几方面的因素。　　　　　　　　　　　　　　　　　　　　　　　　　　　　（　　）

23. 武术有套路运动、搏斗、散打运动三种形式。 （　　）

24. 武术套路比赛（集体项目除外）是在长 12 米、宽 8 米的地毯上进行。 （　　）

25. 武术基本功包括腰功、腿功、臂功、桩功。 （　　）

26. 勾手是武术基本手型之一，其动作要求是五指撮拢，必须直腕。 （　　）

27. "桥手"是少林拳的一种步型方法。 （　　）

28. 1978 年 11 月 16 日，邓小平同志应日本友人邀请，题赠"太极拳好"四字。 （　　）

29. "运动如抽丝，迈步如猫行"是太极拳的运动特点之一。 （　　）

30. 太极拳具有健身、修身、防身等多种功能。 （　　）

31. 太极拳讲究发声呼喝，以助威势、劲力及形象。 （　　）

32. 《陈氏太极拳图说》是清代陈王庭所著。 （　　）

33. 简化太极拳有 16 式。 （　　）

34. 三体式是形意拳的基本姿势。 （　　）

35. 查拳是回族的主要拳种。 （　　）

36. 擒拿术素有 72 拿之说，其中 36 为拿法，36 为解法。 （　　）

37. 弹腿以脚面为力点。 （　　）

38. 从技击角度讲，身体的头、拳、肘、手、膀、膝、足，即所谓"七拳"。 （　　）

39. "手是两扇门，全凭脚踢人。"是北方的一句拳谚。 （　　）

40. 三节棍是属于武术中的软器械。 （　　）

41. 手法捷快、眼法敏锐、身法灵活、步法稳固、精力充沛，是南拳的技法特点。 （　　）

42. 跆拳道、散打具有独立的技术体系，不属于武术的内容。 （　　）

43. 武术中的弹踢、侧踹、正蹬等腿法都属于屈伸性腿法。 （　　）

44. 武术的基本手型有拳、掌、勾。 （　　）

45. 武术的基本步型有弓步，马步，仆步，虚步，歇步五种步型。 （　　）

46. 武术中的"八法"是指手，眼，身法，步；精神，气，力，功。 （　　）

47. 掤、捋、挤、按、采、列、肘、靠是形意拳的主要技法。 （　　）

48. 拦、拿、扎是枪的主要方法。 （　　）

49. 缠头、裹脑是刀的主要方法。 （　　）

50. 武术的腿法可发分为直摆，屈伸和扫转性腿法三种。 （　　）

51. 自选棍术的器械方法扣分点为立舞花棍，双手提撩花棍未成立圆。 （　　）

52. 运动员在比赛中因失去平衡，上体摇晃后出现附加支撑，A 组裁判员应扣 0.2 分。 （　　）

53. 武术套路比赛中裁判组设裁判长 1 人，A 组评分裁判员 3 人，B 组评分裁判员 3 人，C 组评分裁判员 3 人，共 10 人组成。 （　　）

54. 运动员在完成腾空飞脚时，脚尖未过肩，C 组难度不确认。 （　　）

55. 完成一个 A 级连接难度计 0.10 分，完成一个 B 级连接难度计 0.15 分，完成一个 C 级

连接难度计 0.20 分,完成一个 D 级连接难度计 0.25 分。 ( )

56. A 组裁判员所示分数可到小数点后两位数。 ( )

57. 演练水平等级的评分标准:按劲力、协调、节奏、风格、配乐的评分标准分为 3 档 9 级。
其中,3.00~2.51 分为好,2.50~1.91 分为一般,1.90~1.01 分为不好。 ( )

58. 长拳自选套路中至少包括弓、马、虚、歇步四种步型。 ( )

59. 枪长可以短于本人站立时直臂上举至中指尖。 ( )

60. 裁判人员由执行裁判人员和辅助工作人员两部分组成。 ( )

61. 竞赛的辅助裁判人员有:检录长、编排记录员、宣告员、放音员和摄像员。 ( )

62. 比赛中运动员身体任何部位触及场地边线线外地面判为出界,器械接触线外地面或
身体任一部分在空间超越了场地,不应判为出界。 ( )

63. "马步两脚间距过小"指马步两脚(内侧)横向距离小于本人肩宽。 ( )

64. "马步上体明显前倾"是指马步静止时躯干前倾超过 45°(含 45°)。 ( )

65. 对练项目"器械变形"的错误是指器械弯曲角度小于 145°(含 145°)。 ( )

66. 判断各种步型出现的错误均以静止状态时为准。 ( )

67. 太极拳自选套路中,单脚落地时,击响(踢起)脚和落地脚应为同一腿。 ( )

68. 运动员身体任何部分开始动作即为起势(计时开始)。运动员完成套路动作后,须并
步收势(计时结束),再转向裁判长行注目礼,而后退场。 ( )

69. 团体总分相等时,以全队获得单项第一名多者列前;如仍相等,则以获得第二名多者
列前,依此类推;如获得单项名次均相等,则并列。 ( )

70. 参赛队如果对裁判评判本队或他队结果有异议,必须在该场该项比赛结束后 30 分钟内,
由领队或教练向仲裁委员会以书面的形式提出申诉,同时交付 10 元申诉费。 ( )

二、单选题

1. ( )年在上海成立了"精武体育会"。
   A. 1910 B. 1926 C. 1928 D. 1920

2. ( )年国民政府在南京成立了中央国术馆。
   A. 1910 B. 1918 C. 1928 D. 1920

3. ( )的种类很多,主要有长拳、太极拳、南拳、形意拳、八卦掌、通背拳等。
   A. 拳术 B. 象形拳 C. 器械 D. 推手

4. ( )有陈式、杨式、吴式、孙式和武式等较有影响的流派。
   A. 长拳 B. 太极拳 C. 南拳 D. 形意拳

5. 在武术竞赛中,刀、枪、剑、棍是( )的代表。
   A. 长器械 B. 短器械 C. 双器械 D. 器械

6. ( )的技术方法主要有缠头裹脑和劈、砍、斩、撩、扎、挂、戳、刺等。

A. 剑术　　　　　　B. 刀术　　　　　　C. 枪术　　　　　D. 棍术

7.（　　）的技术方法,以刺、点、撩、截、格、抹等。

　　A. 剑术　　　　　　B. 刀术　　　　　　C. 枪术　　　　　D. 棍术

8.（　　）的技术方法,以拦、拿、扎为主,还有崩、点、穿、挑、云、劈等。

　　A. 剑术　　　　　　B. 刀术　　　　　　C. 枪术　　　　　D. 棍术

9.（　　）的运动方法,以劈、扫、戳、挑、撩、拨等基本方法。

　　A. 剑术　　　　　　B. 刀术　　　　　　C. 枪术　　　　　D. 棍术

10.（　　）是两人按照一定的规则,使用踢、打、摔、拿等方法,制胜对方的大学项目。

　　A. 散打　　　　　　B. 器械对练　　　　C. 推手　　　　　D. 剑术

11.（　　）是两人按照一定的规则,使用掤、捋、挤、按、采、挒、肘、靠等手法,借劲发劲将对方推出,以此决定胜负的大学项目。

　　A. 散打　　　　　　B. 器械对练　　　　C. 太极推手　　　D. 剑术

12. 枪的全长最短必须等于（　　）。

　　A. 本人直立耳上端的高度　　　　　　B. 本人直立耳下端的高度

　　C. 本人的高度　　　　　　　　　　　D. 本人直立直臂上举时从脚底到指端的长度

13. 棍的全长最短必须等于（　　）。

　　A. 本人直立耳上端的高度　　　　　　B. 本人直立耳下端的高度

　　C. 本人的高度　　　　　　　　　　　D. 本人直立直臂上举时从脚底到指端的长度

14. 剑的长度以垂肘反手持剑的姿势为准,剑不得低于（　　）。

　　A. 本人的头顶高度　　　　　　　　　B. 本人耳上端的高度

　　C. 本人耳下端的高度　　　　　　　　D. 本人的下颚高度

15. 刀的长度以垂肘抱刀的姿势为准,刀不得低于（　　）。

　　A. 本人的头顶高度　　　　　　　　　B. 本人耳上端的高度

　　C. 本人耳下端的高度　　　　　　　　D. 本人的下颚高度

16. 拳的力点在（　　）。

　　A. 拳心　　　　　　B. 拳面　　　　　　C. 拳眼　　　　　D. 中指

17. 推掌的力点在（　　）。

　　A. 掌心　　　　　　B. 掌根　　　　　　C. 掌外侧　　　　D. 掌根和掌外侧

18. 并步抱拳时,（　　）。

　　A 两拳抱于腰间,两肘向后夹紧,拳心向上

　　B. 两拳抱于腰间,两肘向前夹紧,拳心向上

　　C. 两拳抱于腰间,两肘向后夹紧,拳心向下

　　D. 两拳抱于胯部,肘尖向后,拳心向上

19. 冲拳的动作要点错误的是（　　）。

A. 收腹、挺胸、抬头　　　　　　　　　B. 转腰、顺肩

C. 出拳要快速有力,有寸劲　　　　　　D. 拳的力点在中指

20. 中指与食指伸直并拢,其于三指屈于手心,拇指压在无名指与小手指的第一指节上,是( )。

A. 握拳　　　　　B. 推掌　　　　　C. 勾手　　　　　D. 剑指

21. 正踢腿、侧踢腿、里合腿、外摆腿属于( )腿法。

A. 直摆性腿法　　B. 屈伸性腿法　　C. 扫转性腿法　　D. 跳跃

22. 蹬腿、弹腿、侧揣腿属于( )。

A. 直摆性腿法　　B. 屈伸性腿法　　C. 扫转性腿法　　D. 跳跃

23. 前扫腿、后扫腿属于( )。

A. 直摆性腿法　　B. 屈伸性腿法　　C. 扫转性腿法　　D. 跳跃

24. 腾空飞脚、旋风脚、腾空摆莲、侧空翻属于( )。

A. 直摆性腿法　　B. 屈伸性腿法　　C. 扫转性腿法　　D. 跳跃

25. 右脚向前一大步,右腿屈膝半蹲(大腿接近水平),右膝与脚尖垂直,左腿挺膝伸直,两脚全脚掌着地是( )。

A. 马步　　　　　B. 弓步　　　　　C. 虚步　　　　　D. 仆步

26. 以下马步动作要领错误的是( )。

A. 两脚平行开立,脚尖向外　　　　　　B. 两腿屈膝半蹲,膝不超过脚尖

C. 大腿接近水平　　　　　　　　　　　D. 全脚着地,身体重心在两腿之

27. 两脚左右开立,一腿屈膝全蹲,大、小腿紧靠,全脚掌着地,脚尖和膝关节外展,一腿挺直平仆,脚尖里扣、全脚掌着地的步型是( )。

A. 马步　　　　　B. 弓步　　　　　C. 虚步　　　　　D. 仆步

28. 两腿交叉靠拢全蹲,前脚全脚着地,脚尖外展,脚跟离地,臀部紧贴后小腿的步型是( )。

A. 马步　　　　　B. 弓步　　　　　C. 虚步　　　　　D. 歇步

29. 以三体式为基本姿势,以劈、崩、炮、钻、横五种拳法为基本拳法是( )。

A. 长拳　　　　　B. 太极拳　　　　C. 形意拳　　　　D. 南拳

30. 太极拳中左右搂膝拗步动作要点表述错误的是( )。

A. 前手推出时,身体不可前俯后仰,要松腰松胯

B. 推掌时要沉肩垂肘、坐腕舒掌

C. 推掌时须与松腰、弓腿上下协调一致

D. 前后脚的脚跟要在中轴线上

31. 仲裁委员会接受运动队的申诉,并及时作出裁决,如判定属于裁判组的错误,仲裁委员会对错判的裁判按有关规定进行处理,并退回申诉费;可( )评判结果。

A. 改变   B. 不改变

32.武术套路比赛中,评判运动员动作质量的是(　　　)。

    A. A 组评分裁判员   B. B 组评分裁判员

    C. C 组评分裁判员   D. 裁判长

33. C 组评分裁判员主要对运动员完成的(　　　)进行评判。

    A. 动作质量   B. 演练水平   C. 难度动作   D. 编排

34.武术套路比赛中难度动作的分值是(　　　)。

    A. 10 分   B. 6 分   C. 3 分   D. 2 分

35.武术套路比赛中对无难度的套路评分中,演练水平的分值是(　　　)。

    A. 10 分   B. 5 分   C. 3 分   D. 2 分

36.武术套路比赛中太极拳规定套路完成的时间是(　　　)。

    A. 不少于 1 分 20 秒   B. 3～4 分钟

    C. 1 分钟   D. 5～6 分钟

37.运动员完成一个 A 级动作难度可获得(　　　)分。

    A. 0.1   B. 0.2   C. 0.3   D. 0.4

38.运动员完成一个 B 级连接难度动作可获得(　　　)分。

    A. 0.1   B. 0.15   C. 0.2   D. 0.25

39.下列属于南拳拳法的是(　　　)。

    A. 盖拳   B. 鹰爪   C. 剑指   D. 蛇手

40.下列属于太极拳基本步法的是(　　　)。

    A. 弓步   B. 跪步   C. 丁步   D. 猫步

41.横钉腿时(　　　)的基本腿法。

    A. 长拳   B. 太极拳   C. 形意拳   D. 南拳

42.(　　　)年在北京成立了中国武术协会。

    A. 1958   B. 1928   C. 1910   D. 1938

43.(　　　)年 10 月,国际武术联合会在北京成立。

    A. 1990   B. 1993   C. 1997   D. 1998

44.(　　　)的症状是出现局部疼痛、压痛、肿胀、肌肉紧张、发硬、痉挛、功能障碍。

    A. 肌肉拉伤   B. 腰部扭伤   C. 挫伤   D. 撕裂伤

45.(　　　)从事武术活动的人在社会活动中应遵循的道德规范和所应具有道德品质。

    A. 武艺   B. 武德   C. 抱拳礼   D. 武行

46.武术理论中的"六合",即"(　　　)三合"与"(　　　)三合"。

    A. 快,慢   B. 内,外   C. 动,静   D. 轻、重

47.武术运动对心理适应能力的影响(　　　)。

A.培养坚强的意志品质　　　　　　　B.提高抗病能力

C.提高耐受能力　　　　　　　　　　D.提高适应能力

48.武术运动对生理适应能力的影响（　　　　）。

A.改善情绪　　　　B.提高抗病能力　　　　C.消除心理疲劳　　　D.培养意志品质

49.武术教学的运动负荷大小是（　　　　）。

A.承受大负荷、大强度　　　　　　　B.承受适当的运动负荷

C.承受很小的运动负荷　　　　　　　D.任意运动负荷均可

50.练习者两腿前后分开，逐渐下劈成一直线，两手左右扶地，做上下振压运动或做静压耗腿，称为（　　　　）。

A.正压腿　　　　B.竖劈叉　　　　C.后压腿　　　　D.弓步压腿

51.“旋风脚360°接提膝独立”动静连接难度完成不符合要求，不可以根据以下（　　　　）点来确认。

A.击响脚未单脚落地　　　　　　　　B.落地时脚移动或跳动

C.击响未过肩　　　　　　　　　　　D.弓步压腿

52.以下对武术套路竞赛场地的要求中正确的是（　　　　）。

A.个人项目的场地为长14米、宽8米，其周围至少有1.5米宽的安全区

B.集体项目的场地为长16米、宽12米，其周围至少有1米宽的安全区

C.场地四周内沿，应标明5厘米宽的白色边线，场地的地面空间高度不少于8米

D.个人项目的场地为长16米、宽8米，其周围至少有2米宽的安全区

53.下面关于转体角度计算的论述不正确的是（　　　　）。

A.凡跳跃动作转体接跌雀地龙落地，均以起跳时起跳脚（原地起跳以转体方向异侧腿为准）脚尖与脚跟连线的延长线和落地时左腿（右）腿的轴线的延长线的夹角来计算转体度数

B.跳跃动作转体双脚落地，在起跳时两脚之间连线和落地时两脚之间连线的夹角来计算转体度数

C.跳跃动作转体单脚落地，均以该脚起跳时和落地时脚尖与脚跟连线的延长线的夹角来计算转体角度

D.跳跃动作转体落地接马步、跌竖叉，以起跳时两脚之间连线和落地时两脚之间连线的夹角来计算转体度数

54.裁判员的示分正确的是（　　　　）。

A.自选项目A组裁判员所示分数可到小数点后2位数；自选项目B组、C组裁判所示分数可到小数点后3位数

B.对练、传统拳术、传统器械、集体、无难度动作组别项目B组裁判员所示分数可到小数点后2位数，第3位数不做四舍五入

C. 对练、传统拳术、传统器械、集体、无难度动作组别项目 A 组裁判员所示分数可到小数点后 2 位数

D. 自选项目 A 组裁判员所示分数可到小数点后 1 位数；自选项目 B 组、C 组裁判所示分数可到小数点后 2 位数

55. 在传统项目演练时，下列哪些常见错误不属于劲力方面的错误？（　　　）

A. 拳术的手法劲力不充足或不顺达

B. 屈伸性、击响性腿法劲力不充足或不顺达

C. 南拳类套路动作中发声与发力一致

D. 器械方法劲力不充足或不顺达

56. 在传统项目演练时，下列哪些常见错误不属于协调方面的错误？（　　　）

A. 动作不分明、快慢相间不明显

B. 基本技法单一，重复动作过多

C. 上下行动脱节；延伸与动作配合不协调；身械配合不协调

D. 由于失误造成局部节奏的破坏或出现不合理的停顿

57. 八卦掌演练中以下扣分正确的是（　　　）。

A. 八卦掌演练在做云掌时，掌未在头前上方绕平圆出现一次应扣 0.1 分

B. 八卦掌演练在做托掌时，未能沉肩垂肘出现一次应扣 0.2 分

C. 八卦掌演练在做磨肋掌时，掌未沿肋向身后伸出出现一次应扣 0.3 分

D. 八卦掌演练在做磨肋掌时，掌未沿肋向身后伸出出现一次应扣 0.4 分

58. 以下扣分正确的是（　　　）。

A. 八卦掌的蹚步脚掌未平起平落，重心忽高忽低，外脚未沿内弧蹚出，两膝过宽，每出现一次应扣 0.2 分

B. 八极拳演练时，马步过大；或做横击拳时，拳未由后向左（右）前直臂横击。以上每一种错误每出现一次应扣 0.1 分

C. 在通臂、劈挂、翻子类项目比赛中，出现身体过于僵直；每出现一次，应扣 0.2 分

D. 八极拳演练中，马步过大，或做横击拳时，拳未由后向左（右）前直臂横击。以上每一种错误每出现一次应扣 0.2 分

59. 下列步型中不是南拳的步型的是（　　　）

A. 歇步、坐盘、丁步、高虚步、横叉

B. 钳羊马步、双弓步、半马步、护裆步

C. 跌坐盘步、跪步、独立步、横裆步、拐步、坐莲步

D. 仆步、马步、拗步、虚步

60. 下列选项中全部是太极拳动作的选项是（　　　）。

A. 腾空箭弹、腾空转身跳、拉腿翻身跳、腾空斜飞脚、腾空双飞脚

B.提膝平衡、盘腿平衡、探海平衡、望月平衡、卧云平衡

C.背折靠、单鞭、闪通臂、高探马、搂膝打捶、栽捶、肘低捶、滚肘、披身伏虎

D.弯弓射虎、金鸡独立、独立跨虎、上步七星、腾空转身跳、拉腿翻身跳

三、多选题

1.武术运动的特征有:(　　　)

　　A.健身　　　　　　B.防身　　　　　　　C.大学　　　　　　D.娱乐

2.武术运动的特点是:(　　　)

　　A.技击性　　　　　B.体育性　　　　　　C.教育性　　　　　D.大学性

3.以下属于武术运动四要素的是:(　　　)

　　A.手法　　　　　　B.腿法　　　　　　　C.眼法　　　　　　D.身法　　　　　E.步法

4.下列属于武术运动中四击的是:(　　　)

　　A.踢　　　　　　　B.打　　　　　　　　C.摔　　　　　　　D.拿　　　　　　E.靠

5.古代对武术的别称有:(　　　)

　　A.拳勇　　　　　　B.拳击　　　　　　　C.武艺　　　　　　D.技击

6.下列属于武术"踢法"的是:(　　　)

　　A.弹　　　　　　　B.蹬　　　　　　　　C.踹　　　　　　　D.勾

7.下列属于武术"打法"的是:(　　　)

　　A.踹　　　　　　　B.砸　　　　　　　　C.抄　　　　　　　D.冲

8.下列属于武术"掌法"的是:(　　　)

　　A.劈　　　　　　　B.砍　　　　　　　　C.推　　　　　　　D.拍

9.下列属于武术"摔法"的是:(　　　)

　　A.别　　　　　　　B.切　　　　　　　　C.抱　　　　　　　D.合

10.下列属于武术技法的有:(　　　)

　　A.勾法　　　　　　B.摔法　　　　　　　C.拿法　　　　　　D.爪法

11.武术运动按照功能分类,可分为:(　　　)

　　A.武术　　　　　　B.健身武术　　　　　C.学校武术　　　　D.实用武术

12.武术的发展特点是:(　　　)

　　A.高　　　　　　　B.难　　　　　　　　C.美　　　　　　　D.新

13.下列属于拳术的有:(　　　)

　　A.形意拳　　　　　B.八卦掌　　　　　　C.翻子拳　　　　　D.少林拳

14.传统太极拳有:(　　　)

　　A.陈式太极拳　　B.杨式太极拳　　　　C.孙式太极拳　　　D.吴式太极拳

　　E.武式太极拳

15. 下列属于武术器械套路的有:(　　)

    A. 短器械   B. 长器械   C. 长拳   D. 南拳

16. 下列属于剑法技术的是:(　　)

    A. 刺   B. 点   C. 撩   D. 挑

17. 下列属于棍法特点的是:(　　)

    A. 抡   B. 扫   C. 云   D. 挑

18. 下列属于直摆性腿法的有:(　　)

    A. 正踢腿   B. 侧踢腿   C. 里合腿   D. 侧踹腿

19. 下列属于屈伸性腿法的有:(　　)

    A. 蹬腿   B. 弹腿   C. 外摆腿   D. 里合腿

20. 下列属于扫腿的是:(　　)

    A. 前扫腿   B. 后扫腿   C. 蹬腿   D. 正踢腿

21. 下列属于武术跳跃动作的是:(　　)

    A. 腾空飞脚   B. 旋风脚   C. 腾空摆莲   D. 侧空翻

22. 下列属于平衡动作的有:(　　)

    A. 提膝平衡   B. 侧身平衡   C. 仰身平衡   D. 扣腿平衡

23. 太极拳的基本步法有:(　　)

    A. 马步   B. 退步   C. 横移步   D. 进步

24. 南拳的基本手型有:(　　)

    A. 柳叶掌   B. 虎爪   C. 鹰爪   D. 鹤嘴手   E. 单指

25. 南拳的基本步型有:(　　)

    A. 骑龙步   B. 跪步   C. 单碟步   D. 半马步

26. 南拳的桥法有:(　　)

    A. 缠桥   B. 圈桥   C. 盘桥   D. 沉桥

27. 剑的构造包括:(　　)

    A. 剑身   B. 剑尖   C. 剑锋   D. 剑脊

28. 武术比赛中裁判长的职责是:(　　)

    A. 负责运动员比赛套路创新难度的加分   B. 参与 A 组裁判的评分

    C. 参与 B 组裁判的评分   D. 参与 C 组裁判的评分

29. 武术比赛中副裁判长的职责是:(　　)

    A. 第一副裁判长参与 A 组裁判的评分   B. 第二副裁判长参与 C 组裁判的评分

    C. 第一副裁判长参与 B 组裁判的评分   D. 第二副裁判长参与 A 组裁判的评分

30. 武术比赛中裁判员的职责是:(　　)

    A. A 组裁判员负责运动员的整套动作质量的评分

B. B 组裁判员负责运动员的整套演练水平的评分

C. C 组裁判员负责运动员的整套难度的评分

D. 认真执行规则,独立评分,并作详细记录

31. 武术比赛中的演练水平评分标准包括:(　　)

    A. 劲力　　　　　　B. 节奏　　　　　　C. 音乐　　　　　　D. 编排

32. 武术比赛中的难度评分包括:(　　)

    A. 编排　　　　　　B. 创新难度加分　　C. 动作难度　　　　D. 连接难度

33. 以下动作质量评分中扣 0.1 分的是:(　　)

    A. 前扫腿支撑腿高于水平　　　　　　B. 跌竖叉后腿明显弯曲

    C. 弓步前腿膝部未达脚背　　　　　　D. 器械掉地

34. 以下动作质量评分中扣 0.3 分的是:(　　)

    A. 倒地　　　　　　B. 器械掉地　　　　C. 器械碰身　　　　D. 附加支撑

35. 下列属于颈部关节活动的是:(　　)

    A. 颈部屈伸　　　　B. 颈部绕环　　　　C. 颈部扭转　　　　D. 颈部拉伸

36. 下列属于肩部关节活动的是:(　　)

    A. 单臂向前、向后绕环　　　　　　　B. 双臂向前、向后绕环

    C. 双臂前后交叉绕环　　　　　　　　D. 乌龙盘打

37. 下列属于腰部活动的是:(　　)

    A. 转腰　　　　　　B. 腰部绕环　　　　C. 耍腰　　　　　　D. 颈部拉伸

38. 腰部柔韧练习的方法有:(　　)

    A. 前俯腰　　　　　B. 后俯腰　　　　　C. 侧弯腰　　　　　D. 耍腰

39. 出现肌肉酸痛,下列哪些措施有助于缓解疼痛:(　　)

    A. 按摩　　　　　　B. 大强度练习　　　C. 伸展练习　　　　D. 热敷

40. 下列哪些措施对推迟疲劳出现有一定作用?(　　)

    A. 注意发展与运动项目相适应的供能能力　　B. 避免身体局部负担过重

    C. 增大练习密度　　　　　　　　　　　　　D. 加强意志品质与心理训练

41. 下列哪些措施有助于消除疲劳?(　　)

    A. 良好的睡眠与安静的休息　　　　　B. 强度大的活动

    C. 按摩、电疗等物理性手段　　　　　D. 活动性休息

42. 健康不仅指生理健康,而且还指:(　　)

    A. 心理健康　　　　　　　　　　　　B. 口腔卫生

    C. 良好的社会适应能力　　　　　　　D. 身体缺陷

43. 武术运动对心理健康的影响体现在以下哪两个方面?(　　)

    A. 降低焦虑反应　　B. 提高智力功能　　C. 增强战斗力　　　D. 降低高血压

44.武术运动的健身作用在于:( )

    A.促进青少年正常发育和健康成长　　B.使中壮年人保持旺盛的精力

    C.使老年人延年益寿　　　　　　　　D.提高运动技术水平

45.武术锻炼可以提高下列哪些系统的功能:( )

    A.血液循环系统　B.呼吸系统　　　C.运动系统　　　　D.神经系统

46.运动处方的内容包括:( )

    A.确定体育锻炼伙伴　　　　　　　　B.选择运动项目

    C.确定运动强度、时间和频度　　　　D.了解体育比赛的方法

47.准备活动的作用是:( )

    A.能克服机体生理惰性　　　　　　　B.有利偿还氧债和消除疲劳

    C.能预防运动损伤　　　　　　　　　D.能调节运动情绪

48.准备活动的要求是:( )

    A.使身体发热,微微出汗

    B.使内脏器官、肢体的活动幅度和肌肉力量达到适宜的工作状态

    C.运动心率达到1~120次/分

    D.运动心率达到130~160次/分

49.肌肉拉伤的一般性处理方法有:( )

    A.热敷　　　　　B.冷敷、局部加压包扎　　C.抬高伤肢　　D.及时按摩

50.武术文化受到以下哪些传统文化的影响:( )

    A.儒家文化　　　B.道家文化　　　　C.佛教文化　　　D.兵家文化

四、名词解释

1.武术

2.套路运动

3.太极拳

4.六合

5.八法

6.十二型

7.长拳

8.南拳

9.太极推手

10.短兵

11.功法运动

12.对练

五、简答题

1.简述武术运动的特点。

2.简述武术运动的功能。

3.简述长拳类武术运动的健身作用。

4.简述武术运动促进心理健康的表现。

5.简述武术运动损伤发生的原因。

6.简述肌肉拉伤的症状和处理方法。

7.简述关节韧带拉伤的症状和处理方法。

8.简述儒家文化对武术文化的影响。

9.简述传统中医对武术文化的影响。

10.简述武术的特征。

11.简述武术技术产业发展现状。

12.简述武术基础理论学科。

13.初级长拳包括哪几种手型和步型?

14.初级剑术中有哪几种剑法?

15.初学太极拳应注意什么事项?

16.简述武术基本功中正踢腿的动作要领。

17.简述武术基本功中蹬腿的动作要领。

18.武术套路比赛中运动员的年龄组别是怎样规定的?

19.简述抱拳礼的含义。

20.简述武术在历史发展过程中不同阶段的称谓。

六、论述题

1.请谈谈武术的文化内涵。

2.什么是武德?

3.怎样理解武术尚武崇德的思想教育作用?

4.为何说武术套路动作也具有攻防技击性?

5.如何理解内外合一、神形兼备?

6.谈谈武术的作用。

7.谈谈太极拳的健身机理。

武术套路试题库参考答案

一、是非题

1×	2×	3√	4×	5×	6√	7√	8√	9×	10√
11√	12√	13√	14×	15√	16×	17√	18√	19√	20×
21×	22√	23×	24√	25√	26×	27×	28√	29√	30√
31×	32×	33×	34√	35√	36√	37×	38×	39√	40√
41×	42×	43√	44√	45√	46√	47×	48√	49√	50√
51√	52×	53√	54×	55√	56×	57√	58×	59×	60√
61×	62√	63√	64√	65×	66√	67√	68√	69√	70×

二、单选题

1A	2C	3A	4B	5D	6B	7A	8C	9D	10A
11C	12D	13C	14B	15B	16B	17C	18A	19D	20D
21A	22B	23C	24D	25B	26A	27D	28D	29C	30D
31B	32A	33C	34D	35D	36D	37B	38B	39A	40D
41D	42A	43A	44A	45B	46B	46A	48B	49B	50B
51C	52C	53A	54B	55C	56B	57A	58B	59A	60C

三、多选题

1 ABCD	2 ABCD	3 ACDE	4 ABCD	5 ACD
6 ABCD	7 BCD	8 ABCD	9 ABCD	10 ABCD
11 ABC	12 ABCD	13 ABCD	14 ABCDE	15 AB
16 ABCD	17 ABCD	18 ABC	19 AB	20 AB
21 ABCD	22 ABCD	23 BCD	24ABCDE	25 ABCD
26 ABCD	27 ABCD	28 AC	29 AB	30 ABCD
31 ABCD	32 BCD	33 ABC	34 AB	35 ABCD
36 ABCD	37 ABC	38 ABCD	39 ACD	40 ABD
41 ACD	42 AC	43 AB	44 ABC	45 ABCD
46 BC	47 ACD	48 ABD	49 BC	50 ABCD

四、名词解释

1.武术

是以攻防技击为主要技术内容,以套路演练和搏斗对抗为运动形式,注重内外兼修的中民族传统体育项目。

2.套路运动

是以踢、打、摔、拿、击、刺等攻防动作为素材,遵守攻守进退、动静疾徐、刚柔虚实等矛盾运动的变化规律编成的整套练习形式。

3.太极拳

是以"阴阳学说"命名的一种柔和、缓慢、轻灵、圆活的拳术。

4.六合

是指手、肘、肩、脚、膝、胯部位的协调配合,体现出整体合一的劲力特点。

5.八法

指手、眼、身、步、精神、气、力、功,即手法、眼法、身法、步法、精神、气息、劲力、功夫八个方面。

6.十二型

是用自然景象和动物来比喻武术中的十二种动静之势,如动如涛、静如岳、起如猿、落如鹊、站如松、立如鸡、转如轮、折如弓、快如风、缓如鹰、轻如叶、重如铁。

7.长拳

是查拳、炮拳、华拳、花拳等拳术的总称,其姿势舒展、动作灵活、快速有力、节奏鲜明,并有蹿蹦跳跃、闪展腾挪、起伏转折或跌扑滚翻等动作和技术。

8.南拳

是流行广东、福建等南方各地的拳种。拳种和流派颇多,广东南拳分洪、刘、蔡、李、莫等家;福建南拳分咏春、五祖等派。各门各家都有各自的风格特点,而一般的特点是:拳势刚烈,步法稳固,动作紧削,身居中央,八面进退,常鼓劲而使肌肉隆起,以发声吐气而助长发力。

9.推手

是两人按一定的规则,使用太极拳中的掤、捋、挤、按、采、挒、肘、靠等技法,搭手对峙,通过粘、连、黏、随的形式,以肌肉感觉判断对方用力,从而借力发力,将对方推出,以决胜负的大学项目。

10.短兵

是两人按一定的规则,手持一种特制的类似于刀剑的器械,使用武术短器械中的劈、砍、刺、崩、点、斩等方法来决胜负的竞技项目。

11. 功法运动

是以单个武术动作作为主体练习,以达到健体或增强某方面体能的运动。例如,专习浑元桩以调心、调身、调息,长时间站马步桩以增强腿力等。

12. 对练

是指两人或两人以上,按照一定的程式进行的攻防假设性练习形式,它包括徒手对练、持械对练、徒手与器械对练三类。

五、简答题

1. 武术运动的特点:①技击性;②内外合一、形神兼备;③广泛适应性。

2. 武术运动的功能:①健身功能;②防身功能;③娱乐功能;④教育功能。

3. 长拳类武术运动的健身作用:①促进人体新陈代谢机能良好发展,从而有利于骺软骨最大限度的骨化,促进人体生长和发育;②对心脏血管系统良好影响的表现为安静时脉搏较少,收缩压和舒张压都较低;③提高呼吸系统机能;④促使内脏器官和运动器官更趋协调,提高神经系统的灵活性。

4. 武术运动促进心理健康的表现:①武术促进人体智力的发展;②武术可以培养和保持良好的情绪状态;③武术促进坚强意志品质的形成。

5. 武术运动损伤发生的原因:①缺乏准备活动或准备活动不正确;②身体素质差;③动作技术错误;④客观环境的变化。

6. 肌肉拉伤的症状:受伤后局部疼痛、压痛、肿胀、肌肉紧张、发硬、痉挛、功能障碍。严重的肌肉拉伤往往有明显的肿胀及皮下瘀血。肌肉断裂者可摸到凹陷或出现一端异常膨大。肌肉拉伤时受伤肌肉主动收缩或被动拉长时疼痛加重,肌肉抗阻力试验阳性。

处理方法:肌肉拉伤后应马上给予冷敷、局部加压包扎、适当制动、抬高伤肢,并把患肢放在使受伤肌肉松弛的位置以减轻疼痛。肌纤维轻度拉伤及有肌肉痉挛者,再用针灸法可以取得很好的疗效,并可在 24 小时后进行按摩。肌纤维断裂者,48 小时后可开始按摩,但手法要轻缓。对怀疑有肌肉、肌腱完全断裂者,应在局部加压包扎固定患肢后,立即送医院确诊,必要时接受手术治疗。

在伤后康复期,肌纤维轻度拉伤后,伤部停训 2～3 天,而肢体运动不一定要完全停止,可做些静力性肌肉收缩练习,但避免那些重复受伤的动作。一周后可逐渐增加肌肉的力量和柔韧性练习。10～15 天后,症状基本消除,可投入正式训练,但训练时应使用保护支持带或戴上护腿。部分肌纤维断裂者应立即停止训练,最好能在肌肉松弛的状态下休息 2～3 天,第 4 天后可在无疼痛范围内做伸展性练习,约 3～4 周后再进行正常的专项训练。肌肉断裂经手术缝合的患者,术后固定期可做些不负重的收缩练习,拆线及去除固定后,应进行有效的伸展与提高肌力的练习,约两个月后再投入正常训练。

7. 关节韧带拉伤的症状:伤后感觉局部疼痛,并出现肿胀,皮下瘀血;若损伤关节囊滑膜层,则整个关节会出现肿胀;关节功能出现障碍;局部压痛,牵拉受损韧带时疼痛加重。如韧带断裂则可有关节松动、有拉长的现象,还会有关节间隙增加或超范围的异常活动现象。

处理方法:伤后应及时冷敷,加压包扎,适当制动和抬高伤肢,以利于减少出血和肿胀。局部用止血、消肿药。损伤较严重者可以口服云南白药、止痛药等。24小时后可进行局部按摩或理疗。如韧带断裂,应及早送医院治疗。一般单纯性下肢关节韧带扭伤,伤后经固定的情况下,进行适宜的静力性功能活动。一般在1～2周后可以开始进行关节协调性和平衡能力的练习,逐渐进入正常训练,但必须带有保护装置,以免受伤。

8.儒家文化对武术文化的影响:武德的构建和武德的规范。武德即武术的道德。武德是指在从事武术活动群体中形成的对习武者行为规范要求的总和。它包括从事武术活动的人在社会活动中应遵循的道德规范和所应具有的道德品质。儒家文化重视礼教,借用到武术中即为待人接物、为人处世的礼节必须遵循一定规范和准则。比如武术文化中的抱拳礼,很鲜明地体现了这一文化特征。习武者抱拳礼的理论体系在形成和发展过程中,无不体现着儒家文化的礼教思想。

传统武德规范在不同的历史时期、不同的拳种派别有不同的要求。但是受儒家文化影响,重视血缘关系,在择师授徒中有传内不传外、传男不传女等戒约;从生活处世方面看,尊敬师长,谦虚好学,遵守礼仪,敬老爱幼,这是传统武德的基本规范。在用武方面,提倡习武者以修身养性为宗旨,树立见义勇为、伸张正义的民族气节和以武济世、扶危求困的爱国精神。

9.传统中医对武术文化的影响:中医用阴阳的理论归纳人体的脏腑组织的属性,把人的内脏分为五脏六腑。再用阴阳的理论来诊断病症的属性,看是属于寒症还是热症,所以中医的治病原则是要维持人体的阴阳平衡。武术运动讲究阴阳对立统一,如刚柔相济、内外合一,动迅静定,节奏分明。

中医中最基础的理论是五行学说,即将天地万物归纳为木、火、土、金、水。武术某些内家拳的创立,如五行拳,就是合理地运用了五行相生的原理,亦即水(肾)生木(肝)、木生火(心)、火生土(脾)、土生金(肺)、金生水的运化过程,以及生克制化的变化规律来创建的。

武术理论中的"六合",即"内三合"与"外三合"。内三合为心与意合、意与气合、气与力合,外三合为手与足合、肘与膝合、肩与胯合;这和传统医学的整体观是一致的。

武术也充分吸收了中医辨证施治原则,如武术练习者根据不同年龄、性别、体质、周边环境、气候等选择适合自己的武术运动类型。

传统中医的经络学说为武术"点穴"法提供了理论基础。擒拿术的产生,亦直接得益于传统中医的经络学说。由于擒拿术多用抓筋、拿穴、反关节的技法,擒拿部位多为主筋、要穴、关节,因此,练习擒拿技术须先识得人体结构、经脉、穴位。

10.武术的特征:高、新、难、美。

11.武术技术产业发展现状:我国武术技术市场经营模式主要有私营和官办,由承办者投资或为中介,通过贷款、赞助和集资引资等多渠道解决经费问题。目前基本形成一个有企业、出版业、武馆、武术协会及政府共同参与的武术产业格局。我国现有大大小小的武术馆校已达120多所,是武术产业盈利的主要形式,在过去的几年中培养不少武术英才,其中有10多所馆校被评为全国的先进集体。但量变不等于质变,目前多数馆校不具备办学的基本条件,以盈利为主并盲目扩大规模者日益增多,尤其生源缺乏的学校。竞赛表演市场目前还处于初级发展阶段,相应的重大赛事、门票收入、广告收益、各种赞助、电视转播等还未完善;习武群体虽然庞大,但多数处于一种自发、松散、随意的状态,习武者购买器材是一次性消费。

12.武术基础理论学科:是关于武术总体认识的理论,主要是指武术学、武术概论、武术史。武术学是研究武术理论的形成过程、变化规律和发展趋势,分析整个武术体系的结构、整体与分支科学,以及各个分支学科间的相互影响,研究各学科产生、发展的流派与分类。武术概论是研究武术的概念、武术运动的特点、武术的价值与社会功能、武术的流派与分类等。武术史是研究武术产生、发展的历史演进过程,包括武术发展史、断代史以及各种拳术器械的单项史等。

13.初级长拳手型:拳、掌、勾。步型:马步、弓步、虚步、歇步和仆步。

14.初级剑术中剑法有:劈、刺、崩、撩、挂等。

15.初学太极拳应注意:①速度要均匀;②架势不可忽高忽低;③要适当掌握运动量;④要持之以恒。

16.武术基本功中正踢腿的动作要领:两手侧平举,一腿支撑,一腿勾足,挺膝踢起后下落成并步,左右腿交替进行,要求挺胸、立腰、沉髋、收腹,踢腿时勾脚尖,过腰部后加快速度。

17.武术基本功中蹬腿的动作要领:两手叉腰,一腿支撑,一腿屈膝提起,迅速猛力挺膝向前平踢,脚尖勾起,力达脚跟,大小腿呈一直线。

18.武术套路比赛中运动员的年龄组别:①成年组:18周岁至27周岁;②少年组:12周岁至17周岁;③儿童组:不满12周岁。

19.抱拳礼的含义:右手握拳,寓意尚武;左手掩拳,寓意崇德,以武会友;左掌四指并拢,寓意五湖四海;屈左拇指,寓意虚心求教,两臂屈圆,寓意天下武林是一家。

20.武术在历史发展过程中不同阶段的称谓:春秋时期称为武艺;战国时期称为手搏;汉唐时期称为技击;明清时期称为武技;民国时期称为国术。

六、论述题

1. 请谈谈武术的文化内涵。

中华武术是中华民族灿烂文化中的一朵奇葩。她让无数人为之倾倒,也创造了无数时代英豪。武术,不仅仅是体育项目,武术发于防身,立于健身,搏于赛场,习于日常,载于武艺,归于武德,讲究协调性,内在性和与环境的统一性,武术具有丰富的东方文化内涵。

首先,中华武受中庸,礼让等儒家思想习惯的影响。儒家伦理道德的主线条为"仁爱",强调"仁"为"爱人之本","忠恕之道",认为"夫仁者,己欲立而立人,己欲达而达人","己所不欲勿施于人"。以"仁爱"为基本伦理思想所派生出的"忠、孝、智、仁、勇、宽、信、敏、慧、温、良、恭、俭、让"等道德标准,一直以来,被作为武术伦理思想的核心,是武术这一战斗的力量,伤人的手段被纳入了道德伦理的法规之中,使武术不光成为技击、健身之道,更成为精神修养、人格净化的途径。因此,在"仁爱"的伦理道德法则中,追求文武双全,提倡仁勇兼备,是武术中儒家思想的主要文化内涵。武术是德艺的统一,练武不仅仅练就出色的武功,高超的技艺,重要的是修炼自己的思想道德,大凡武术名家无不是道德仁义君子。

其次,中华武术受中国哲学及佛学思想影响,特别是内家拳(太极、八卦、形意拳),无不与深远的哲学思想密切相关,太极的刚柔,八卦的八个方位,形意的直线进攻招式,皆体现出矛盾、发展、运动等哲学知识。《易经》的哲理乃是太极产生的理论基础。中华武术以"天地合一,阴阳之道"为主旨,其目的不是弘扬引向外在的显示,而是导向内心的自审,中国人练武术不仅仅讲究一招一式的精髓,而且讲究神韵。这种神韵正是个人技艺及思想纯熟的表现。

再次,中国传统美学还讲究"气"、"意"、"身"、"形"和"神形兼备",这在中国传统的音乐、戏曲、书法、绘画乃至在武术中都能充分体现。在武术中,无论是在表现阳刚、阴柔、阴阳转换的特点上、技击攻防的形态特征上,还是在节奏韵律、意境追求、风貌展示上,无不体现这一中国传统美学的思想内涵。

总之,我们中华武术的文化内涵是由中华民族的复杂的历史发展所构成的。她是中华民族生成、发展、积累和文化、经济、艺术、道德心理等社会组织形式发展的综合体。她具有强烈的历史稳定性,同时也表现出一种文化不同于另一种文化的独立性。这就是历史赋予中华武术的丰富文化内涵。

2. 什么是武德? 传统武德的主要内容是什么? 试述新时期的武德内容。

所谓武德,即武术道德,是从事武术活动的人在社会活动中所应遵循的道德规范和所应有的道德品质。在武德理论形成和发展过程中,一直居于封建社会正统地位的儒家仁学是传统武德的主要内容,主要表现为"仁、义、礼、信、勇"等方面。(分别对于这五方

面加以阐释）

传统的武德精微而博大,渊远而流长,但在长期封建伦理思想的影响下,自然带有相当的封建色彩,如"争正宗而排异己""师命不可违""传男不传女""为哥们义气卖命"等。去其糟粕,其优秀的精华应得到充分肯定与继承。

现代我们提倡的武德要把习武与弘扬祖国文化联系起来,培养强烈的民族自豪感,维护中华民族的尊严,建立起新型的社会主义道德观,形成热爱祖国、热爱人民、忠诚党的武术教育事业,以国家和集体利益为重的武德思想。要求习武者树立理想,为国争光;爱国爱民,见义勇为;尊师爱生,团结互助;修身养性,遵纪守法;文明礼貌,举止端庄,自觉做有理想、有道德、有文化、守纪律的社会主义公民。

3.怎样理解武术尚武崇德的思想教育作用?

"尚武"指倡导与参与武术锻炼,以求强身健体,自强不息,培养面对现实的竞争意识,"崇德"是指推崇道德修养,诚信正直,谦和礼让,见义勇为,遵守社会公德。武术教学要结合武术的特点和教学规律,首先重视对学生进行尚武崇德的思想教育,明确习武目的,端正学习动机;培养学生虚心好学苦练不辍的学风,抵制好勇斗狠、恃强凌弱,夸夸其谈等恶习的侵蚀;继承尊师爱生的传统风尚,加强遵纪守法的道德教育。

4.为何说武术套路动作也具有技击攻防性?

武术作为体育项目,动作具有技击攻防性仍然是它的本质特征,作为中国武术特有表现形式的套路运动,虽然拳种不同,风格各异,有的还具有地方特色,但无论何种套路,其共同特点是以踢、打、摔、拿、击、刺等攻防动作构成套路的主要内容。虽然套路中不少动作的技术规格与技击原形有变化,或因连接贯串及演练技巧的需要,穿插了一些不具备攻防意义的动作,但通过一招一式表现攻与防的内在含义仍然是套路技术的核心。

5.如何理解内外合一、神形兼备?

讲究动作形体规范,又求精气神传意,内外合一的整体运动观,是中国武术的一大特色。所谓内,指人的精神、意识和气息的运行;所谓外,指人体手眼身步的活动,如太极拳要求"以意识引导动作",形意拳讲究"内三合外三合"。套路演练在技术上特别要求把内在的精气神与外部的形体动作紧密结合,做到手到眼到,形断意连,使意识、呼吸、动作协调一致。这一特点充分反映了武术作为一种文化形式在长期的历史演进中备受中国古代哲学、医学、美学等方面的渗透和影响,形成独具有民族风格的运动形式和练功方法。

6.谈谈武术的作用。

(1)提高素质,健体防身:武术套路运动其动作包含着屈伸、回环、平衡、跳跃、翻腾、跌扑等,人体各部位几乎都要参与运动。系统地进行武术训练,对人体速度、力量、灵巧、耐力、柔韧等身体素质要求较高,人体各部位"一动无有不动",几乎都参加运动,使人的身心都得到全面锻炼。实践证明,对外能利关节,强筋骨,壮体魄;对内能理脏腑,通经脉,调精神。武术运动讲究调息行气和意念活动,对调节内环境的平衡,调养气血,改善人体机能,健体强身十分有益。武术套路运动和搏斗运动,都是以技击作为它的中心内容的,因而通过武术锻炼,不仅能够达到增强体质的作用,而且能够学会攻防格斗技术,特别是武术功力训练,更能发挥技击的实效性。武术的搏斗运动,通过攻防技术练习,拳打,脚踢,快摔等动作的运用,并在交手中互相扬长避短,攻彼弱点,避彼锋芒,讲究得机、得时、得势,从而提高判断力和应变能力。这无疑能提高人们克敌制胜和防身自卫的能力。尤其对公安武警和边防指战员更有实际意义和作用。

(2)锻炼意志,培养品德:练武对意志品质考验是多面的。练习基本功,要不断克服疼痛关,磨炼"冬练三九,夏练三伏",常年有恒,坚持不懈的意志品质。套路练习,要克服枯燥关,培养刻骨耐劳、砥砺精进、永不自满的品质。遇到强手克服消极逃避关,锻炼勇敢无畏、坚韧不屈的战斗意志,经过长期锻炼,可以培养人们勤奋、刻苦、果敢、顽强、虚心好学、勇于进取的良好习性和意志品德。"教武育人"贯彻在武术练习全过程中,"未曾习武先学礼,未曾习武先习德",传统中始终把武德列为习武教武的先决条件。武术在中国包含了深刻广泛的道德内容。互教互学,以武会友,切磋技艺,讲礼守信见义勇为,不凌弱逞强等品德。激烈的攻防技术和人生修行结合起来,是中国武术传统观念的体现。在社会的发展中,武德的标准和规范也不尽相同,尚武而崇德不仅能很好地陶冶情操,还会大大有益于社会精神文明建设。

(3)大学观赏,丰富生活:武术具有很高的观赏价值,无论是套路表演,还是散打比赛,历来为人们喜闻乐见。唐代大诗人李白好友崔宗之赞他"起舞拂长剑,四座皆扬眉";杜甫在《观公孙大娘弟子舞剑器行》著名诗篇中有"昔有佳人公孙氏,一舞剑器动四方。观者如山色沮丧,天地为之久低昂"的描绘。汉代打擂台,"三百里内皆来观"都说明无论是显现武术功力与技巧的竞赛表演套路,还是斗智较勇的对抗性散打比赛,都会引人入胜,给人以美的享受,都有很高的观赏价值。通过观赏,给人以启迪教育和乐趣。

(4)交流技艺,增进友谊:武术运动蕴含丰富,技理相通,入门后会有"艺无止境"之感。群众性的武术活动,便成为人们切磋技艺,交流思想,增进友谊的良好手段。随着武术在世界广泛传播,还可促进与国外武术爱好者的交流。许多国家武术爱好者喜欢武术套路,也喜欢武术散打,他们通过练武了解认识中国文化,探求东方的文明。武术通过体育大学、文化交流等途径,在与世界各国人民友好交往中发挥着越来越大的作用。

7.谈谈太极拳的健身机理。

(1)对神经系统的影响。打拳时要求思想高度入静,以意导体,是大脑皮层进入保护性抑制状态,对处于高度紧张,尤其是对脑力劳动的人们是一种积极的休息,对当代社会的文明病——大脑过度紧张,肢体缺少运动是有效的治疗方式。

(2)对心血管的影响。由于太极拳柔和协调的动作,会促使血管弹性增高,血管神经稳定性增强,更能适应外界刺激。太极拳与剧烈运动不同,运动以后,舒张压会下降,长期坚持锻炼,有利于防止高血压和血管硬化。

303

（3）对呼吸系统的影响。太极拳常常伴随深长的腹式呼吸，要求做到"气沉丹田"，这样就加强了膈肌的运动。我们知道，膈肌每下降 1 厘米可增加吸气量 3 毫升，膈肌的运动不仅促进呼吸的深长，还增加内脏的蠕动，促进腹腔的血液循环和肠胃消化功能。

（4）对骨骼、肌肉的影响。太极拳要求立身端正、步伐稳健、关节伸屈灵活，会使人养成良好的体型，锻炼有力的下肢，培养灵活、柔韧、协调的素质。这对人们保持青春防止衰老会发挥良好的作用。

综上所述，太极拳是一种合乎生理规律的健身运动，它对中枢神经系统起着良好的影响，加强了心血管和呼吸系统的功能，改善了消化作用与新陈代谢的过程。太极拳是一项健身性很强的运动。

附件五　中国武术段位制

第一章　总　则

第一条　为增强人民体质,推动武术运动的发展,提高武术技术、理论和武德修养水平,建立规范的全民武术体系和技术等级评价标准,特制定中国武术段位制(以下简称段位制)。

第二条　段位制是一种根据习武者个人从事武术活动的经历,掌握的武术技术和理论,研究成果和武德修养,以及对武术发展所做出的贡献,全面评价其武术水平等级的制度。

第二章　段位等级

第三条　武术段位制设段位和荣誉段位两部分。

一、段位由低至高依次设置分别为:

初段位:一段、二段、三段;

中段位:四段、五段、六段;

高段位:七段、八段、九段。

二、荣誉段位由低至高依次设置分别为:

荣誉中段位:荣誉四段、荣誉五段、荣誉六段;

荣誉高段位:荣誉七段、荣誉八段、荣誉九段。

第三章　晋　段

第四条　晋段对象:

凡接受武德教育,从事和参与武术运动,自愿申请晋段者。荣誉段位只授予对武术发展做出突出贡献者。

第五条　晋段的内容和条件:

一、晋段考评内容

由中国武术协会审定出版的《中国武术段位制系列教程》、《中国武术段位(七段)考试指导手册》、《武术散打段位晋级考评手册》,或相当于《中国武术段位制系列教程》中一至六段位动作数量与技术难度的拳种、器械套路,经中国武术协会审定批准,也可作为武术段位制技术考评的内容。

二、晋段考试分值

各段技术考试每项以 10 分为满分。理论考评、答辩均以 100 分为满分。

三、晋段条件

（一）初段位条件

1. 一段：凡年龄满 8 周岁者，能准确掌握《中国武术段位制系列教程》中任一拳种的一段单练内容，或经中国武术协会审定批准的、参照《中国武术段位制系列教程》中一段位动作数量与技术难度编写的拳种的相应单练套路，或《武术散打段位晋级考评手册》一段内容，可申请晋升一段。

2. 二段：凡获得一段满 1 年者，能准确掌握《中国武术段位制系列教程》中任一拳种的二段单练内容，或经中国武术协会审定批准的、参照《中国武术段位制系列教程》中二段位动作数量与技术难度编写的拳种的相应单练套路，或《武术散打段位晋级考评手册》二段内容，可申请晋升二段。

3. 三段：凡获得二段满 1 年者，能准确掌握一项拳术和一项器械套路，其内容为《中国武术段位制系列教程》三段单练套路，或经中国武术协会审定批准的、参照《中国武术段位制系列教程》中三段位动作数量与技术难度编写的拳术和器械套路，或《武术散打段位晋级考评手册》三段内容，可申请晋升三段。

（二）中段位条件

1. 四段：凡获得三段满 2 年者，具备武术基础理论知识，熟练掌握《中国武术段位制系列教程》四段单练内容，或经中国武术协会审定批准的、参照《中国武术段位制系列教程》中四段位动作数量与技术难度编写的一项拳术和一项器械套路；散打符合《武术散打段位晋级考评手册》四段条件，可申请晋升四段。

2. 五段：凡获得四段满 2 年者，具备武术基础理论知识，熟练掌握《中国武术段位制系列教程》五段单练内容，或经中国武术协会审定批准的、参照《中国武术段位制系列教程》中五段位动作数量与技术难度编写的一项拳术和一项器械套路；散打符合《武术散打段位晋级考评手册》五段条件，可申请晋升五段。

3. 六段：凡获得五段满 2 年者，具备武术基础理论知识，熟练掌握《中国武术段位制系列教程》六段单练内容，或经中国武术协会审定批准的、参照《中国武术段位制系列教程》中六段位动作数量与技术难度编写的一项拳术和一项器械套路；散打符合《武术散打段位晋级考评手册》六段条件，可申请晋升六段。

（三）高段位条件

1. 七段：凡获得六段满 6 年，年龄满 45 周岁者，系统掌握某拳种的技术和理论体系，并取得一定的成就，熟练掌握任一拳种的一项拳术和一项器械套路；散打符合《武术散打段位晋级考评手册》晋升七段条件，可申请晋升七段。

2. 八段：凡获得七段满 7 年，年龄满 52 周岁者，熟练掌握一种以上拳种（或散打）的技术和理论体系,在武术工作业绩、武术理论研究成果(公开发表论著)等方面取得突出成就,可申请晋升八段。

3.九段:凡获得八段满 8 年,年龄满 60 周岁者,精通二种以上拳种(或散打)的技术和理论体系,在武术工作业绩、武术理论研究成果(公开发表论著)等方面取得重大成就,并对武术运动的发展做出重要贡献,可申请晋升九段。

(四)荣誉段位的条件

对武术事业的发展做出突出贡献的知名人士,或在民间具有影响力、德高望重的老拳师、主要拳种的传承人,可由基层段位考评机构逐级申报,经中国武术协会审核后,授予相应的武术荣誉段位。荣誉段位设荣誉中段位(四、五、六段)和荣誉高段位(七、八、九段)。

(五)直接推荐段位条件

对武术事业发展做出特殊贡献的知名人士,可由各省、直辖市、自治区武术段位主管部门推荐申报高段位,经高段位评审委员会评审后,提出评审意见,报中国武术协会批准,授予相应段位。

(六)入段前技术准备要求

考段者在入段前,各地可根据本地武术运动开展状况,将不同拳种的基本技术由易到难、由低至高分成不同阶段进行教学和检查,为入段技术考试打好基础。

第四章　管理机构

第六条　中国武术协会是武术段位制管理和考评的最高机构,下设段位制办公室,负责段位等级、一级段位考试点、国家级考评员审批,负责颁发段位证书、徽章、段位考试点证书、考评员证书。

第七条　省级武术主管部门可按规定成立一级段位制办公室,报中国武术协会批准。一级段位制办公室是本区域内段位制工作的管理机构。

一级段位制办公室的职责是:

一、负责一级段位考试点的审核上报;

二、负责二级段位考试点的审批与管理;

三、负责一级考评员的培训与管理,一级考评员的资格认定;

四、负责本地区、本单位区域内一级段位考试点上报的中段位人员的审核、审批,并报中国武术协会备案;

五、负责对批准段位人员的段位证书、徽章的申领和发放;

六、负责接受和核准高段位人员申请材料,提出推荐意见,并向中国武术协会报送符合条件的高段位人员申请材料。

第八条 中国武术协会的二级单位会员,可按规定成立二级段位制办公室,报一级段位制办公室批准。

二级段位制办公室的职责是:

一、负责本区域的二级段位考试点的审核,并报一级段位制办公室审批;

二、负责二级考评员的培训、资格认定与管理;

三、负责本地区、本单位区域内二级段位考试点上报的初段位人员的审核、审批,并报一级段位制办公室备案。

第九条 中国武术协会授权的一、二级段位制办公室不得直接组织或变相组织区域性的段位考评。

第五章 考评机构

第十条 考评机构是段位培训、考试、评审、成绩认定的执行机构。段位考评机构分为:高段位考评委员会、一级段位考试点、二级段位考试点。

第十一条 高段位考评委员会由中国武术协会组织,执行高段位考评任务。

第十二条 一级段位考试点由中国武术协会批准、授权。各省、直辖市、自治区可申报成立3至5个一级段位考试点。

第十三条 二级段位考试点由中国武术协会一级段位制办公室批准,报中国武术协会段位制办公室备案。各省、直辖市、自治区可根据需要在各县、区(市)成立若干个二级段位考试点。

第六章 段位认定

第十四条 各级考试机构在其权限内,对申报晋段者的考评结果进行认定。高段位考评委员会负责晋升高段位人员的考评和认定,并报中国武术协会段位制办公室备案;一级段位考试点负责组织中段位的考试与成绩认定,并将认定结果报一级段位制办公室审批;二级段位考试点负责组织初段位的考试与成绩认定,并将认定结果报二级段位制办公室审批。

第十五条 中国武术协会对考评认定结果通过网络程序审核、公布。

第七章 证书、徽章与服装

第十六条 中国武术段位制证书包括段位证、考评员资格证两种。

第十七条 徽章:

初段位:一段(青鹰);二段(银鹰);三段(金鹰);

中段位:四段(青虎);五段(银虎);六段(金虎);

高段位:七段(青龙);八段(银龙);九段(金龙)。

第十八条 武术段位服装分考试训练服、考评员服两种。

第八章 权 利

第十九条 获得武术段位者,具有参加中国武术协会主办或组织的竞赛、培训、科研等活动的资格及优惠条件。

第九章 义 务

第二十条 自觉遵守武术段位制的各项规定,认真履行各项职责。

第二十一条 热爱武术事业,积极参与武术活动,传承优秀武术文化,弘扬武术精神。

第十章 处 罚

第二十二条 获得武术段位等级者,出现以下情况之一,中国武术协会将根据情节给予警告、通报批评和注销其段位资格证书等处罚。

一、用不正当手段获得证书或更改、伪造证书;

二、丧失武德,思想品德差,利用段位名义招摇撞骗,扰乱社会治安;

三、其他各种不良行为和违法乱纪行为。

第十一章 其 他

第二十三条 本章程自发布之日起生效,每两年修订一次,在此之前与本章程内容不一致的相关文件均以此为准。

第二十四条 解释权属中国武术协会。

附件六 《中国武术段位制》技术考试办法(一段至六段)

根据《中国武术段位制》和《〈中国武术段位制〉管理办法》的有关规定,制订中国武术段位制(一至六段)技术考试办法。

第一章 考评组织机构

第一条 监考委员会

按《中国武术段位制管理办法》组成考评监督委员会并行使职权。

一、设主任 1 人,副主任 2 人,成员 2 人或 4 人。

二、职责

(一)监督、检查考评的组织和实施工作。

(二)审议考评期间执行规程中发生的纠纷,保证考评的正确执行。

(三)向中国武术协会和考评委员会通报监督情况,并对考官和参加考评人员的违纪行为,提出处罚意见。

第二条 考评委员会

按《中国武术段位制管理办法》组成考评委员会并行使职权。

一、设主任 1 人,副主任 2 人,成员若干人。

二、职责

(一)具体领导、组织各位考评官员进行工作;

(二)监督、检查考评中执行评分标准的情况,核定考评成绩;

(三)有权对违纪的考评工作人员和参加考评人员做出处罚。

第三条 考评人员的组成

一、考评人员的组成

(一)如进行 2 块以上的场地同时考评,可设 2 个考评小组。

(二)各组设考评长 1 人,副考评长 2 人,考评员 2 人或 4 人。

(三)各级考评工作人员须具有中国武术段位制考评员资格。

(四)编排记录长 1 人。

(五)检录长 1 人。

二、根据考段人数规模可设以下辅助工作人员

(一)编排记录员若干人。

(二)检录员若干人。

（三）医务人员若干人。

（四）宣告员若干人。

（五）摄像员 1～2 人。

第四条　考评人员的职责

一、主任的职责

（一）组织进行业务学习,落实具体工作。

（二）解释规则,但无权修改规则。

（三）在考评过程中,可根据需要可调动本组考评人员工作,考评人员发生严重错误时,有权处理。

（四）审核并宣布成绩,做好考评工作总结。

二、副主任的职责

（一）协助主任工作。

（二）在主任缺席时,代行其职责。

三、成员的职责

（一）参加业务学习,做好准备工作。

（二）认真执行考评规定,严格按规则进行评分,并作详细记录。

（三）服从主任领导。

四、编排记录长的职责

（一）负责编排记录组的全部工作,审查报名表,并根据大会要求编排秩序册。

（二）准备考评所需表格,审查核实考评成绩。

（三）编排成绩册。

五、检录长的职责

负责检录组的全部工作,如有变化及时报告考评长和宣告员。并负责检查器材、检查考评场地。

第五条　辅助工作人员职责

一、编排记录员的职责

根据编排记录长分配的任务进行工作。

二、检录员的职责

按照考评顺序及时进行检录,并检查考评人员的准备情况、服装,将考评人员带入场后,向考评长递交检录表。

三、宣告员的职责

向观众介绍上场人员及项目,报告考评成绩,介绍有关考评规程、规则和规模、项目的特点及武术段位制的知识。

第二章 考评通则

第六条 考评项目

一、《中国武术段位系列教程》规定的考评项目。

二、经考评委员会核准,认定其技术标准相当于《中国武术段位制系列教程》标准的其他武术项目。

第七条 报名及考评顺序的确定

每名考评人员根据所报考段位,填报相应内容。凡参加对打和拆招考评者,须自带一名攻防拆招陪练人员(无陪练人员,由考评长安排),由编排记录组根据报名情况排序。

第八条 检录

参加考评的人员须在考前30分钟到达指定地点报到,参加第一次检录,并检查服装和器械。考前20分钟进行第二次检录,第三次检录时间为考前10分钟。

第九条 礼仪

一、单人项目:参加考评的人员听到上场点名时,在指定上场的地方向考评长行抱拳礼,考评长回行注目礼或抱拳礼;完成动作后,参加考评的人员回到指定地点等待成绩,考评长宣布得分后,参加考评的人员向考评长行抱拳礼,方可退场。

二、二人项目:

(一)介绍考评人员时,被介绍人应向观众行抱拳礼。

(二)演练开始前,考评人员相互行抱拳礼。

(三)考评长宣布成绩后,考评人员与考评长相互行抱拳礼,再向观众行抱拳礼。

三、考评员换人时,互相行抱拳礼。

第十条 计时

参加考评人员演练时,由静止姿势开始动作,计时开始;完成动作,计时结束。

第十一条 示分

考评成绩,现场公开示分。

第十二条 最后得分

按现场执行考评员的示分,去掉最高分和最低分后的平均分,为最后得分。

第十三条 弃权

一、考评人员不能按时参加检录与考评,按弃权论处。

二、考评期间,考评人员因伤病或其他原因不能参加考评,按弃权论处。

第十四条 相关规定

一、场地

(一)采用普通地毯,长为14米,宽为8米,周围边线为2米安全区。

（二）基层武术单位可采用普通地毯，长为 12 米，宽为 6 米，可不设边线。或者，采用同等面积的平地为考评场地。

二、服装

参加考评的人员须身着武术服装，或经大会批准的服装。参加对打和拆招考评时，考段服装应分为深（如红、黑）、浅（如黄、白）两种颜色。

第三章　评分方法与标准

第十五条　评分方法

一、各项拳、械考评分为单练、对打、拆招三种形式进行考评。

二、各项任一形式的考评，满分均为 10 分。

三、考评员根据参加考评人员现场发挥的技术水平，按照各项目评分标准，确定参加考评人员的分数。考分可到小数点后 1 位数，尾数为 5 或 0。

四、应得分数的确定：

（一）3 名考评员评分时，取中间分为应得分。

（二）5 名考评员评分时，取中间 3 个分的平均值为应得分。

（三）应得分可取到小数点后 2 位数，第 3 位数不做 4 舍 5 入。

五、最后得分的确定：

正常情况下，应得分即为最后得分。当参加考评人员在考评中出现应由考评长扣分的情况时，最后得分为应减去考评长扣分。

第十六条　评分标准

一、单练（套路）评分标准

动作规范、劲力顺达、力点准确、身械协调（器械项目）、节奏合理、精神贯注、演练流畅、风格突出。

二、对打（套路）评分标准

攻防清晰、动作熟练、距离适中、表现逼真、实战意识强、双方配合默契。

三、拆招（散招）评分标准

技法清晰、动作自然、效果显明。

第十七条　其他

一、根据《中国武术段位制》的规定，考评内容以《中国武术段位制系列教程》为统一标准。申请采用此《系列教程》之外的拳械参与考评者，须仿此《系列教程》按三种练法（单练、对打、拆招），六个段级标准，制定出考评内容，并报相应级别的段位制考评委员会审核批准，方可作为考评内容。

二、各项拳、械考评，均包括单练、对打、拆招三种形式的考评。每次考评，可采用其中一种或两种,也可同时采用三种形式进行考评。具体规定由组织该次考评的单位按中国武术协会的规定制定。

三、场地示意图。

四、段位考评报名表、报名人数统计表、考评长和考评员临场记录表等,请从中国武术协会网站(www.wushu.com.cn)段位制表格处下载。

五、本办法自发布之日起施行。本办法解释权属中国武术协会。

参考文献

[1] 蔡龙云.少林寺拳棒禅宗.浙江:浙江科学技术出版社,1983.

[2] 蔡仲林,周之华.武术(第三版).北京:高等教育出版社,2004.

[3] 蔡仲林,周之华.武术.北京:高等教育出版社,2005.

[4] 国际武联指定教材.武术初级教程.北京:人民体育出版社,2008.

[5] 国家体委武术研究院.中国武术史[M].北京:人民体育出版社,1997.

[6] 李德祥.中华武术.上海:上海交通大学出版社,2006.

[7] 林小美.大学武术.浙江:浙江大学出版社,2008.

[8] 林小美.竞技武术套路运动.浙江:浙江大学出版社,2005.

[9] 全国体育院校教材编委会.运动生理学.北京:人民体育出版社,2002.

[10] 全国体育院校教材编委会.运动训练学.北京:人民体育出版社,2000.

[11] 全国体育院校教材编委会.运动医学.北京:人民体育出版社,2000.

[12] 全国体育院校教材委员会.中国武术教程(上、下).北京:人民体育出版社,2004.

[13] 温力.中国武术概论.北京:人民体育出版社,2005.

[14] 吴剑.大学生散打技法.浙江:浙江大学出版社,2007.

[15] 中国国家体育总局.中国体育教练员岗位培训教材武术(套路).北京:人民体育出版社,1999.

[16] wushu.com.cn:《中国武术段位制》技术考试办法(一段至六段).

[17] wushu.com.cn:武术段位制